이 한 권의 책이
당신의 숨은 의지와 능력을
한 단계 뛰어넘는 데
도움이 되길 바랍니다.

_____ 님께

_____ 드림

기획에서 콘셉트,
마케팅에서 세일즈까지

팔지마라 사게하라

장문정 지음

효과적인 메시지 전달을 돕는 10가지 법칙

PART**2** 이야기는 힘이 세다

PART 3 고객과의 관계를 탄탄하게 만들어주는 8가지 덕목

이성이 아닌 욕망에 호소하라

PART 4 고객에게 부족한 2%를 채워주는 7가지 능력

안심하는 순간, 고객은 떠난다

서문

상대의 허점을 찌르는 광선검처럼
위력적인 메시지를 전달하라

1912년 식빵을 먹기 편한 조각으로 잘라주는 기계가 처음 개발됐다. 빵이 주식인 서양 사람들에게 이보다 더 혁신적인 상품은 없었을 것이다. 하지만 빵 자르는 기계가 대중에게 인기를 얻기 시작한 것은 놀랍게도 그보다 20년이나 더 지난 뒤였다. 이유는 단 하나. 마케팅이 뒤따라주지 못했기 때문이다. 이처럼 상품의 성패는 기술력이나 품질에 의해서만 좌우되는 것이 아니다. 더 나아가 현대 소비 사회는 마케팅과 세일즈가 점점 더 중요한 자리를 차지하고 있다.

이 책을 펼쳐든 당신도 어쩌면 한때 세일즈에 대해 한갓 장사꾼 혹은 흥정을 붙이는 거간꾼들이 하는 일과 똑같다고 생각했을지 모른다. 하지만 단언컨대, 많은 이들이 한때나마 업신여겼던 세일즈야말로 인류의 기술적 진보를 이끈 주체일 뿐만 아니라 하마터면 역사 저

편으로 잊힐 뻔한 재화와 서비스를 세상에 널리 알린 주역이다. 너무 거창한가? 그렇다면 이렇게 말해볼 수 있을 것이다. 적어도 나는, 세일즈야말로 자신이 쏟아 부은 노력만큼의 결실을 투명하고 뚜렷하게 가져다주는 최고의 직업이라고 믿는다.

하지만 쏟아 부은 노력만큼의 결과를 정직하게 안겨준다고 해서 세일즈를 단순한 기술로 치부해버린다면 곤란하다. 세일즈는 고도의 집중력과 끈기가 동시에 요구되는 행위이자 인간의 심리를 조종하는 극도로 전문적인 행위이다. 쉽게 말하자면, 소비자로 지칭되는 인간의 욕망을 파악하고 구매라는 행위로 연결시키기 위해 엄청난 시간과 노력을 필요로 하는 것이다.

성공한 세일즈란 무엇일까? 내가 생각하는 성공한 세일즈란 무가치하다고 여겼던 상품을 가치 있게 만들고, 소비자가 거들떠도 안 보는 물건에서 잠재되어 있던 용도를 발견해 알려주며, 더 나아가 그 상품이 소비자의 삶을 좀 더 윤택하게 만들 수 있는 가능성을 '먼저 발견하는' 것이다. 유명한 마케팅과 세일즈의 거장들이 단지 상품을 잘 팔기 위한 기법들에만 주목했다면 분명히 세상은 오늘과 달랐을 것이다. 나 역시 오랜 기간 TV홈쇼핑의 쇼호스트로 일하면서 고객을 '지갑을 여는 사람'으로만 생각했다면, 이런 책을 쓸 수 있는 기회를 얻지 못했을 것이다.

나는 쇼호스트와 프레젠터로서 수천 시간의 생방송과 프레젠테이션을 하며 많은 매출과 성과를 내왔다. 일례로 2009년 1시간에 84억을 팔아 홈쇼핑 기네스에 올랐고, 2011년에 다시 1시간에 125억을 팔아 종전 내 기록을 갈아치웠다. 이것이 무엇을 의미할까? 마케팅 세일즈의 거장들은 '얼마나' 파는가가 아니라 '어떻게' 파는가가 더 중요하다고 말한다. 내가 세운 저 기록에서 표면적으로 드러난 숫자에만 주목한다면 당신이 이 책에서 얻을 수 있는 것은 아무것도 없다. 하지만 저 기록이 '어떻게' 세워졌는지에 주목한다면 이 책은 당신의 예상보다 훨씬 많은 정보와 재미를 줄 것이다.

내가 이 책에서 주로 소개한 내용은 고객을 설득하는 언어 포장 기술, 특정한 메시지를 군더더기 없이 명확하게 전달하는 방법, 마케팅과 세일즈에 임하는 기본적인 자세, 상대방의 심리를 재빨리 간파하고 그에 대처하는 방법 등이다. 하지만 좀 더 예리한 안목을 갖춘 사람이라면 이런 능력이 단지 마케터나 세일즈맨뿐 아니라 애초에 상품을 기획하고 제작하는 사람들에게도 반드시 필요한 능력임을 간파하게 될 것이다.

오늘날 상품 판매자와 기획자를 구분하는 것은 의미가 없다. 물론 웬만한 기업들은 이들 부서를 구분해 두고 있긴 하다. 하지만 기획 단계에서부터 이 상품이 누구에게 어떻게 팔릴 것인가를 고민하지 않는다면 제아무리 훌륭한 마케팅 전략을 세운다 해도, 출중한 경력을 지닌 세일즈맨을 고용한다 해도 애초의 한계를 극복할 수 없다. 기획자 또는 개발자에게도 세일즈의 마인드가 반드시 필요한 이유다.

어떤 상품이 팔렸을 때, 판매자는 '내가 고객을 설득했다'고 생각하고 구매자는 '내가 합리적인 선택을 했다'고 생각한다. 고객은 자신이 설득

당했다는 사실을 인정하려 들지 않는다. 물론이다. 고객은 물건을 사면 '나의 필요에 의해, 어느 정도 고민의 시간을 거쳐, 합리적인 선택을 했다'고 생각한다.

하지만 나는 이렇게 생각한다. 뛰어난 마케터는 '고객의 필요를 자극했고, 고민의 시간을 줄여주었으며, 상품의 장점을 효과적으로 보여줌으로써 합리적인 선택에 영향을 미쳤다.' 어떤가? 눈앞에 드러나든 드러나지 않든, 고도로 전략화된 마케팅과 세일즈는 이처럼 고객의 욕구를 끊임없이 자극하고 선택으로 이끈다.

배가 부른 사람은 남의 밥상에 기웃거리지 않는다. 당신은 그 수많은 책들을 제쳐두고 왜 하필이면 지금 이 책을 집어들었는가? 좀 더 유익하고 다채로운 정보들에 대해 허기를 느꼈기 때문이 아니었을까 감히 예상해본다.

나는 이 책에 다양한 자료와 좀 더 실용적인 정보를 담아내고 싶었다. 1톤의 쌀을 생산하려면 1,000톤의 물이 필요하듯, 나 역시 이 책 한 권을 쓰기 위해 200여 편의 논문, 국내외 수많은 마케팅 세일즈 관련 자료와 서적, 직접 구해 번역한 영문 자료들을 참조했다. 원하는 광고 카피 하나를 찾기 위해 사흘 밤낮 전 세계 기업의 홈페이지를 찾아 헤맨 적도 있다. 또한 내가 현장에서 직접 경험하고 느낀 것들이 어떻게 하면 독자들에게 깊은 공감을 불러일으킬 수 있을지도 고민했다. 또한 성공했던 사례뿐 아니라 실패했던 사례들에서도 그 배경을 살펴보고 여기서 얻은 통찰을 기술하고자 했다.

연구실과 내 방을 가득 메우고 있던 자료들을 빠짐없이 집어넣느라 이 책의 처음 원고는 지금보다 훨씬 방대했다. 하지만 현장에서 꼭 필요하다고 판단되는 정보와 그 핵심을 이루고 있는 내용만을 담아내기 위해 신중한 선별 작업이 필요했다. 쉽게 지나치거나 버릴 수 없는 핵심 내용만을 담아내는 것이야말로 독자에 대한 예의라 생각했고, 그 결과 현재와 같은 모습의 책이 되었다.

지식이 두터우면 상대방에게도 의미 있는 메시지를 논리적으로 전달할 수 있다. 반면에 지식이 얕은 사람의 말은 한증막에서 수증기가 빠져나가듯 쉼 없이 떠들어도 허공에서 사라진다. 당신의 말이 상대방에게 제대로 닿지 못하고 허공에서 사라진다면 얼마나 안타깝겠는가?

말은 마음의 상태를 반영한다. 가슴과 정신이 풍요한 사람이 내뱉는 언어는 윤택하다. 하이데거는 언어란 존재의 집이라고 말했다. 정인보는 말은 마음의 소리라 했다. 이 책을 통해 당신이 전하고자 하는 메시지가 위력적인 광선검이 되어 상대의 허점을 찌를 수 있게 되길 바란다.

내가 생각하는 마케팅의 정의는 '막해 think'이다. 이것저것 다양한 생각을 막 해보는 것이다. 그러려면 두루두루 알아야 한다. 두루두루 알면 구루(guru: 전문가)가 된다. 지식을 담는 것은 당신의 영원한 지적 자산의 엔진 출력을 높이는 일이다. 리더(reader)가 리더(leader)다. "일상?(common?) 덤벼!(come on!)"라는 마음으로 이 책의 다채로운 내용을 꾹꾹 눌러 담아보라. 당신 머릿속을 혁신의 공장으로 만들 수 있으리라 믿는다.

모쪼록 이 책에 담긴 내용들이 당신의 삶에 긍정적인 영향을 주길 바란다. 이것이 내가 책을 쓴 이유이다. 그리고 독자들 한 명 한 명에게 '첫장을 넘겨 끝장을 보는' 책이 되길 바란다. 마지막으로, 내 영혼보다 소중한 그리운 이와 사랑하는 이들에게 시공을 초월하는 아가페(agape)를 전한다.

2013년 4월

장문정

PART 1

결정의 순간까지 리드하라

고객의 마음을 확실히 사로잡는 18가지 기술

선긋기

휴리스틱

구체화

뒤집기

제로 코스트 효과

맞불 지르기

군중 이용

매도하기

틈새 찾기

탓하기

질문

입소문

소구

규칙 설정

언어 포장 기술

모델링

사례화

가격 제시 기술

"고객사랑은
영원한 짝사랑이 될 수밖에 없는가?"

여기 놀라운 조사 결과가 하나 있다.

당신은 당신 회사가 팔고 있는 제품이 좋다고 생각하는가? 혹시 그 물건을 쓰는 고객이 어떻게 판단하고 있는지 생각해본 적 있는가? 전 세계 3대 컨설팅 업체 중 하나인 베인앤컴퍼니(Bain&Company)에 따르면 자사제품을 '좋다', '대박이다', '경쟁사보다 낫다'고 생각한 직원이 80퍼센트에 달한다고 한다. 그렇다면 고객은 어떨까? 어이없 게도 고작 8퍼센트에 지나지 않는다. 그 물건을 잘 사용하면서도 말 이다!

이러한 차이를 전달 오차(delivery gap)라고 한다. 파는 사람과 사 는 사람 사이에는 이토록 커다란 생각 차이가 존재한다. 가령 장미꽃 을 선물하는 남자는 그 꽃을 받은 여자가 틀림없이 100퍼센트 만족할 거라고 착각한다. 사실은 어떨까? 여자는 예전 남자친구에게 받은 꽃과 비교하며 실망하거나 집까지 힘겹게 들고 가느라 짜증을 낸다. 아니면 여자가 좋아하는 꽃은 장미가 아니라 백합 혹은 프리지아일 수도 있다. 그럼에도 남자는 거기까지 생각이 미치지 못한다. 아니, 꿈에도 그런 생각은 하지 않는다. 이는 선물을 주고받는 남녀 간의 전달 오차다.

기업과 고객, 개인과 개인 간의 전달 오차는 홈쇼핑에서도 나타난다. 쇼호스트들은 이렇게 싸고 좋은 물건은 처음 봤다며 숨넘어갈 듯 외치지만 홈쇼핑 물건 사 본 사람들은 그 외침에 딱 꽂히지 않는다. 다음의 통계는 기업과 고객 간의 전달 오차를 잘 보여준다.

기업에 대한 고객인식 조사 결과1	
기업 비리가 있을 것이다	72%
대기업은 정부에 많은 영향력을 행사한다	83%
기업은 이윤만 추구할 뿐 고객에 대한 책임을 다하지 않는다	80%
기업은 들키지만 않으면 어떤 식으로든 이익을 취하려 한다	70%
기업이 안전한 제품을 만든다고 신뢰할 수 없다	60%
대기업의 CEO는 신뢰할 만하다	2%

한눈에 보기에도 기업은 고객에게 사랑받지 못하고 있다. 단지 사랑받는다고 착각할 뿐이다. 고객에게 사랑받는 기업이 되려면 어떻게 해야 할까? 전달 오차를 줄여야 한다. 어떻게 하면 전달 오차를 줄일

수 있을까? 기업과 고객 간의 전달 오차를 줄이는 일은 쉽지 않지만 그렇다고 해답이 없는 건 아니다. 고객에게 끊임없이 피드백을 받는 것, 다시 말해 반복 피드백(repeatable feedback)이 해답이다.

기업이 고객에게 사랑받지 못하는 이유는 고객을 얕보기 때문이다. 고객을 쉽게 생각한다는 얘기다. 예를 들면 다음과 같은 경우가 있다. 날씨가 추워지자 한 홈쇼핑 채널에서 전열히터를 론칭(출시)했다. 쇼호스트들은 하루에 8시간씩 사용해도 한 달 전기료가 4,000원대라는 것을 집중적으로 강조했고, 싼 전기료 콘셉트가 적중하면서 제품은 불티나게 팔려 나갔다.

하지만 얼마 지나지 않아 여기저기에서 불만의 목소리가 불거지기 시작했다. 누누이 강조한 4,000원대 전기료는 누진세를 적용하지 않았을 때를 기준으로 한 것일 뿐, 누진세를 적용하면 얘기가 완전히 달라졌던 것이다. 당연히 각 가정에서는 이것저것 다른 가전제품과 함께 히터를 사용했고, 누진세 적용으로 쓰면 쓸수록 전기요금은 눈덩이처럼 올라갔다. 심지어 한 고객은 쇼호스트의 말을 믿고 맘껏 썼다가 월 60만 원 이상의 전기료를 물었다. 물론 방송에서 누진세를 언급하지 않은 것은 아니지만, 고객이 오해할 소지는 충분히 있었다.

내가 직접 겪은 사례도 있다. 홈쇼핑에서 3대 이동통신사, 즉 SK, KT, LG가 아닌 통신사망을 빌려 쓰는 별정통신사의 휴대전화를 판매할 때의 일이다. 그 상품의 특징은 휴대전화 요금이 3대 통신사의 절반에 불과하다는 데 있었고, 나는 통신요금 때문에 얼마나 힘드냐며 저렴한 요금의 제품을 사용하라고 외쳤다. 그 메시지가 얼마나 강력했던지 홈쇼핑 기네스를 달성하면서 1시간에 무려 100억 5,000만 원어치의 휴대전화가 팔려 나갔다.

그런데 머지않아 공중파 고발 프로에서 문제를 터트리기 시작했다. 별정통신사의 휴대전화는 3대 통신사와 달리 모든 와이파이망에서 데이터 요금이 무료가 아니었던 것이다. 일반적으로 카페나 학교에서 와이파이망은 무료지만 별정통신사의 경우에는 일부 지역에서 와이파이일지라도 사용료를 지불해야 한다. 고객들은 이러한 사실을 잘 몰랐고 한 달 전화요금이 90만 원 넘게 나온 고객도 있었다. 문제는 방송을 진행한 나조차 그 사실을 몰랐다는 데 있다. 야속하게도 업체는 자신들에게 이로울 것 없는 내용이라고 생각했는지 그 문제를 제대로 설명해주지 않았다.

흔치 않긴 하지만 나는 이런 일이 터질 때마다 내 양심에 묻는다. '문제를 최소화하려면 어떻게 해야 할까?'

그때 내가 찾아낸 해답이 반복 피드백이다. 나는 자타가 공인하는 귀차니스트지만 블로그를 만들어 내가 방송한 상품의 장점뿐 아니라 단점을 싣고 고객 Q&A 코너도 만들기로 했다. 그때까지 인터넷에 댓글 한 번 달아본 적 없으니 나름 대단한 결심을 한 거였다. 더구나 블로그를 만들면 고객이 좋은 댓글을 남길 리 만무했으니 그 용기 또한 가상히 봐줄 만하다. 물건을 구입했다가 좋지 않은 경험을 하고도 하소연할 데가 없어 꾹 참는 고객이 어디 한두 명인가. 틀어

막은 답답함의 물꼬를 터주는 셈이었으니 그 내용이 어떠할지는 불을 보듯 뻔했다.

한번은 〈조선일보〉에 내 인터뷰 기사가 실렸는데 내용이 다소 자극적이라 그런지 악플이 대단했다. 어찌되었든 고객과의 교류가 우선이라는 생각으로 맘 단단히 먹고 어설프나마 블로그를 만든 뒤, 방송 중에 상품 설명을 마치고 나서 조심스레 이야기를 꺼냈다.

"고객님, 제가 하는 말 다 믿으세요? 안 믿는 거 압니다. 그러면 제 블로그 주소를 아래 자막으로 알려드릴 테니까 블로그에 들어와서 구체적으로 물어보세요. 제가 밤새 댓글을 달아드리겠습니다."

이 피드백은 효과가 있었다. 자신 있게 호소한 이 한마디에 방송 중 매출이 눈에 띄게 호전되기 시작했다.

사랑받는 기업은 '좋은 게 좋은 거'라며 맘씨 좋은 이웃처럼 푸근하고 정겨운 느낌을 주지 않는다. 오히려 독수리마냥 날카로운 눈빛으로 고객을 바라본다. 고객의 사소한 부분도 놓치지 않기 위해서다. 조종사 없이 혼자 뜨고 내리고 날아다니는 비행기를 알고 있는가? 미국의 무인정찰기 글로벌 호크는 인간에게 엉덩이를 붙이고 앉을 자리를 내주지 않는다. 이 비행기는 18킬로미터 상공에서 0.5센티미터 크기의 물체를 정확히 식별할 정도의 고성능 눈을 달고 있다.

당신의 시야가 미치는 범위는 어느 정도인가? 이야기 전달자와 고객 사이에는 오차가 존재하게 마련이다. 전달하려는 이야기와 듣고 싶어 하는 내용이 늘 일치하는 것은 아니다. 바로 그 차이를 볼 줄 아는 독수리 같은 눈이 필요하다. 내가 항상 프레젠터들에게 고객과 청중을 파악하려 할 때는 그들을 알고자 하는 '열렬하고 간절한 눈빛'으로 바라봐야 한다고 강조하는 이유가 여기에 있다.

20대 시절, 나는 우연한 기회에 청각장애자를 위한 봉사활동에 참여했다. 수화 통역을 해주는 자원봉사자 덕분에 별다른 준비가 없었어도 말을 전달하는 데 어려움은 없었다. 흥미로웠던 것은 내가 말을 할 때마다 청각장애자가 내 표정과 입 모양을 집중해서 바라보았다는 점이다. 나중에 알게 된 사실이지만, 그들은 수화로 전달할 때 발생하는 전달 오차를 줄이기 위해 상대방의 표정과 입 모양을 주의 깊게 보고 느낌까지 정확히 알아내려 애쓴다고 한다.

그로부터 수십 년이 지났지만 아직도 그 열렬하고 간절하던 청각장애자들의 눈빛이 생각난다. 그런 절실함으로 모든 신경을 집중하는데 어떤 장애가 그들을 가로막을 수 있겠는가. 사람이든 기업이든 앞으로 나아가게 해주는 것은 바로 그 절실한 눈빛이다. 절실함, 간절함이 없으면 눈을 뜨고도 놓칠 수밖에 없고 그것은 눈을 감은 것이나 매한가지다.

나는 매일 방송으로 수십, 수천만 명의 고객을 만난다. 그래서 늘 다짐하는 게 있다.

'우선 나부터 정직하게 행동하자. 그러면 수만 명의 마음이 따뜻하고 관대하게 바뀌리라!'

이것은 나 자신과의 약속이자 믿음이다. 앞을 잘 보려고 물리적 안경 도수를 높이는 것보다 진실한 마음을 전하기 위해 마음의 도수를 높이는 것이 더 중요하다.

고객이 브랜드를 짝사랑하던 시대는 지나갔다. 지금은 바야흐로 기업이 고객을 짝사랑하는 시대다. 고객은 입덧을 하는 임신부처럼 변덕이 심하고, 깎아놓은 사과인 양 쉽게 갈변한다. 고객이 브랜드에 충성을 보이는 게 아니라 '딴짓'을 하거나 '딴것'에 눈길을 돌리기 일쑤인 터라, 오늘날의 기업은 수많은 선택 대안(choice alternative)에 즐거워하는 고객 앞에서 살아남기에 급급하다. 기업의 생존 전략 1순위는 충성 고객 확보다. 강렬한 충성(vibrant faithfulness)은 강렬한 연대(vibrant engagement)에서 나오므로 기업은 흡사 움직이는 과녁 같은 고객을 사로잡기 위해 소통 관계를 유지해야 한다. 그것이 생존을 담보하는 무한 자산이기 때문이다. 어찌 보면 이것은 기법이 아니라 기업이 지녀야 할 마음의 특성인지도 모른다.[2]

그런 의미에서 고객을 향한 사랑이 영원한 짝사랑으로 남지 않도록 고객의 마음을 확실히 사로잡는 18가지 기술을 소개하고자 한다. 각각의 키워드를 무기 삼아 고객에게 다가선다면 곧 쌍방향 사랑이라는 결실을 얻을 것이다.

1 | 선긋기
이 정도면 딱 좋아!

판매자가 사용하는 일반적인 기술 중에 '산꼭대기에서 데리고 내려오기(bringing them back off the mountain)'라는 설득 방법이 있다. 흔히 고객은 '좋은 것, 더 좋은 것' 하면서 비싼 것을 볼수록 욕심이 하늘 높은 줄 모르고 올라가는데, 이때 마음이 붕 뜬 고객을 현실로 데리고 내려와야 판매에 성공한다는 불문율이다. 사람은 욕심 많은 동물이라 좋은 것을 보고 나면 처음에 봤던 것이 성에 차지 않아 시큰둥해지게 마련이다. 따라서 판매자는 적절한 순간에 구매를 제어해야 한다. 이때 말을 재치 있게 전달하면 고객은 판매자를 자기편으로 인식한다.

"아직은 그렇게까지 비싼 것을 사지 않아도 됩니다. 그 정도 고급 사양은 필요 없을 겁니다. 이 정도로도 충분합니다."

이런 말을 들으면 속으로 '이 판매자가 내 지갑 걱정까지 해주는 구나' 싶어서 마음을 놓는다. 특히 가전매장 판매자들은 고객에게 최고가를 권하지 않는다. 그들은 고객의 표정과 말투 등의 반응을 실시간으로 살피면서 적당한 가격 선에서 제품을 권한다.

어느 날 6인용 전기압력밥솥을 판매했는데, 아무리 후하게 점수를 줘도 내 눈에는 좀 작아 보였다. 집이든 차든 혼수품이든 통 큰 우리네 정서로는 큰 것이 장땡 아닌가. 고민 끝에 멘트를 날렸다.

"식구가 몇 명이십니까? 한국인의 90퍼센트가 4인 미만 가족입니다. 밥을 잔뜩 해놓고 전기료 낭비해가며 오래된 누런 밥 드시겠습니까? 아니면 항상 필요한 만큼만 새 밥을 해드시겠습니까? 더구나 주방에 올려놓을 게 많아 항상 비좁다고 느끼실 텐데 밥솥이 클 필요가 있을까요? 이 정도면 충분합니다. 아니, 이게 더 경제적일 겁니다."

예를 들어 부부가 소파를 구입하기 위해 가구점에 갔다고 해보자. 레자 소파가 50만 원이고 가죽 소파가 100만 원인데, 남편이 가죽 소파를 원하자 아내가 비싸다고 투덜댄다. 이때 판매자는 누구의 손을 들어줄까? 당연히 구매결정권자인 아내 쪽이다. 설령 처음에 가죽을 권했더라도 얼른 말을 바꾼다.

"아, 아이들이 있군요. 아이들이 소파 위에서 뛰고 음식물 흘리고 낙서를 하면 가죽은 금방 망가집니다. 그리고 아직 젊으시니까 이사를 자주 다니실 텐데 지금은 레자로 쓰시고 앞으로 10년 후에 가죽으로 바꾸시죠."

판매자는 상황을 재빨리 판단해 자신은 물론 고객에게도 이로운 방향으로 권해야 한다. 하루는 방송에서 연금 상품을 권했는데 노후에 매달 100만 원씩 수령하는 상품이었다. 그런데 소비자 입장에서 생각을 해보니 아무래도 액수가 좀 적게 느껴졌다. 나는 방향을 약간 비틀었다.

"이 연금은 고객님을 부자로 만들어주지는 않습니다. 물론 부자가 되면 좋겠지요. 하지만 아무리 부자라고 해도 한 끼에 밥을 두 번 먹지 않습니다. 비싼 넥타이 아무리 많아도 한 번에 한 개만 매고, 좋은 옷 아무리 많아도 두 벌씩 못 입습니다. 좋은 차가 많아도 한꺼번에 두 대씩 몰고 다니지도 못합니다. 돈을 좇는 것은 바닷물을 마시는 것과 같습니다. 짠물은 마시면 마실수록 갈증이 나지요. 돈을 산더미처럼 쌓아놓아도 그 사람에게 돈은 여전히 부족해 보입니다. 끝이 없지요. 그저 돈, 돈, 하면 아무리 많은 수령액을 제시해도 여전히 적게 보일 뿐입니다. 이 돈은 은퇴하고 나서 월급이 끊긴 후에도 여전히 계획성 있게 생활하도록 만들어주기 위한 겁니다. 액수가 적다고요? 그때 가서 이것마저 없으면 어떡하실래요?"

'경영의 신'으로 불리는 일본 마쓰시타 그룹의 창업자 마쓰시타 고노스케(松下幸之助)는 "사람도 회사도 80퍼센트 선에서 만족하는 것이 가장 좋다"고 말했다. 더 비싼 제품은 언제나 존재한다. 판매자는 고가의 제품을 구입하려면 돈을 더 내야 한다는 사실을 알려줘야 한다. 판매자가 고객이 무리한 선택을 하지 않도록 돕는 조력자로 나서면 고객은 고마워하는 동시에 동질감을 느끼며 마음을 놓는다. 적당한 서에서 금을 긋듯 분명하게 끊어줄 경우 고객은 내편이 된다.

2 | 휴리스틱 heuristic
상식 안에서만 이야기하자

어떤 사소한 행동을 할 때 사람들은 대개 일부러 생각하지 않고 습관적으로 결정을 내린다. 우리의 머릿속에 '상식'이라는 것이 들어앉아 있기 때문이다. 우리는 그 상식의 틀 안에서 거의 무의식적으로 행동한다. 예를 들어 지하철을 타고 가면서 담배를 피우면 그 상식 밖의 행동에 모두가 놀라움을 표시한다. 혹시 당신은 발로 세수를 하는가? 신체적으로 특별히 문제가 없는 한 '손으로 세수하는 것'을 당연시하듯, 상식의 틀 안에서 고객에게 권하면 고객은 거부할 변명거리를 쉽게 찾지 못한다.

그러한 상식, 즉 우리에게 익숙한 것을 건드려서 빨리 결정할 수 있도록 돕는 것이 휴리스틱(heuristic)이다. 다시 말해 휴리스틱은 신속한 의사결정을 돕는 정신적이고 실용적인 방법이다.[3] 고객의 머릿속에 들어 있는 일반적인 상식이나 관념을 건드리면 빠르고 신속하게 고객을 설득할 수 있다.

언젠가 한 달에 2만 원의 보험료를 내는 효도 보험 상품을 소개했다. 방송을 함께 진행한 다른 쇼호스트는 "부모님을 위한 보험에 가입하세요. 한 달에 겨우 2만 원입니다"라고 말했다. 나는 상식의 잣대 안에서 좀 더 강하게 나갔다.

"고객님을 낳아주고 길러주신 부모님의 건강을 위해 매일 2만 원을 쓰라고 해도 쓸 겁니다. 그런데 한 달에 단 한 번, 2만 원을 쓰는 건데 그걸 못 하겠습니까? 고객님이 술을 마실 때 안주 한 접시 값밖에 되지 않는 돈입니다. 안주 한 접시 시킬 때는 돈 아깝다고 망설인 적이 없으면서 부모님의 건강 앞에서는 인색하게 굴며 망설이실 겁니까? 자식이 부모님의 건강을 위해 한 달에 2만 원 쓰는 걸 두고 아깝다고 생각하십니까? 하다못해 식당에서 밥 먹고 계산할 때 불우이웃돕기 성금함에 1,000원도 넣고 기분 내키면 5,000원도 넣습니다. 그 돈이 어디로 가서 어떻게 쓰이는지도 모르는데 말입니다. 전혀 상관없는 남에게도 그렇게 돈을 쓰는데 내 부모님께 만 원짜리 두 장을 못 쓰겠습니까? 한 해에 250만 명이 헌혈을 합니다. 모르는 남에게도 피를 뽑아주고 생명을 나눠주는데, 내 부모님께 생명을 나눠주는 것도 아니고 겨우 2만 원 쓰라는 건데 그걸 못 하겠습니까?"

당신도 '예' 혹은 '아니요'로 대답해보라. 이런 질문 앞에서 쉽게 거절하는 사람은 그야말로 강심장 소유자다. 상식의 잣대로 이야기할 경우 고객은 쉽게 거절하지 못한다. 이것이 바로 휴리스틱 기술이다. 예를 들어 비슷해 보이는 화장품이 있는데 하나는 10만 원이고 다른 하나는 1만 원이라고 해보자. 이때 '싼 게 비지떡이다'라는 관념을 자극해 10만 원짜리를 선택하도록 만드는 것이 휴리스틱이다. 여러 나라의 와인을 진열해놓고 '와인은 역시 프랑스산'이라는 일반적인 관념을 건드려 그것을 선택하게 하는 것도 마찬가지다.

값이 비싼 물건일 경우 휴리스틱은 '고가 제품은 품질이 뛰어나다' 혹은 '비싼 건 뭐가 달라도 다르다' 같은 짧은 논리를 이용한다. '오늘은 특집이니까 지금 사라', '특별히 싸니까 많이 사둬라' 같은 휴리스틱 메시지는 소비자가 신속한 결정을 하도록 부추긴다. 이처럼 상식 안에서 이야기하면 고객은 꼼짝 못하고 빠져든다.

고객을 상식의 포로로 만드는 방법은 간단하다. 우선 호소하고 싶은 주제 안에서 하나의 상식을 설정한다. 그런 다음 그 상식의 카테고리 내에서 비교하거나 전달하려는 신념이 돋보이게 만든다. 50인치 TV를 소개하던 날, 나는 TV가 너무 커서 고객들이 공간을 많이 차지한다고 걱정할 것을 염두에 두었다.

"이 TV는 넓이만 넓을 뿐이지 부피는 오히려 줄어듭니다. 우리가 큰 집으로 이사 가는 것은 어려운 일이지요. 그렇지만 지금 사는 집을 더 넓히는 것은 쉽습니다. 지금 사용하는 그 뚱땡이 TV를 치우고 이 평면 TV를 벽에 착 붙여보세요. 거실이 한 평은 더 넓어질 겁니다."

고객은 단점을 먼저 생각하지만 판매자는 장점을 먼저 생각해야 한다. '왜 안 되는가'보다 '어떻게 하면 가능한가'를 살펴 고객이 머릿속으로 생생하게 그릴 수 있도록 구체적이고 긍정적으로 설명해야 한다. '이 상품은 보험료를 매년 인상하지 않습니다'보다 다음과 같이 머릿속에 그림을 그려주는 것이 더 낫다.

"요즘 차 몰고 다니기 겁나시죠? 기름 값이 하루가 다르게 뛰고 있지 않습니까? 앞으로 수십 년이 흘러도 기름 값이 그대로라면 얼마나 좋겠습니까? 이 보험료는 결코 오르지 않습니다. 공공요금은 매년 오르지만 이 보험료만큼은 해가 가도 그대로입니다."

저축을 하라고 목소리를 높이기보다 '저축은 100퍼센트 성공하는 재테크입니다'라고 상식을 찔러 고객이 거부하지 못하게 만드는 것이 더 현명하다.

홈쇼핑 방송에서 주택화재보험을 권할 때의 일이다. 그 상품은 말 그대로 집에 불이 났을 때 보장을 받는 보험이다. 그런데 사람들은 보통 자신의 집에 불이 날 확률이 높다고 생각하지 않는다. 그럴 수도 있고 그렇지 않을 수도 있기 때문에 나에겐 특별히 어려운 상품이었다. 나는 고객이 상식의 잣대로 생각해보도록 휴리스틱 기술을 활용했다.

"저는 제 스마트폰을 위해 보험을 들었습니다. 2년 정도 쓰다가 버릴 고철덩어리인데도 말입니다. 하물며 거의 평생을 바쳐 장만한 내 집을 위해 보험 하나 들지 않는다는 걸 어떻게 생각하십니까? 집을 장만하는 데 10년이 걸리고 융자금을 갚는 데 30년이 걸립니다. 우리는 내 집 하나를 위해 장장 40년이라는 세월 동안 피와 땀을 쏟습니다. 40년이라는 세월은 평생 경제활동을 하는 기간과 맞먹습니다. 결국 내 모든 노동을 집 한 채 장만하는 것에 쏟는다는 얘긴데, 그렇게 장만한 재산목록 1호에 보험 하나 들지 않는다는 사실을 어떻게 생각하십니까? 한순간 도미노처럼 잃을 수도 있는 고객님의 보금자리를 위해 보험을 들어둡시다."

실제로 이런 보험 상품은 보장 내용을 설명하기보다 상식적으로 접근할 때 반응이 훨씬 더 좋다.

쇼호스트들은 자주 자동주문을 유도한다. 이런저런 멘트 중에 입버릇처럼 '자동주문으로 연결하라'는 말을 쏟아낸다. 그 이유는 고객이 상담원을 붙잡고 얘기하는 경우 매출에 별로 도움이 되지 않지만, 자동주문으로 연결하면 매출이 팍팍 오르기 때문이다. 그런데 많은 고객이 기어코 상담원과 통화를 해보고 나서야 물건을 사려고 한다. 그럴수록 쇼호스트들은 무조건 자동주문을 이용하라고 말하고 또 말한다. 나는 고정관념을 잠깐 밀어두고 여기에 휴리스틱 기술을 적용해봤다.

자동주문전화로 주문을 하면 고작 1,000원밖에 할인을 해주지 않는 고등어를 소개할 때였다.

"지금 자동주문을 이용하면 1,000원을 할인해주는데 포기하시겠습니까? 고객님은 마트에서 계산할 때 계산원이 '봉투 필요하세요?'라고 물으면 봉투 값 50원이 아까워서 불편해도 상자에 테이프를 붙입니다. 심지어 카트에 담긴 물건을 차에 옮긴 다음 저 멀리 카트 보관소까지 가져가서 어떻게든 100원을 빼냅니다. 그렇게 수고를 감수하면서 50원, 100원을 아끼시면서 단지 주문전화를 상담원에서 자동주문으로 바꾸는 수고뿐인데 1,000원을 포기하시겠습니까?"

한국은 그렇지 않지만 미국에서는 드릴 대여 서비스가 보편화하는 추세다. 한국인은 보통 드릴이나 공구세트 정도는 집에 비상약처럼 비치해둬야 한다고 생각한다. 그걸 굳이 대여해서 쓸 필요가 있느냐는 것이 상식이다. 그렇다면 미국의 한 드릴 대여 회사 영업사원의 말을 들어보자. 솔직히 말하자면 나는 그의 휴리스틱 기술에 솔깃해졌다.

"고객님, 평생 살면서 드릴을 쓰는 시간이 채 30분도 되지 않는다는 사실을 아십니까? 평생 30분도 쓰지 않는 물건을 구입해 집 안에 고이 모셔놓는 것은 과잉소비입니다. 필요할 때마다 옆집에서 빌려 쓰듯 대여해서 쓰면 더 다양하고 성능 좋은 드릴을 언제든 이용할 수 있습니다."

고객을 상식의 포로로 만들어야 한다. 휴리스틱은 판매자가 가장 두려워하는 고객의 '거절'을 일축하는 좋은 기술이다.

3 | 구체화
고객은 떠먹여야 먹는다

내 블로그에 들어가면 '장문정의 기업 강의 영상'중에서 재미난 것을 볼 수 있다. 모 대기업에서 강연을 하던 중에 한 청중에게 퀴즈를 내는 장면이다.

"이제 슬라이드 화면에 두 개의 단어가 차례로 나올 텐데 그 단어의 사전적 정의를 말해보세요. 아, 어려운 단어는 아니니 긴장할 필요는 없습니다."

슬라이드에 등장한 첫 단어는 '진실'이다. 청중은 어렵다는 듯 고개를 갸우뚱하더니 대충 얼버무린다.

"진실이란 거짓이 없는 것!"

다음으로 등장한 단어는 '수박'이다. 이번에도 청중은 어렵다는 표정으로 힘겹게 대답한다.

"과일의 일종이며, 여름철에 나오는 종류……."

나는 청중 전체를 바라보며 말했다.

"보십시오. 지금 배울 만큼 배운 성인이 수박을 설명하지 못하고 계십니다."

청중은 박장대소를 터트렸다.

이것은 미국에서 실제로 시행한 심리학 실험 중 하나다. 제시한 단어도 내가 보여준 단어와 같다. 먼저 '진실' 같은 추상적이고 원론적인 단어를 보여준 뒤, 이어 '수박'처럼 초등학생도 설명할 수 있는 쉬운 단어를 보여주면 피험자는 청중 앞에서 그 의미를 쉽게 말하지 못한다. 왜 그럴까? 우리가 남들 앞에서 말을 고상하게 하려는 이른바 '고상병'에 걸려 있기 때문이다. 점잖은 사람들이 모인 자리나 공적인 자리에서 말할 때 혹은 어떤 목적 아래 상담을 진행할 때 사람들은 구체적이고 직접적으로 말하기보다 고상한 척, 품위 있는 척하며 말하려 한다. 흔히 목에 힘을 주며 실생활과 동떨어진 문어체 어투를 쓰거나 어려운 용어를 늘어놓는 이유가 여기에 있다.

한번은 대구에서 보험설계사들을 대상으로 강연을 했는데, 그때 한 설계사도 동일한 실험에서 수박을 쉽게 설명하지 못했다. 마침 옆에 있던 그녀의 어린 딸에게 마이크를 건네며 "수박이 뭐니?" 하고 묻자 아이는 청산유수였다.

"초록색 줄무늬가 있고요, 속은 빨갛고요, 안에 까만 씨가 들어 있어요. 여름에 나는 과일이고요."

어른들은 병들었다. 우아한 척, 고상한 척하는 병.

흘려듣기 십상이지만 홈쇼핑에서도 어렵고 원론적인 말들이 줄줄 흘러나온다. '싸다'라는 쉬운 말을 '이렇게 저렴한 느낌을 고객님도 함께 느껴보셨으면 좋겠습니다'라고 어렵게 하기 일쑤다. 강의를 하는 교수나 기업체 강사들이 흔히 듣는 말이 있다.

"총론엔 강한데 각론엔 약하다."

한마디로 뜬구름 잡는 이야기를 늘어놓는다는 의미다. 말이란 모름지기 구체적이고 알아듣기 쉬워야 한다. 원론적이고 추상적인 말을 각론적, 구체적인 말로 풀어서 전달해야 고객의 마음을 사로잡을 수 있다.

그러면 구체화 전략의 예를 들어보자. 다음의 두 가지 사실 중 어느 쪽이 더 마음에 와 닿는가? 선택해보라.

어느 쪽이 더 더러운 느낌이 드는가?	
현재 바다에 떠 있는 쓰레기와 오물은 호주 대륙만큼의 넓이를 차지한다.[4]	음식물 쓰레기를 버리려다가 거실 바닥에 쏟는 바람에 거실 바닥이 오물 천지가 되었다.

어느 쪽이 더 무서운 느낌이 드는가?	
현재 지구상에는 핵폭탄이 3만 315개나 있다. 지구를 수천 번 파괴할 만한 양이다.[5]	거실에서 식칼을 들고 장난치며 뛰어다니는 아들의 모습을 봤다.

어느 쪽이 더 슬픈 느낌이 드는가?	
2차 대전 당시 스페인 독감으로 전 세계에서 무려 4,500만 명이 사망했다.[6]	8년간 함께 살아온 우리 집 강아지가 오늘 죽었다.

어느 쪽이 더 걱정스러운가?	
우리나라에서 그리 멀지 않은 러시아에는 약 20억 톤의 유독성 폐기물이 있는데 이를 처리할 방법이 없다.[7]	이달에 빠져나갈 카드결제 대금을 생각하니 눈 앞이 캄캄하다.

현실적으로 볼 때 심각성은 당연히 왼쪽이 비할 바 없이 크다. 하지만 당신은 오른쪽, 즉 내 앞에 놓인 구체적인 사실을 선택했을 것이다.

언젠가 강연을 하던 중에 히로시마 원자폭탄이 터지는 영상을 보여준 적이 있다. 사람들의 살이 녹아내리고 병들어 죽어가는 끔찍한 모습이 담긴 영상이었다. 영상을 보여주고 나서 청중에게 물었다.

"저 원폭이 무섭습니까? 권총 한 자루가 무섭습니까?"

모두들 원자폭탄 영상을 가리켰다. 나는 두말없이 맨 앞쪽에 앉은 사람에게 다가가 갖고 있던 서류봉투에서 장난감 권총을 한 자루 꺼내 천장에 대고 탕~ 한 발 쐈다. 모두들 깜짝 놀랐다. 나는 권총을 빙그르 돌리며 물었다.

"저 영상 속의 핵폭탄입니까? 아니면 지금 여기 있는 권총 한 자루입니까?"

모두들 권총을 택했다. 상대방에게 직접적, 구체적으로 가 닿는 이야기를 해야 한다. 뜬구름 잡듯 추상적이고 겉도는 이야기는 실패하기 십상이다.

해마다 12월 31일이면 수많은 사람이 제야의 종소리를 듣기 위해 종각으로 모여든다. 한번은 촬영을 위해 그 붐비는 사람들의 물결에 휩쓸려 종각으로 나갔는데 날씨가 매섭게 추웠다. 역시나 몇몇 사람이 발 빠른 상술을 발휘해 종각역 입구에서 손난로를 팔고 있었다. 그런데 한 총각이 외치는 멘트가 예술이다.

"여자친구 추워요~"

그는 남들이 흔히 하듯 '손난로 사세요'가 아니라 마음을 콕 찌르는 한마디로 행인들을 끌어 모았다. 여자친구와 팔짱을 끼고 걷던 남자들이 그 말을 듣고 어찌 그냥 지나칠 수 있겠는가. 대단한 구체화 기술이다. 화장품 매장에서 일하는 점원의 말 한마디도 큰 차이를 낸다. '이걸 바르시면 예뻐질 거예요'라는 말이 와 닿는가, 아니면 '주무시기 전에 목부터 올라가면서 두들기듯 바르고 주무세요. 두 달이면 피부 톤이 두 단계는 개선될 겁니다'라는 말이 더 와 닿는가? 당연히 후자다. 구체적이지 않으면 마음을 끌어당길 수 없다.

고객에게 밥상을 차려주고 휙 돌아서면 안 된다. 수저로 밥을 퍼서 입 안에 넣어줘야 한다. 구글에 키워드만 넣으면 알아서 생각까지 해주는 것처럼 요즘 고객은 생각도 대신 해주고 선택까지도 대신 해주기를 바란다. 나는 상품을 소개할 때 제품의 특징과 브랜드를 설명하는 것에 그치지 않고 사용방법을 충분히 알려주려 노력한다.

입장 바꿔 생각해보면 그 이유는 충분히 알 수 있다. 세일즈맨은 오로지 '어떻게 팔아먹을까'에 집중한다. 반면 구매자는 '어떻게 쓸까'에 관심이 있다. 이러한 차이를 이해한다면 아무리 쉽고 당연한 상품이라도 사용방법을 알려줘야 한다. 칼자루를 쥔 사람은 고객이 아닌가. 고객이 머릿속으로 이미지를 그리도록 구체적으로 설명해 '한번 써 봐도 되겠다'는 생각이 들게 해야 한다. 그것이 구체화 기술이다.

4 | 뒤집기 flip over
불리할 땐 손바닥을 얼른 뒤집어라

제품을 소개하는 일을 하다 보니 나는 늘 다양한 제품을 접하면서 그 나름의 특징을 파악하는 행운을 누린다. 덤으로 실생활에 도움을 주는 정보도 얻고 말이다. 하루는 복근 강화 운동기구를 론칭했는데, 그때 헬스 트레이너 출신인 한 게스트가 나에게 뒤로 걷는 운동을 권했다. 우리의 근육은 모두 앞으로만 움직이기 때문에 근육의 균형을 잡으려면 뒤로 걷는 운동을 하는 게 좋다는 설명이었다. 밑져야 본전이라는 생각으로 헬스장에서 며칠 해봤더니 신기하게도 어깨 통증이 사라졌다.

IBM이 '생각하라'를 외칠 때, 스티브 잡스는 '다르게 생각하라'고 맞받아쳤다. 알고 보면 다르다는 것은 그리 거창한 게 아니다. 그저 생각을 약간 비틀기만 하면 된다. 1968년, 멕시코 올림픽의 열기가 한창 뜨겁던 현장에서 높이뛰기 종목에 새 역사가 열렸다. 호흡을 고르며 출발신호를 기다리던 무명선수 딕 포스베리(Dick Fosbury)는 출발 전까지만 해도 다른 선수들과 다를 바 없었다. 하지만 그가 땅에서 발을 구르고 가로대를 넘는 순간 전 세계가 경악했다. 그가 사상 최초로 몸을 비틀어 등을 바닥으로 향한 채 높은 가로대를 뛰어넘었기 때문이다. 그 이전까지만 해도 상식은 가로대를 정면으로 바라보며 뛰어넘는 것이었고 모든 선수가 그렇게 했다.

새로운 방식을 도입한 포스베리는 뛰어난 성적으로 금메달을 목에 걸었다. 그가 우승한 후에도 여전히 이전 방식으로 뛰어넘는 선수가 많았지만, 10년 정도가 흐르자 거의 모든 선수가 포스베리의 방식을 채택했다. 사람들은 아예 그의 배면뛰기 방식을 포스베리 플랍(Fosbury Flop)이라고 불렀다.

역사 속을 휘저으면 상식을 깨트린 스포츠계의 파격을 꽤 많이 찾아볼 수 있다. 가령 1925년 아디 다슬러(Adi Dassler)는 운동화에 스파이크를 박는 파격을 선보였다. 이후 그 신발을 신고 뛴 선수들은 16년간 깨지지 않던 육상 기록을 단숨에 깨버렸다. 아디다스는 '수영복은 작을수록 좋다'는 불문율을 깨트리고 전신 수영복을 만들었다. 2000년 시드니 올림픽에서 모두가 삼각 수영복을 입고 출발점에 서 있을 때 호주의 이언 소프(Ian Thorpe)는 온몸을 덮는 수영복을 입고 나와 모든 사람의 주목을 받았다. 그 결과는 어땠을까? 이언 소프는 그 대회에서만 3관왕이 되었다.

열심히 노를 젓는 뱃사공은 배가 앞으로 나아가지 않으면 간혹 뒤로 젓는다. 마찬가지로 세일즈와 마케팅을 할 때도 너무 앞만 바라보며 나아가면 안 된다. 가끔은 뒤로 걷고 비틀어서 생각해봐야 한다. 물론 반대로 뒤집어보기도 해야 한다.

예를 들어 '잘났어'라는 말은 상황에 따라 그 의미가 달라진다. '아무렴, 난 잘났어. 난 잘났지(I'm perfect)'라는 뜻으로 쓰이기도 하지만, 다른 상황에서는 '그래, 너 잘났다. 네 팔뚝 굵다(Get over yourself)'라는 의미로도 쓰인다. 똑같은 말과 상황도 프라이팬의 파전 뒤집듯 뒤집으면 반대의 의미, 반대의 상황이 되어버린다.

뒤집기 기술은 반대 급부, 반대 상황, 역발상 속성을 빠르게 머릿속에 그려주는 일이다. 한 사물을 어떤 시각으로 바라보게 만드느냐에 따라 장점이 단점으로, 단점이 장점으로 혹은 생각지도 못하던 영역으로 시야가 확장된다. 거품이 많이 나는 샴푸는 세정력이 좋다는 장점이 있지만 그만큼 계면활성제가 많이 들어 있다는 단점이 있다. 접착력이 약해 쉽게 떨어지는 실패작에서 아이디어를 얻어 몇 번이든 떼었다 붙일 수 있는 '포스트잇'이 탄생했듯, 사물의 단점은 관점에 따라 오히려 기회가 될 수도 있다. 예를 들어 남성의 전립선 질병을 치료하는 약은 털이 나는 부작용이 있는데, 제약사는 그 단점을 뒤집어 탈모약으로 개발해 팔았다.

뒤집기 기술은 영업 현장에서 단점을 들켰을 때 또는 약점이 잡혔을 때 이를 지혜롭게 극복하는 데 사용할 수 있다. 단점을 장점으로,

약점을 강점으로 뒤집는 기술이니 말이다. 오래된 브랜드는 소비자에게 친근하다는 장점이 있는 반면 진부하다는 단점이 있다. 물론 여기에도 반전의 기회는 있다. 칠성사이다가 그 대표적인 사례다. IMF로 경제 한파가 몰아치자 그들은 '좋았던 옛날'에 대한 향수를 불러일으키는 복고풍 이미지를, 환경에 대한 관심이 높아진 최근에는 친환경 이미지를 구사했다. 상황에 따라 그때그때 뒤집기 전략을 사용해 적절한 브랜드 이미지를 구축해 나간 것이다.

스포츠업계 1위 업체인 나이키는 2위 업체인 아디다스를 '너희는 2등이야!'라며 조롱했다. 아디다스는 뒤집기 전략을 구사했다.

"나이키는 우리보다 파는 걸 잘할 뿐, 질과 기능은 우리 것이 훨씬 낫다. 운동 능력 측면에선 우리가 더 좋은 신발을 만든다."[8]

언젠가 밤 12시에 평론가 고(故) 김영수 선생과 함께 신원문학사의 중고교생 한국문학 서적을 방송한 적이 있다. 그 일이 특별히 기억에 남은 이유는 김영수 선생의 순발력이 그야말로 혀를 내두를 정도였기 때문이다. 내가 먼저 말을 꺼냈다.

"새우젓을 좋아하십니까? 좋다, 싫다 쉽게 대답하지 마십시오. 좋아할 수도 있고 싫어할 수도 있습니다. 저는 돼지고기 보쌈 먹을 때 찍어 먹는 새우젓은 정말 좋아합니다. 반대로 어머니가 계란찜에 넣은 새우젓은 아주 싫어합니다. 똑같은 대상도 상황에 따라 좋을 수도, 싫을 수도 있습니다. 아이들에게 공부하라고 하면서 책을 주면 싫어하지만 즐기면서 읽으라고 하면 신나는 소설책이 될 수 있습니다. 아마 스스로 좋아서 책을 읽는 습관이 몸에 밸 것입니다. 잔소리보다 지혜로운 방법을 택하십시오."

내 말이 끝나기가 무섭게 김 선생이 재치 있게 덧붙였다.

"산을 올라가는 것도 그렇습니다. 일이다 생각하면 노동이고 재미다 생각하면 레저입니다. 일이라고 생각하면 하산할 때 목적을 끝내고 되돌아가는 힘든 퇴근길이 되어버립니다. 반대로 재미있다고 생각하면 하산할 때조차 주변 경관을 즐기는 행복한 길이 됩니다. 아이가 책을 시험 볼 목적이 아니라 즐기는 수단으로 삼으면 성인이 되어서도 계속 곁에 두고 읽습니다. 시험이라는 목적을 위해서가 아닌 삶의 즐거움을 위해 독서습관을 들이면 책은 언제든 제 값어치를 합니다."

남극에 가서 냉장고를 팔고 맨발로 사는 아프리카에 가서 신발을 팔려면 어떻게 해야 할까? 여기에는 분명 뒤집기 전략이 필요하다. 아이러니하게도 푹푹 찌는 삼복더위에 방송에서 홍삼을 판매해야 할 때가 있었다. 열이 나는 식품으로 알려진 홍삼을 무더위가 기승을 부리는 가운데 팔아야 하니 이만저만 곤혹스러운 게 아니었다. 나는 뒤집기 전략을 시도했다.

"혹시 무더운 여름에 땅 위에 텐트를 치고 잠을 자본 적이 있습니까? 아무리 더운 날씨에도 땅 위에 누우면 찬기가 올라와 입이 돌아갈 지경이 됩니다. 이 홍삼은 그처럼 차가운 땅속에서 6년을 지냅니다. 그것도 겨울에 영하 수십 도의 땅속에서 그 차가운 기운을 흡수하며 견딥니다. 그렇게 24계절과 24환절기 내내 차가운 기운을 머금고 자란 녀석을 고객님이 드시는 겁니다. 사실 홍삼은 여름에 드시는 게 가장 좋습니다. 무더위 극복에 정말 좋은 식품이니까요."

사물의 속성은 손바닥과 손등처럼 서로 반대되는 두 가지 기질을 지닌다. 평소에 하나의 사물과 가치를 두고 그 양면적 속성을 분석하는 연습을 하면 큰 도움을 받는다. 똑같은 날씨를 두고 누구는 '덥다'고 하고 또 누구는 '따뜻하다'고 말할 수 있다. 똑같은 얼음물도 '차갑다'와 '시원하다'로 표현이 나뉜다. 이처럼 대구와 대조를 이루는 속성을 알아두고 사고를 확장해 나가는 연습을 해야 한다.

물고기를 잡는 일은 낚시꾼에게는 레저고 어부에게는 노동이다. 똑같은 물건을 구입해도 쇼핑이면 즐거움이고 물품 구입이면 가사 노동이다. 속성을 뒤집는 연습을 하면 할수록 뒤집기 기술은 늘어난다. '인어공주는 비련의 여인'이기도 하지만 내가 보기에 인어공주는 '괴물이다.' 슈퍼맨은 '영웅'이기도 하지만 내가 보기에 슈퍼맨은 '외계인'이다. '님'이라는 글자에 점 하나를 찍으면 '남'이 되는 것이 뒤집기 전술의 묘미다.

미국의 코미디언 조지 칼린(George Carlin)은 "수많은 차가 도로 위에서 똑같이 운전하고 있지만 나보다 느린 차는 바보요, 나보다 빠른 차는 미친놈이다. 나만 정상이다"라고 말했다. 사실 대다수 운전자가 나만 정상이라고 생각하며 운전을 한다. 그러나 관점을 뒤집으면 나는 바보, 미친놈이 될 수도 있다. 애플 아이폰4가 한때 수신 불량으로 떠들썩하자 스티브 잡스가 한마디 날려 사태를 뒤집었다.

"애플만 문제가 있는가? 안테나 수신 불량 문제는 노키아, 삼성 등 스마트폰의 공통적인 현상이다!"

관점 뒤집기는 정말 간단하다. 똑같이 밤 12시까지 함께 있어도 사랑하는 사람과 데이트를 하면 시간이 순식간에 지나가버린다. 반면 상사에게 붙잡혀 야근을 하면 시간이 저주라도 받은 듯 달팽이처럼 기어간다.

쇼호스트 경험이 전혀 없는 한 여성이 입사원서를 제출했다. 면접관이 "경력이 전혀 없는데 우리가 왜 당신을 뽑아야 하죠?"라고 묻자, 그 여성은 하얀 A4용지 한 장을 들어 보이며 말했다.

"어린아이가 처음 미술학원에 가면 많은 그림을 그려 넣지 못합니다. 선생님의 올바른 지도 속에서 점차 아름다운 그림을 채워가죠. 말씀하신 것처럼 저는 하얀 백지 상태입니다. 그만큼 무한한 가능성이 있습니다. 부디 귀사가 원하는 이상적인 인재상에 맞게 틀을 잡아주시고 훈련시키십시오. 가장 아름다운 홈쇼핑의 청사진을 그려 나가겠습니다."

무경력이라는 그녀의 단점은 순식간에 장점으로 뒤집어졌다. 이처럼 사물의 속성은 언제든 뒤집힐 수 있다. 평소에 양면의 속성을 잘 비교하는 습관을 들이면 뒤집기 기술을 쉽게 발휘할 수 있다. 가끔 TV에 뒤집기 전략을 사용한 재치 있는 광고 카피가 등장하기도 한다.

'해충을 막는 농약, 생명을 위협하는 극약으로 돌아옵니다.' -**공익광고협의회**

'버릴 땐 1초도 안 걸리지만 썩는 데는 100년도 더 걸리는 쓰레기가 있습니다.' -**공익광고협의회**

'3개나 틀렸네. 3개밖에 안 틀렸네.' –눈높이

'시바스 한 병을 날린 것이 아닙니다. 오히려 친구 몇을 얻은 거죠.'

　–시바스 리갈

　영어 속담에 "음지가 양지되고 양지가 음지된다(Life is full of ups and downs)"는 말이 있다. 끝나가는 모래시계를 뒤집으면 새로 시작하는 모래시계가 된다. 이처럼 뒤집으면 상황과 속성은 마법처럼 순식간에 바뀐다.

5 | 제로 코스트 효과zero-cost effect 지갑을 스스로 열게 만든다

월마트(Wal-Mart)에서 일하며 주말 매장을 관리할 때의 일이다. 당시 프로모터(promoter, 기획자)들의 제안으로 시식코너를 운영했는데, 문득 시식코너를 운영할 때와 그렇지 않을 때의 매출 차이가 궁금했다. 직원들에게 2시간 간격으로 그 차이를 조사해보라고 하자 놀랍게도 그 차이는 여덟 배로 나타났다! 이는 사람들이 공짜로 집어 먹으면 제품을 여덟 배나 더 많이 산다는 것을 의미한다.

공짜라는 극단적인 방법 외에 할인이라는 수단도 있다. 그러나 할인과 공짜는 태생부터 다르다. 할인을 아무리 많이 해줘도 공짜라는 강한 유혹과는 비교가 안 된다. 예전에는 홈쇼핑에서 5퍼센트만 할인해도 고객의 반응이 열광적이었다. 그런데 어느 순간부터 그 정도의 할인은 새 발의 피 대접도 받지 못했다. 업체들은 점점 할인율을 높이기 시작했고 10퍼센트, 20퍼센트를 넘어 급기야 30퍼센트 할인까지 등장했다. 가뜩이나 상대적으로 물건 값이 싼 데다 30퍼센트까지 할인을 해주니 홈쇼핑 물건이 대박을 터트리는 것도 무리는 아니었다.

홈쇼핑은 가끔 역마진을 감수하며 행사를 진행하기도 한다. 물론 할인 행사를 한다고 해서 고객이 늘 바라는 만큼 호응을 보내는 것은 아니다. 단 하나의 예외적인 상황을 빼고 말이다. 그것은 바로 공짜 마케팅이다!

한번은 보험 상품을 방송하면서 상담 예약만 해도 전 고객에게 녹말주걱을 보내주는 행사를 했다. 그날 평소보다 두 배 이상의 매출이 올랐다. 이후 홈쇼핑에서는 전화번호만 남겨도 통장 지갑, 경광봉, 행운의 2달러 등 이런저런 공짜 마케팅을 펼치기 시작했다. 이러한 공짜 마케팅에는 어떤 비밀이 숨어 있을까?

예를 들어 보험 방송을 1시간 진행하면 평균 1,000명이 고객 번호를 남기고 그중 500명이 보험에 가입한다고 해보자. 그런데 방송 중에 원가 1만 원짜리 공짜 선물을 준다고 하자 평소보다 두 배가 넘는 2,000명이 전화번호를 남겼다고 치자. 공짜 선물에 혹해 전화번호를 남긴 1,000명 중에서 단지 100명만 보험에 가입해도 그 100명의 1년치 보험료와 1시간 동안 1,000명에게 주는 공짜 선물 값은 비교가 안 된다. 심지어 수십 년간 내는 보험료를 생각하면 그 작은 공짜 선물은 전혀 아깝지 않다.

동네마다 수도관을 설치하기 이전에 펌프질을 해서 물을 길어 먹던 시절이 있었다. 펌프질을 할 때는 먼저 마중물을 한 바가지 부어야 물이 콸콸 나온다. 비어 있는 상태에서는 아무리 펌프질을 해도 물이 나오지 않는다. 물을 써야 물을 얻듯 돈을 써야 돈을 얻는다. 공짜 마케팅은 마중물을 내놓고 더 큰 것을 얻는 마케팅의 힘을 보여준다.

공짜 마케팅으로 이미 효과가 검증된 전략 중 하나가 결합 판매다.[9] 이것은 가령 우유 하나에 치즈를 붙여서 판매하는 전략을 말한다. 우유에 작은 치즈를 붙이면 고객은 치즈를 공짜로 얻는다는 생각에 사실은 구매 계획이 없었으면서도 우유를 구입한다. 그다지 필요하지 않은 우유를 치즈 때문에 구매하는 셈이다. 이것이 바로 무료 상품의 힘으로 구매 의욕을 높여 계획에 없던 상품을 구매하게 하는 기술이다. 이처럼 공짜 마케팅 전략은 이미 많은 기업이 검증한 전략이자 효과가 뛰어난 비즈니스 모델이다. 특히 공짜 마케팅은 소비자 입소문까지 유발해 강한 네트워크를 형성하고 더 많은 고객을 끌어들이는 효과가 있다.

기업의 공짜 상술을 알게 되었을 때 당신은 어떤 구매 태도를 보여야 할까? 제아무리 가격이 싸도, 심지어 공짜라 하더라도 당장 필요한 물건이 아니면 구매하지 않는 게 공짜 상술에 넘어가지 않는 방법이다. 기억하라! 공짜는 어떤 식으로든 결국 그 값을 치른다.

6 | 맞불 지르기 counter fire
| 불은 불로 막는다

한 가지 실험을 해보자.

'버거'라는 말을 들었을 때 곧바로 떠오르는 브랜드를 말해보라. 당신은 아마 어렵지 않게 '맥도날드'를 떠올릴 것이다. 왜 그 브랜드가 떠올랐을까? 서비스가 가장 친절하거나 매장 디스플레이가 맘에 들어서일까? 그럴 확률은 낮다. 사실 우리는 매장 차이를 별로 느끼지 못한다. 그렇다면 버거 맛이 가장 뛰어나기 때문일까? 사람들의 말을 들어보면 이것도 아닌 것 같다. 대체 뭐란 말인가, 이유가 없지 않은가!

이러한 불만에 맞불을 지핀 곳이 맥도날드의 영원한 라이벌 버거킹이다. 버거킹은 맥도날드보다 1년 먼저 사업을 시작했지만 매출은 맥도날드의 10분의 1밖에 안 된다.[10] 버거킹은 '맥도날드의 빅맥과 버거킹의 와

퍼 중에 어느 것이 더 맛있을까?'라는 도전장을 내밀었고, 태어나서 버거를 처음 맛보는 사람들을 대상으로 시식 테스트를 했다. 사전에 브랜드를 알려주지 않고 태국의 몽족, 그린란드의 이누이트, 루마니아 산골짜기의 농부들에게 두 버거를 내놓고 평가를 받은 것이다. 그 결과는 어땠을까? 깔끔하게 버거킹의 와퍼가 승리를 거뒀다. 그 결과를 놓고 버거킹은 '세계에서 가장 공정한 맛 테스트'라고 광고했다. 이처럼 정면으로 승부하는 것을 맞불 작전이라고 한다.

한국타이어 XQ옵티마의 약점은 가격이 비싸다는 점이다. 그들은 대담하게도 그 약점을 드러내 '이 타이어는 비싸다'며 대놓고 광고를 했다.

"이 타이어 때문에 당신을 알아주는 것은 아닙니다."

비싼 데다 그 타이어를 달고 다닌다고 누가 알아주는 것도 아니라고 꼬집으니 그야말로 대단한 맞불이다. 압권은 그다음이다.

"당신만 느끼는 특별함이 있습니다!"

고객이 이 한마디에 솔깃해지지 않는다면 오히려 그게 이상할 지경이다.

또 다른 광고 카피로 눈에 띄는 것이 있다.

"주부님, 죄송합니다. 가야당근농장은 100퍼센트 제주도산 당근만 사용하다 보니 조금 비쌉니다."

이 회사는 이런 방식으로 톡톡히 재미를 본 모양이다. 그것은 이어진 광고가 잘 드러내고 있다.

"주부님, 다시 한 번 죄송합니다. 가장 깨끗한 물을 찾아 속리산 지하 495미터까지 내려가다 보니 가야샘물은 조금 비쌀 수밖에 없습니다."

2009년 7월 1일, 이동통신사업자들이 한데 모여 출혈 경쟁을 자제하자고 합의했다. 그 합의 이후 돌아오는 첫 주말에 나는 휴대전화 방송을 맡았다. 경쟁사 G홈쇼핑도 동시간대 1,000원에 휴대전화 방송을 했다. 우리는 원래 공짜폰으로 내보낼 계획이었지만 출혈 경쟁을 하지 말자고 약속한 터라 판매가를 1,000원으로 높였다. 그런데 이게 웬 날벼락인가! 경쟁사가 느닷없이 휴대전화를 구매한 모든 고객에게 쌀 10킬로그램을 준다는 것이 아닌가. 예상치 못한 경쟁사의 프로모션 대응에 우리는 모두 분노했다. 나는 곧바로 맞불을 지피기 시작했다.

"예전에 신문을 구독하려고 선물을 받았다가 신문을 끊고 싶은데도 선물받은 것 때문에 해지하지 못했던 경험이 있으시죠? 휴대전화를 약정으로 구매하면 좋든 싫든 꼼짝없이 2년을 쓰셔야 합니다. 지금 TV로 볼 때는 괜찮은 것 같았는데, 막상 받아보니 맘에 들지 않을 수도 있습니다. 만약 이상한(?) 선물을 받아 개봉하고 드시기라도 하는 날에는 빼도 박도 못 하고 2년간 노예 계약에 묶여야 합니다. 고객님을 위해 좋은 정보를 알려드립니다. 홈쇼핑에서는 물건을 개봉하지 않으면 30일 내에 취소할 수 있는 청약제도를 운용합니다. 작은 미끼에 순간 흔들려서 큰 선택을 망치는 일이 없기를 바랍니다."

방송 내내 나는 열을 올렸다. 그날 경쟁사는 생필품인 쌀을 10킬로그램이나 줬음에도 불구하고 우리보다 1,100콜이나 적은 매출 설과를 냈다.

그로부터 석 달 뒤 우리는 같은 시간대에 또다시 휴대전화를 방송했다. 이번에는 우리가 12만 원에 휴대전화를 판매하는데 경쟁사는 가격이 0원이란다. 난감했다. 전략을 짜기 위해 자료를 뒤지니 다행히 우리 제품은 출시한 지 두 달이 지난 모델이고 경쟁사는 작년 모델이었다.

"가전제품 구입할 때 가장 먼저 따지는 게 뭡니까? 언제 출시한 물건인지 따져보는 게 우선순위 아닙니까! 지금 고객님이 폰을 바꾸려는 이유가 뭡니까? 고장 나서 바꾸시는 건 아니잖아요. 네, 구닥다리 폰을 신형 폰으로 바꾸려는 겁니다. 설마 구닥다리 폰을 또 구닥다리 폰으로 바꾸고 싶은 분은 없겠죠? 고객님이 바꾸려는 폰의 출시연도를 정확히 알고 계십니까? 가전제품을 살 때는 뭐니 뭐니 해도 먼저 최신형인지 따져봐야지요."

경쟁사는 다시 한 번 패배를 맛봤다.

지난 40년간 미국의 렌터카 시장에서 부동의 1등은 허츠(Hertz)였다. 2등은 에이비스(AVIS)다. 에이비스는 현명하게도 대놓고 맞불 전략으로 맞섰다.

"우리는 2등입니다. 그래서 더 열심히 노력하겠습니다(We're NO 2. We try harder)."

사실 시장은 1등은 기억해도 2등은 잘 기억하지 못한다. 하지만 대부분의 미국인은 2등 렌터카 회사가 에이비스라는 것을 알고 있다. 2등이라는 것을 당당하게 드러낸 에이비스가 맞불 작전에서 성공한 것이다.

한국에서도 비슷한 광고가 효과를 발휘했다. 그 대표적인 사례가 대한생명(현 한화생명)의 '2등은 시끄럽다'는 전략이다. 이 방식은 특히 2등에는 관심이 없거나 2등 이하의 순위가 모호한 경우 혹은 순위에 별다른 의미가 없는 경우에 효과적이다. 한국의 생명보험 시장에서 부동의 1등은 삼성생명이다. 많은 사람이 이 사실은 알고 있지만 2등이 교보생명인지 대한생명인지는 잘 모른다.

이런 상황에서 맞불을 지펴 1등에 묻어가기 전략을 펼치면 기대 이상의 성과를 올릴 수 있다. 지금은 네이트가 인수한 엠파스도 과거에 작은 회사로 출발했지만, '야후에서도 못 찾으면 엠파스'라는 카피로 시장점유율 효과를 톡톡히 누렸다.

1994년 4월, 세계 최초 상용 웹브라우저인 넷스케이프(Netscape)가 세상에 등장했다. 당시 넷스케이프는 거의 독보적인 존재였고 인터넷을 이용하려는 사람은 누구나 넷스케이프를 거쳐야 했다. 이들은 마치 지구 전체의 사이버 세상을 점령할 듯했다. 그런데 초기에 부분적으로만 무료화를 진행하던 넷스케이프는 결국 유료에 기반을 두기로 결정했다. 이것이 후발주자 마이크로소프트(Microsoft)에게 완벽한 먹잇감으로 보였다. 그들은 이 약점을 공략해 완전 무료 배포라는 맞불을 지폈다. 오래지 않아 넷스케이프는 이 전략의 희생양이 되고 말았다.

내가 방송에서 갤럭시를 처음 판매할 무렵, 고객들은 아이폰이냐 갤럭시냐를 놓고 무척 갈등했다. 나는 고객을 향해 맞불을 놓았다.

"갤럭시는 자랑스러운 메이드 인 코리아 제품입니다. 먹던 사과 폰은 중국산이라는 거 알고 계십니까?(아이폰은 중국 광둥 성에 위치한 공장에서 만든다) 그리고 갤럭시는 배터리가 두 개입니다. 고객님은 배터리 교환이 되지 않아 늘 불안하고 충전기를 갖고 다녀야 하는 폰을 사고 싶습니까? 더구나 그 사과 폰은 앱이 많아서 구입하려면 꼭 이 점을 기억해야 합니다. 뷔페의 음식이 많다고 해서 다 먹을 수 있는 것은 아니라는 사실을 말입니다."

나는 온통 약점 투성이인 에어컨을 소개한 적도 있다. 내가 여러 가지 기능과 사양을 뺀 60만 원짜리(업계에서는 이런 제품을 깡통이라고 부른다) 모델을 소개하는데 때마침 경쟁사에서 200만 원짜리의 멋진 에어컨을 방송하는 게 아닌가. 디자인으로 보나 성능으로 보나 도무지 게임이 안 되는 상황이었다. 할 수 없이 나는 약점에다 대고 맞불을 지폈다.

"이것보다 두 배 비싼 에어컨도 있습니다. 비싼 것 사다놓고 틀면 특별한 바람이 나옵니까? 바람의 질이 다릅니까? 그저 그 공기가 그 공기일 뿐입니다. 어차피 똑같은 바람이 나오는 건데 뭐 하러 돈을 더 주고 사려고 하십니까!"

홈쇼핑 업체의 순위 싸움은 매우 치열하다. 그것이 곧 고객의 신뢰 수준과 연결되기 때문이다. 한번은 GS홈쇼핑이 '1등 홈쇼핑(현재 간발의 차이로 GS가 국내 시장 1위다)'이라는 타이틀을 내세우자, 곧바로 CJ오쇼핑이 '아시아 1등(해외 CJ홈쇼핑 사업까지 합하면 아시아에서는 CJ가 1위다)'이라고 맞불을 지폈다. 여기에 밀릴세라 NS홈쇼핑은 즉각 '고객이 1등(업계 5위다)'이라는 슬로건으로 대응했다. 롯데홈쇼핑은 '1등 쇼핑'이라는 사실만 자막으로 써야 하는 상업 채널의 심의규정을 준수하면서 교묘하게 희석 작전을 펼쳤다. 그야말로 고객의 눈에도 훤히 보이는 대표적인 기업 간의 맞불 작전이다.

기업에는 본래 대결을 피해 가려는 속성이 있다.[11] 맞불 작전은 직접적으로 경쟁사를 거론하면서 경쟁사의 심기를 건드리는 전략이 아니다. 그랬다간 쓰디쓴 피의 복수를 불러올 뿐이다. 어디까지나 경쟁사의 기능, 소구점(상품 판매에서 고객에게 가장 전달하고 싶은 특징과 편익), 장점 들과 비슷한 포인트를 드러내 그 점을 희석하는 작전이다.

7 | 군중swarm 이용
불법 유턴도 함께하면 두렵지 않다

원숭이는 한 놈이 하면 다른 놈들도 그대로 따라한다(Monkey see, Monkey do). 그런 의미에서 홈쇼핑은 마치 원숭이 같다. 왜 그래야 하는지도 모른 채 다른 놈이 하면 나도 이유 없이 따라 하는 까닭이다.

언젠가 타 홈쇼핑 채널을 보다가 실소를 금치 못한 적이 있다. 어떤 쇼호스트가 홍삼을 소개하고 있었는데, 방송 1시간 내내 나는 마치 내가 방송을 하는 줄 알았다. 어쩌면 그렇게 내 멘트를 그대로 따라 하는지 멘트에도 저작권이 있다면 나도 돈 꽤나 만졌을 거라는 생각이 들었다. 멘트만 훔치는 게 아니다. 홈쇼핑 PD들이 서로 자막을 뺏고 뺏기는 일은 아주 흔하다. 홈쇼핑 채널을 한 바퀴 돌아보라. 비슷비슷한 문구들로 넘쳐난다.

'수량 선점', '마감 임박', '대박 예감'

이런 말은 누가 맨 처음 쓰기 시작한 걸까? 보험 상품을 판매하는데 어떤 홈쇼핑에서 한의원 진료도 보장한다는 걸 알리려고 허준 선생 복장으로 홍보하자, 모든 홈쇼핑이 똑같은 옷을 입고 따라했다. '따라쟁이' 세상이다.

사실 뺏고 훔치는 것만큼 쉬운 것도 드물다. 영어 단어 중에 '훔치다'라는 뜻을 지닌 말이 무려 350개에 달한다. '스틸(steal)'말고도 do, go, make, take, find 같은 인간의 기본 동작을 나타내는 말에는 모두 '훔치다'라는 뜻이 담겨 있다. 그만큼 인간이 훔치는 행위에 쉽게 빠져든다는 방증이 아니겠는가.

흥미롭게도 한 명 이상이 따라하면 그것은 머지않아 군중이자 집단으로 확대되고, 그걸 보는 개인은 무조건 따라 한다. 군중의 힘에는 이성도 논리도 이유도 없다. 그렇기 때문에 상품 판매자들은 종종 집단의 힘을 이용한다. 이미 모든 사람이 하고 있으니 따라가라는 식이다. 이때 사람들은 보통 '남들도 하니까 괜찮겠지' 하며 안심한다.

과거에 소비자들은 기업이 메시지를 제공하면 그것을 일방적으로 받아들이는 수동적인 입장이었다. 지금은 소셜네트워크를 활용하는 소비자들이 그들끼리 정보를 주고받으며 상품을 판단 및 선택한다. 가령 방송 중에 어떤 상품이 좋다고 설명하면 소비자들은 실시간으로 인터넷을 통해 실제 사용자들의 평가를 보고 나서야 결정을 내린다. 따라서 기업이 소비자를 자사가 원하는 방향으로 끌어오려면 자연스럽게 군중의 힘을 이용해야 한다.

《티핑포인트(Tipping point)》를 쓴 말콤 글래드웰(Malcolm Gladwell)은 "가장 파워풀한 셀링포인트는 마케터와 소비자가 아닌 소비자와 소비자 간에 이루어지는 교감에 있다"고 강조했다. 마케터에게는 소비자들끼리 뭉쳐서 만든 힘을 당해낼 재간이 없다. 이처럼 남이 하면 나도 따라하는 군중심리를 부화뇌동 혹은 밴드웨건(Bandwagon, 유행에 따라 상품을 구입하는 소비 현상)이라고 한다. 그 군중심리는 이런 메시지를 날린다.

'이기는 쪽에 붙어라. 남들이 다 쓰는 제품을 너도 써라!'

마트든 시장이든 손님이 몰려 있는 곳이 눈에 띄면 나도 모르게 기웃거리는 것도 마찬가지다. 상품판매자는 이러한 심리를 어떻게 이용할까? 그들은 대중 시장에 메시지를 일방적으로 전달하지 않는다. 대신 소비자들 사이에 자연스럽게 긍정적인 메시지가 확산되도록 조치를 취한다. 상품판매자의 입장에서는 가능한 신속히 대중의 동조를 받는 것이 중요하다. 혼자의 힘보다는 둘의 힘이 낫다. 셋이면 대세가 되고 넷이면 거부할 수 없는 권위가 된다. 모험을 좋아하는 소비자는 극히 일부에 지나지 않으며 모두가 하면 소비자는 안심하고 따라간다.

기업에 강연을 나가면 나는 가끔 맥도날드 맥카페의 CF 영상을 보여준다. 내용인즉 진행자는 빈 컵 두 잔에 각각 2,000원, 4,000원의 가격표를 붙여둔다. 그런 다음 똑같은 커피를 2,000원과 4,000원의 잔에 붓는다. 이어 일곱 명의 피실험자에게 어떤 커피를 사 먹겠느냐고 묻는다. 이때 여섯 명의 피실험자는 사전에 4,000원짜리를 선택하기로 약속한 연기자들이다. 여섯 명이 모두 똑같은 커피를 4,000원을 주고 사 먹겠다고 하지 나머지 실제 피실험자는 옆 사람의 눈치를 보다가 어이없게도 "4,000원이요"라고 대답한다.

홈쇼핑의 PD, MD, 쇼호스트는 낯선 상품을 접할 때 본능적으로 판매 내역부터 찾는다. 얼마나 팔렸는지, 얼마나 많은 사람이 구매했는지, 얼마나 오랫동안 팔렸는지 등을 알아보기 위해서다. 한마디로 군중의 힘을 이용하려는 것이다. 실제로 '이미 20만 명이 구매했다', '50만 세트를 판매했다', '100만 회원이 함께하는 상품이다'라는 멘트는 군중심리를 자극한다.

홈쇼핑 세일즈에서 가장 어려운 일은 무엇일까? 바로 홈쇼핑 시청 고객에게는 군중심리가 없다는 점이다. 언젠가 나는 백화점에서 4만 원에 판매하는 유명 건강식품을 방송에서 1만 6,000원에 판매하는 행사를 진행했다. 만약 백화점에서 이처럼 절반도 안 되는 가격에 할인 행사를 했다면 고객이 벌떼처럼 몰려들어 당장 필요 없어도 사 두려고 아비규환이었을 터다. 하지만 홈쇼핑 고객은 안방에서 혼자 TV를 보거나 기껏해야 곁에 가족이 있을 뿐이다. 이것이 쇼호스트를 무척이나 힘들게 한다. 아무리 물건이 좋아도 경쟁심도, 군중심리도 없는 상태에서는 구매로 이어가기가 어렵다. 실제로 그 저렴한 건강식품은 방송 매출이 채 50퍼센트도 되지 않았다.

곱창 골목, 닭갈비 골목, 떡볶이 골목 등 소위 맛집이 밀집된 지역에 가 보면 어느 집이 진정한 원조 맛집인지 알 길이 없다. 아류를 걸러내는 노하우는 딱 하나다. 그저 음식점 안을 들여다보기만 하면 된다. 손님이 가장 많고 문 밖까지 길게 줄을 서서 기다리는 집이 진정한 맛집이다.

백화점에 가서 무엇을 사야 할지 잘 모를 경우 사람들은 흔히 점원에게 묻는다.

"요즘 어떤 게 제일 잘나가요?"

이런 질문을 하는 이유는 군중의 힘을 빌리고 싶어서다. 아이러니하게도 군중은 남보다 앞서려고 하는 동시에 남과 동떨어지고 싶어 하지 않는다. 상품을 론칭한 후 군중심리가 작용하지 않으면 안정적으로 자리를 잡기가 어렵다. 아무리 개인주의가 대세라고 하지만 그 이면을 꼼꼼히 들여다보면 소비자가 의외로 집단성에 집착하는 경향이 강하다는 것을 알 수 있다. 기업들이 군중의 힘을 이용한 광고 카피를 전면에 내세우는 이유가 여기에 있다. 다음은 그 대표적인 예다.

'벌써 200만! 우리카드' –우리카드

'대한민국 국민 다섯 명 중 한 명은 이미 옥션을 경험했습니다.'
  –옥션

8 | 매도하기 name calling
악당이 없으면 주인공도 없다

영화나 TV 드라마는 주인공이 악당을 처절하게 응징하는 것을 늘 정당하고 고상하게 묘사한다. 관객이나 시청자는 악당이 응분의 대가를 받는 결말을 보면서 희열을 느낀다. 그런데 만약 그 악당이 없다면 주인공은 뭘 할까? 영화 〈배트맨〉에서 악당 조커가 없었다면 배트맨은 시민봉사단에서 일하거나 혼자 박쥐놀이를 하고 있었을 것이다. 다시 말해 주인공이 멋지고 고상한 역할을 하려면 악당이 있어야 한다.

이제 그 역할을 상품 판매에 적용해보자. 당신이 판매하는 상품은 주인공이고 경쟁 상품들은 악당이다. 악당이 없으면 주인공도 설 자리가 없으므로 악당은 필요하다. 당신이 판매하는 상품이 주인공이 되길 바란다면 경쟁 상품들을 악당으로 만들어라. 오늘날 경쟁 상품이 없는 품목은 없다. 1960년대에 포드가 무스탕을 시장에 처음 선보였을 때 많은 젊은이가 이 차를 구경하기 위해 추운 날씨에도 벌벌 떨며 자동차 매장 앞에 줄을 섰다. 그 이유는 하나다. 다른 곳에서는 그 차를 볼 수 없었기 때문이다.

경쟁 상품이 없고 고객의 선택권이 제한적일 경우, 판매자는 굳이 설득의 기술 따위를 발휘할 필요가 없다. 무주공산에 깃발 꽂는 건 누군들 못하랴. 하지만 현대 시장에서 그런 일은 있을 수 없다. 아무리 희귀한 상품도 경쟁 브랜드와 경쟁 업체가 모래알처럼 수없이 존재한다.

물론 선택의 폭이 넓다는 것은 구매자에게 언제나 유쾌한 일이다. 우리는 수많은 상품과 서비스를 자유롭게 선택할 수 있는 세상에 살고 있다. 어떤 물건이 필요한가? 한 해 20조 원에 육박하는 인터넷 쇼핑몰에 들어가면 그야말로 수십 만 가지의 상품을 마음껏 비교하며 내 맘대로 고를 수 있다. 이런 상황에서 뷔페식 늘어놓기는 선택받기 어렵다. 메뉴가 많은 음식점에서는 오히려 음식을 고르기가 더 힘든 법이다.

이때 필요한 것이 매도하기(name calling) 기술이다. 이는 양손에 정반대의 대상을 올려놓고 한쪽을 강하게 비판하면서 깎아내리는 전략이다. 한쪽으로 기우는 순간 내가 주장하는 쪽의 가치는 상대적으로 올라간다. 같은 맥락에서 매도하기 기술을 양자택일(all or nothing) 기술로 부르기도 하는데, 이는 미국의 선전분석연구소가 펴낸 〈선전의 기술〉이 소개하는 일곱 가지 선전기법 중 하나다. 이 기법은 증거와 관계없이 어떤 관념에 나쁜 이름을 붙이거나 거부 혹은 비난하는 데 사용한다. 이것은 로마시대부터 사용해온 오래된 설득 기법으로 상대방을 흠잡고 헐뜯음으로써 논쟁을 유리하게 이끌어나 간다.**12** 방법은 간단하다. 일단 매도할 희생양을 정하고 거기에다 돈을 쓰는 것에 죄책감을 느끼게 한다. 이를테면 낭비, 쓸데없는 짓, 쓸모없는 것, 나쁜 짓이라고 몰아세우는 식이다.

나는 방송에서 홍삼을 자주 소개하는데 무이자를 이용하면 한 달 부담 금액이 1만 3,000원 정도다. 그때 고객에게 연속적으로 묻는다.

"그 돈이면 네일아트를 한 번 받을 수 있습니다. 어차피 깎아버릴 손톱에 돈을 쓰시겠습니까, 아니면 그 돈을 고객님이 한 달 동안 매일 홍삼을 먹는 데 쓰시겠습니까? 그 돈으로 둘이 커피숍에서 커피 한 잔씩 마시는 데 쓰시겠습니까, 아니면 한 달 내내 홍삼을 먹는 데 쓰시겠습니까? 그 돈이면 둘이 놀이공원에 놀러가 1시간 동안 놀이기구를 탈 수 있습니다. 둘이 영화를 보며 2시간 동안 즐거운 시간을 보낼 수 있습니다. 둘이 찜질방에서 반나절 동안 땀을 뺄 수 있습니다. 아니면 그 돈으로 평생 함께할 고객님의 몸 건강을 위해 한 달 내내 홍삼을 마실 수 있습니다. 그 돈을 아껴서 저축을 할 수도 있습니다. 그러나 현금인출기에 넣은 돈은 언제든 빼 쓰면 더 이상 내 돈이 아닙니다. 그러나 고객님의 몸에 저축한 건강식품은 영원히 고객님의 것입니다. 그 돈이면 안주 한 접시 값입니다. 그 돈을 술만 더 먹게 만드는 안주 값으로 쓰시겠습니까, 아니면 안주 한 번 덜 먹고 한 달 동안 내 몸을 위해 매일 홍삼을 마시겠습니까?"

'커피 두 잔 마실래? 홍삼 한 달 내내 마실래?'라는 논리에 고객은 보통 후자를 선택한다. 물론 커피를 마시는 것은 죄가 아니다. 그동안 잘 마셔오지 않았는가. 하지만 커피를 홍삼에 비교하는 순간 커피 값은 졸지에 죄책감을 뒤집어쓴다. 죄 없는 커피를 강하게 매도하면 한순간 내가 주장하는 홍삼의 가치는 올라간다.

단, 매도하기 기술을 사용할 때는 몇 가지 원칙을 지켜야 한다.

우선 폄하의 정도가 적당해선 안 된다. 비교 대상을 강하게 깎아내려야 내 상품, 내 주장이 상대적으로 돋보인다. 1997년 7월 1일부터 새로 제정한 표시 광고 공정화 법률에 따라 객관적이고 입증 가능한 사실에 한해 비교 광고가 허용되자, 칠성사이다는 대담한 헤드라인을 썼다.

'카페인, 색소, 로열티가 있는 코카콜라를 마실 것인가? 카페인, 색소, 로열티가 없는 칠성사이다를 마실 것인가?'

또한 비교하는 두 속성이 모호하거나 비슷해서는 안 된다. 이 경우 고객은 극단을 회피하고 두 가지 속성을 결합해 둘 다 갖고 싶어 하는 경향을 보인다.[13] 다시 말해 '엄마가 좋아? 아빠가 좋아?', '짬뽕 먹을래? 짜장 먹을래?', '비빔냉면 먹을래? 물냉면 먹을래?'처럼 비슷한 속성을 택일하게 해서는 안 된다. 이러한 선택권을 제시하면 실패하기 십상이다. 그러면 어떻게 해야 할까? 예를 들어 기저귀를 소개할 때는 "낑낑대며 무겁게 기저귀를 사러 다니시겠습니까, 아니면 전화 한 통으로 편안하게 집에서 받으시겠습니까?"라고 양자택일 전략을 써야 한다. 치약을 소개할 때는 "한 달에 8,000원으로 이 치약을 쓰며 이를 관리하시겠습니까, 아니면 나중에 더 많은 돈을 들여 치과에 다니시겠습니까?" 하는 식이다.

두 가지를 저울에 얹자마자 순식간에 한쪽으로 기우는 속성을 선택해야 한다.

네거티브 전략

뒤에서 다시 한 번 다루지만 설득 화법에서는 이 방식을 '비교 소구'라고 한다. 비교 소구란 동종의 제품 및 서비스군 내에서 자사제품의 특성을 강조하기 위해 두 개 이상의 경쟁제품을 자사제품과 비교하는 것으로, 이 비교는 한 개 이상의 제품 속성에 대해 행한다. 이 방법은 1972년 미국 연방거래위원회가 경쟁사 실명을 거론해도 괜찮다는 비교 광고를 허용한 이래 특히 서구에서 활발하게 사용하고 있다. 오늘날 미국에서는 전체 광고의 35퍼센트가 비교 광고다.[14] 그러나 동양권에서는 아직 활발하게 사용하는 방식이 아니다. 한국에서는 2001년 9월, 공정거래위원회가 비교 광고 심사지침을 마련한 이후 조금씩 사용하고 있다.

비교 소구의 사례를 찾던 나는 옛날 영어판 〈뉴스위크〉에서 재미난 것을 발견했다. 그것은 1989년 〈뉴스위크〉에 실린 비교 광고로 〈뉴스위크〉는 광고주들을 상대로 다음과 같이 광고했다.

'〈타임〉에 광고를 내서 재미를 못 봤으면 〈뉴스위크〉에 내라(If your advertising doesn't work in Time magazine, don't change your agency-place it in Newsweek).'**15**

이처럼 직접적인 광고를 냈음에도 불구하고 〈뉴스위크〉는 별 탈이 없었다. 그런데 비슷한 비교 광고를 한국에서 냈을 때의 결과는 정반대였다. 다음은 1998년 컴팩의 비교 광고다.

'지는 IBM이 있으면, 뜨는 COMPAQ이 있다.'

당시 컴팩은 시정 명령을 받고 사과 광고를 냈다. 사정이 이렇기 때문에 기업들은 비교와 비방의 경계에서 외줄타기를 잘해야 한다. 마케팅에서는 이러한 방식을 '네거티브 전략'이라고 한다. 예를 들어 2010년 오리온 내츄럴치클 껌 광고를 보자. 두 엄마가 아이에게 껌을 주는데 한 엄마는 내츄럴치클 껌을 주고, 다른 엄마는 초산비닐수지 껌을 준다. 이는 마치 오리온 껌이 아닌 다른 껌은 아이에게 식초 맛 나는 비닐봉지를 씹으라고 하는 격이라는 뉘앙스를 풍긴다.

네거티브 전략은 경쟁자를 누르고 그것을 발판 삼아 올라선다는 전략이다. 시소의 원리처럼 한쪽이 내려가면 다른 한쪽이 올라가는 이치다. 그러면 네거티브 전략을 사용한 광고 카피를 몇 가지 살펴보자. 괄호 안은 광고 카피가 깎아내리는 경쟁자다.

'헌 비행기를 타시겠습니까? 새 비행기를 타시겠습니까?' **-아시아**
나항공(대한항공)
'야후에서도 못 찾으면 엠파스' **-엠파스(야후)**
'다음에 잘하겠다는 말 믿지 말랬잖아' **-네이버(다음)**

'굿바이, 폴'—해지스(빈폴과 폴로)

'피지 헛 드셨습니다'—미스터피자(피자헛)

'아 반대로 힘없이 왕복할 것인가'—대우자동차(현대자동차 아반떼)

'3기통 경차를 탈 것인가, 4기통 경차를 탈 것인가?'—현대 아토스
(3기통 마티즈)

'왜 그런 소주를 마셨는지 모르겠다'—진로(두산 그린소주)

'예지네(엘지화학)보다, 하나네(한화종합화학)보다 좋아요'—고려화학(엘지
화학, 한화종합화학)

　매도하기 기술과 비교 소구만큼 설득 전략가들을 유혹하는 방식도 드물다. 그러나 이들 전략은 늘 양날의 칼처럼 공멸에 빠질 위험을 내포하고 있다. 자칫 잘못하면 자신도 함께 무너질 수 있다는 얘기다. 엔젤과 그린 녹즙기 사건 때는 쇳가루 녹즙기를 사지 말라고 경쟁사를 비방했다가 녹즙기 회사들이 모두 망했다. 고름 우유라고 경쟁사를 매도한 파스퇴르 우유는 사건이 끝난 후 부도가 났다. 모 침대 업체는 타 업체를 '세균과 함께 잔다'고 매도했다가 그 업체의 '녹슨 스프링' 반격을 받았고, 결과적으로 둘 다 매출에 피멍이 들었다.

　이런 것을 두고 마케팅 시장에서는 '치킨 게임'이라고 한다. 치킨 게임이란 1950년대에 미국의 젊은이들 사이에 유행한, 한마디로 정신 나간 게임을 말한다. 한밤중에 각각의 자동차에 올라탄 젊은이들이 도로 양쪽에서 마주보며 돌진한다. 그러다가 최후에 핸들을 꺾는 쪽이 겁쟁이 취급을 받는다. 어느 한쪽도 핸들을 꺾지 않으면 둘 다

승자가 되지만 충돌로 양쪽 모두 자멸하고 만다.

한번은 내가 경쟁사와 같은 시간대에 휴대전화를 소개했는데, 그때 나는 경쟁사의 프로모션이 약하다고 비방했다. 경쟁사는 내가 판매하는 휴대전화의 통신사를 비방했다. 그 결과는 어땠을까? 둘 다 방송위의 징계를 받았다. 그러니 매도하기 기술은 일방적인 비방으로 흐르지 않도록 주의해야 한다. 목표는 남을 깎아내리는 게 아니라 내 강점에 주목하도록 하는 데 있다.[16]

변화할래? 죽을래?

GE의 전 회장 잭 웰치(Jack Welch)는 경영회의를 할 때마다 빼놓지 않고 직원들에게 한마디 경고를 날렸다.

"Change or Die(변화할래? 아니면 죽을래?)"

사실 웰치는 '변화하거나 멈추거나' 아니면 '변화하거나 뒤처지거나'라고 할 수도 있었지만, 주장하고자 하는 가치의 반대편을 아예 강하게 짓밟아버렸다. 변화가 아니면 죽음이라는 양자택일로 직원들에게 변화의 중요성을 엄중하게 강조한 것이다. 이 방식은 내가 주장하는 가치를 명확하고 분명하게 만들고자 할 때 유용하다.

오래전 미국은 안전벨트를 매지 않아 발생하는 교통사고로 골머리를 앓고 있었다. 주(州)마다 안전벨트를 매지 않아 발생하는 교통사고율을 줄이기 위해 열띤 캠페인을 벌였다. 그들은 끔찍한 사고 장면도 보여주고 '안전벨트를 매십시오, 그게 법입니다!'라고 협박도 했지만 아무런 효과가 없었다. 유일하게 노스캐롤라이나 주는 성공했는데, 그들은 아주 간단한 메시지를 전달했다.

'안전벨트 맬래? 아니면 벌금 낼래?(Click it? or ticket?)'

매도하기 혹은 양자택일 기술의 묘미가 바로 여기에 있다.

언젠가 나는 방송에서 어린이 비타민을 소개했는데 가격이 한 병에 6,000원꼴이었다. 어떻게 소개하면 좋을까 고민하던 나는 방송을 할 때 그 비타민 병과 비슷한 크기의 자일리톨 껌 통을 들고 들어갔다. 그리고 한 손에는 비타민을, 다른 한 손에는 자일리톨을 들고 말했다.

"이 껌 한 통이 5,500원입니다. 이 비타민은 6,000원입니다. 씹다 버릴 의미 없는 껌 한 통에도 돈을 쓰는데 내 아이의 건강을 위해 비타민 한 통을 못 사주겠습니까? 내 아이의 환절기 건강 지킴이가 껌 한 통 값보다 못하다고 생각한다면 채널을 돌리십시오."

이때 주인공 비타민의 가치를 올려줄 악당은 껌 한 통이다. 주인공은 악당이 있어야 부각되게 마련이다. 늘 웃을 수만은 없는 비즈니스 전쟁에서 매도하기는 주요 공격 기술로 유용하게 활용할 수 있다.

9 | 틈새 찾기 market niche
시장에 빈틈은 언제나 있다

세대世代의 틈새

펩시는 어떻게 매출액에서 코카콜라를 눌렀을까? 사실 펩시는 정면 승부로는 코카콜라 시장을 비집고 들어갈 수 없었다. 1975년, 펩시는 소비자들의 눈을 가리고 두 개의 콜라 중 더 맛있는 콜라를 고르는 블라인드 테스트를 실시했다. 당시 눈가리개를 한 소비자들은 코카콜라보다 펩시콜라를 더 많이 선택했고, 펩시는 그들이 "와, 내가 고른 게 펩시잖아!" 하는 멘트를 그대로 CF로 방영했다. 그러나 이 정면 승부는 결과가 신통치 않았다. 테스트를 위해 한 모금 마실 때는 확실히 단맛이 더 강한 펩시가 유리했지만, 실제로 소비자는 콜라를 마실 때 딱 한 모금 마시는 데 그치지 않았기 때문이다.

한국에서도 1980년대에 이 광고로 브랜드 인지도를 높이려 했으나 결과는 기대만큼 나오지 않았다. 고민 끝에 펩시는 틈새시장을 찾아냈고 결국 탄산보다 비탄산 제품의 비중을 80퍼센트까지 끌어올리며 매출 공략에 나섰다. 이 틈새는 분명 매출 상승에 도움을 주었지만, 얼마 지나지 않아 펩시는 더욱더 확실한 타깃을 찾아냈다. 바로 새로운 세대, 즉 젊은 세대를 공략했던 것이다. 펩시는 아예 다음 세대의 선택(The choice of next generation)을 가치로 삼았다.

그처럼 기성세대가 아닌 어린 세대를 공략하자 20년 후 성과가 나오기 시작했다. 펩시를 즐기던 어린 청소년들은 대학을 졸업하고 사회에 나가자 주로 펩시를 찾았다. 코카콜라는 '이것이 진짜(The real thing)'라는 광고 카피로 대항했지만 어렸을 때부터 펩시에 길들여진 새로운 세대는 마음을 바꾸지 않았다.

크기의 틈새

1970년대와 1980년대에 제작한 미국 영화에 등장하는 차들을 보면 단박에 "와, 길다!"라는 말이 나올 정도로 꽤 길쭉하다. 당시 디트로이트의 자동차 제조업체들은 차체를 더 길고 낮게 만들기 위해 노력했다. 그런 상황에서 폭스바겐의 비틀은 '싱크 스몰(Think small)'이라는 광고로 새로운 시장을 찾아냈다. 무조건 큰 차만 선호하는 미국 시장에서 작고 높고 통통한 차라는 캐릭터로 틈새를 비집고 들어가 소형차 포지션을 선점한 것이다.

내가 취급한 홈쇼핑 제품 중에서 크기로 승부해 성공한 대표적인 사례가 전기그릴이다. 기존의 전기그릴이 포화 상태에 놓이자 업체들은 50센티미터가 넘는 길쭉한 초대형 그릴을 선보였다. 그 제품은 불판이 작아 불편했던 대가족이나 긴 생선, 파전을 부칠 때 아주 그만이었다. 소비자의 숨은 욕구를 찾아낸 그 제품은 그야말로 대박을 터트렸다.

요즘에는 1인이나 2인 가족이 늘어나고 또한 주말 레저 인구가 급증하면서 소형 SUV 차량이 크기의 틈새를 노려 성공하고 있다. 소형 가전제품이나 음식물의 소규모 포장도 마찬가지다.

고가高價의 틈새

시바스 리갈이 등장하던 무렵 시장에는 이미 헤이그앤헤이그 핀치바틀 같은 고가의 스카치위스키가 소비자의 사랑을 받고 있었다. 그러나 이들은 제2차 세계대전 이후 자신들의 고가 포지션이 무너지고 있었음에도 별다른 대책을 세우지 않았다. 반면 시바스 리갈은 '우리는 고가 브랜드입니다'라며 명확한 틈새 이미지로 파고들어가 포지셔닝했다. 시바스 리갈이 오늘날까지도 명성을 유지하는 이유는 그처럼 고객 마인드에 진입해 최초의 고가 브랜드로 자리매김했기 때문이다.

한때 CJ오쇼핑은 2억 원이 넘는 고가의 수입 자동차를 판매했다. 일부에서는 그런 고가 제품이 홈쇼핑에서 팔릴까 하고 우려했지만, 예상 외로 매출이 급증했다. 상류층 시장의 목마름을 제때 적셔준 덕분이다. 비록 방송 중에는 많이 팔리지 않았지만 워낙 단가가 높다 보니 1시간 방송 중에 전국적으로 50대만 팔아도 100억이라는 놀라운 매출 성과가 나왔다.

한번은 타제품보다 두 배나 비싼 종합건강식품을 소개했는데, 나는 아예 작심하고 첫마디를 이렇게 풀어갔다.

"고백합니다. 고객님은 지금 홈쇼핑에서 제일 비싼 초고가 건강식품을 보고 계십니다. 하지만 비싼 만큼 성분도 훌륭하고 효과도 비싼 값을 합니다."

우려와 달리 매출은 상당히 좋았다.

저가低價의 틈새

팩시밀리 장비 시장에서 가장 규모가 큰 브랜드는 엑슨(Exxon)의 자회사 큅(Qwip)이다. 큅은 최저 월 26달러에 장비를 대여해줌으로써 월 45달러인 제록스와의 팩시밀리 경쟁에서 승기를 잡아 현재 최대의 시장점유율을 기록하고 있다.

경기가 침체되면 시장은 극단적으로 변화한다. 다시 말해 아주 비싸거나 아주 싼 것만 팔린다. 마음이 들뜨기 십상인 어느 해 연말, 불황으로 소비심리가 꽁꽁 얼어붙은 그 겨울에 나는 50만 원짜리 초저가 삼성 노트북을 판매했다. 삼성 노트북을 50만 원대에 판매한 것은 그때가 처음이었는데, 역시나 방송 내내 매출이 활활 불타올랐다.

불황이라고 움츠리고 있을 것이 아니라 양을 줄이고 가격을 낮추면 고객은 오히려 쉽게 반응을 보인다. 당신이 불황의 시대에 판매업을 고려하고 있다면 누구나 쉽게 지갑을 열 만한 저가 시장을 공략해보는 것도 하나의 요령이다.

편리便利의 틈새

불과 10년 전만 해도 사람들은 생선을 배달해 먹는다는 것을 상상도 하지 못했다. 으레 생선가게에 가서 신선도를 확인하고 구입한 뒤 소금을 뿌려 집으로 가져오면 곧바로 구워먹었다. 그런데 2000년 6월, CJ오쇼핑이 안동간고등어를 선보이면서 소비자들은 생선을 시장에서 사지 않아도 된다는 사실을 깨닫기 시작했다. 당시 CJ오쇼핑은 대가리, 꼬리, 내장, 핏물을 제거해 세척까지 완료한 상태로 진공 포장한 제품을 집까지 배송해주는 상품을 론칭했다.

진공팩 상태로 냉동실에 장기간 보관이 가능할 뿐 아니라, 씻을 필요가 없어 손에 비린내를 묻힐 일조차 없는 편리성에 주부들의 호응이 엄청났다. 큰 사랑을 받고 있는 포장 생선은 현재 1,000억 원 이상의 매출을 올리고 있다. 유사한 사례로 세척한 수삼이 있다. 물론 흙 묻은 인삼을 구입해 물에 씻어 먹는 것은 그리 어려운 일이 아니지만, 소비자들은 포장을 뜯어 곧바로 씹어 먹을 수 있다는 그 작은 편리함에 커다란 호응을 보냈다.

대상對象의 틈새

보험은 사람만 드는 것이 아니다. 2008년 12월 홈쇼핑 최초로 개를 위해 보험을 드는 애견 보험을 출시했다. 이 보험은 개가 아플 경우 입원비까지 지불하는 상품이었는데, 공교롭게도 그때는 미국발 금융위기로 경제 상황이 좋지 않을 때였다.

'경기가 어려워서 사람도 보험을 해지하는 판에 과연 개를 위해 보

험을 들어줄까?'

우리는 상당히 우려했지만 소비자의 반응은 상상을 초월했다. 첫 방송에서 기존 보험 매출의 네 배 이상의 실적을 냈다. CJ오쇼핑은 이미 2007년 12월에 사람도, 개도 아닌 건물을 위한 보험을 론칭한 적이 있었다.

홈쇼핑은 생활에 필요한 상품만 판매하는 곳이 아니다. 2009년 2월에는 있어도 그만, 없어도 그만인 그림 상품을 팔았다. 먹는 데 쓰는 돈마저 줄여가며 아끼던 그 불황 속에서 미술품은 날개 돋친 듯 팔려 나갔다. 이처럼 기존 시장이 담아내지 못하는 틈새를 공략하기 위해 홈쇼핑 MD들은 지금 이 순간에도 눈을 번뜩이고 있다.

우리가 자주 듣는 말 중 하나가 '시장이 이미 포화 상태'라는 것이다. 10년 전쯤 보험사 사람들을 처음 만났을 때 한 MD가 말했다.

"이제 보험 시장은 포화 상태라 더 이상 보험에 가입할 사람이 없을 겁니다."

아이러니하게도 내가 홈쇼핑에서 보험 방송을 한 지 벌써 10년이 다 되어간다. 물론 지금도 많은 사람이 보험에 가입하고 있다. 얼마 전 새로 온 후배가 보험 방송을 마치고 이런 말을 했다.

"오늘 매출이 별로예요. 보험사도 너무 많고 보험 방송도 그렇고. 아무래도 보험 시장은 이제 포화 상태인가 봐요."

나는 큰소리로 웃었다. 사실 10년 전, MD가 보험이 포화 상태라고 말했을 때 당시 보험사 차장은 자신이 10년 전 보험사에 들어갈 때도 똑같은 말을 들었다고 했다. 시장에 대해 변명을 하자면 끝이 없다. 하지만 시장의 품은 한없이 넓고 틈새시장은 의외로 많이 숨어 있다. 바퀴 달린 여행용 가방이 언제 세상에 나왔는지 아는가? 바퀴는 인류 최고의 발명품 중 하나다. 가장 오래된 바퀴는 메소포타미아 유적에서 나온 통나무 원판 전차용 바퀴로 기원전 3500년 것으로 추정한다.

그런데 놀랍게도 바퀴 달린 여행용 가방은 정확히 1970년에 첫선을 보였다. 바퀴 달린 가방이 세상에 나온 지 겨우 40여 년밖에 안 된 것이다. 똑똑한 인류가 지금부터 40년 전까지만 해도 수천 년간 여행용 가방을 무겁게 낑낑대며 들고 다녔다는 말이다. 이처럼 우리가 알아채지 못한 틈새는 여전히 많이 존재한다.

10 | 탓하기
고객 탓으로 돌려라

학창시절, 우리가 단어장에 기록해서 갖고 다니며 외웠던 숙어 중에 'attribute A to B'라는 게 있었다. 이는 'A를 B의 탓으로 돌리다'라는 뜻이다. 같은 맥락에서 우리는 소비자에게는 자기 행동을 관찰해 자신의 태도를 추론하는 경향이 있다. 이것을 심리학 용어로 자기지각 이론(self-perception theory)[17]이라고 한다. 쉽게 말하면 소비자가 자기 행동을 보면서 그 행동을 어딘가 혹은 무언가의 탓으로 돌린다는 말이다. 가령 여자가 남자에게 자꾸 전화를 걸 경우 여자는 자기 행동을 보면서 '내가 이렇게 자꾸 전화하는 걸 보니 아무래도 내가 그 남자를 좋아하다 보다'라며 마음을 탓한다.

그렇다면 판매에서는 이러한 자기지각 이론을 어떻게 이용할까?

늦은 겨울밤에 고구마를 소개하는 방송을 내보낸다고 생각해보자. 한

창 출출할 시간에 고구마를 소개할 때는 그야말로 말이 필요 없다. 우선 뜨끈뜨끈한 노란 고구마의 가운데를 툭 잘라 김이 모락모락 나는 걸 보여준다. 이어 참기름 두른 갓 담근 김치를 척 얹어 입을 크게 벌리고 한 입 베어 문다. 그런 다음 마치 약을 올리듯 한마디 한다.

"고객님이 이 고구마 방송을 계속 지켜보는 걸 보니 아무래도 야식거리를 찾으시나 봅니다. 아, 고구마가 드시고 싶은 모양입니다. 그렇다면 지금 주문하십시오."

그야말로 구매욕을 절절히 끌어내는 멘트다. 이때 고객은 '맞아, 내가 아무래도 고구마가 당기나 봐'라며 자기 행동을 배고픔 탓으로 돌린다. 이것은 상품 판매에서 자주 이용하는 방법이다. 예를 들면 고객이 의류매장에서 옷을 고를 때 "가을 옷이 당장 필요해서 이 매장까지 오신 것 아닙니까? 그러면 미루지 마세요"라며 고객이 매장을 방문한 이유를 정당화한다. 부모가 아이와 함께 장난감 매장에 들어왔다면 "아이가 배트맨을 자꾸 만지작거리는 걸 보니 엄청 갖고 싶은가 봐요. 사 주지 않으면 후회하실 것 같은데요?"라고 상품 구매 이유를 아이의 욕구 탓으로 돌릴 수 있다.

이 책을 읽고 있는 당신에게 내가 이렇게 말할 수도 있다.

"당신은 지금 왜 이 책을 읽고 있습니까? 분명 이 책에서 어떤 정보를 얻고 싶은 겁니다. 그러면 직접 구매해서 밑줄을 치며 꼼꼼하고 깊이 있게 읽으십시오."

이런 말을 들으면 당신의 자기지각은 '내가 지금 이 책이 필요해서 읽고 있는 거구나'라며 스스로의 행동을 돌아본다.

11 │ 질문
질문하는 자가 지배한다

쇼호스트는 일방적으로 내뱉기만 한다. 고객이 듣든 말든 그저 혼자 떠든다. 전혀 소통이 되지 않는 입이다. 우리 주변에도 그렇게 행동하는 이들이 꽤 많다. 혼자 본인 이야기를 실컷 하고 시원해지면 떠나버린다. 듣는 사람은 피곤하고 기운이 빠져 귀를 닫고 싶을 뿐이다. 나는 이런 사람을 '에너지 뱀파이어'라고 부른다. 피를 흡입하듯 내 에너지와 기운을 빨아먹는 사람이라는 의미다. 에너지 뱀파이어의 공통점은 듣는 이에게 질문을 하지 않고 혼자 떠든다는 것이다.

설득이나 대화와 관련된 책을 보면 흔히 '질문'을 강조한다. 대화나 설득을 하려면 이야기를 주고받으며 서로 통해야 하는 까닭이다. 특히 질문은 중요한 설득 기술 중 하나인데 그 이유는 질문을 하면 질문하는 자가 대화의 칼자루를 쥐기 때문이다. 그밖에도 질문에는 많은 유익이 있다.

첫째, 질문을 받은 이가 질문에 대답하면서 수동적인 태도가 아닌 적극적인 태도로 변한다.

둘째, 질문을 받은 이가 자기 견해를 표현함으로써 나 혼자 일방적으로 말하는 것이 아니라 서로 소통한다.

셋째, 내가 말하고자 하는 주제를 추리하게 하고 흥미를 더해준다.

넷째, 내 질문에 입이나 머릿속으로 대답하도록 적절히 자극해 나와 생각을 주고받게 한다.

다섯째, 말로 직접 대답하게 해서 상대방의 의중을 알아내고 내 질문의 의도와 방향으로 이끈다.

그러면 다양한 질문 방식을 알아보자.

선택형 질문

이것은 쉽고 빠르게 선택하도록 만드는 폐쇄형 혹은 한정적인 질문이다. 이를테면 '예', '아니요' 중 하나를 선택하거나 긍정과 부정 중에서 선택하는 경우가 있다. A나 B 중에서 하나를 고르라는 질문을 받은 사람은 자신도 모르는 사이에 질문자의 의도대로 생각한다. 과일가게에서 양손에 각각 큰 사과와 작은 사과를 들고 어느 쪽을 선택할 것이냐고 질문을 해보라. 대개는 큰 사과를 선택한다.

선택형 질문은 질문을 받는 순간 별다른 생각을 하지 않고 곧바로 선택할 수 있는 당연한 수준의 질문이다. 다음은 선택형 질문을 사용한 예다.

"고객님은 아이 성적과 건강 중 어느 것이 더 중요합니까? 말로는 건강이라고 할 겁니다. 그런데 학원비 3만 원은 아까워하지 않으면서 아이 건강을 위해 내는 보험료 3만 원은 왜 아까워하십니까? 지금 고민하는 이유는 무엇 때문입니까?"

"고객님은 늙을 겁니다. 늙으면 건강이 좋아질 거라고 예상하십니까, 나빠질 거라고 예상하십니까? 당연히 후자지요. 나이가 들수록 고객님의 지갑은 두꺼워지겠습니까, 얇아지겠습니까? 당연히 후자입니다. 그렇다면 얇아져가는 지갑에 고객님의 나빠지는 건강을 의지하는 것은 서서히 무너져가는 담에 기대는 것과 다를 바 없습니다. 보험의 힘을 믿으십시오."

이러한 사례는 선택형 질문으로 애초부터 내가 원하던 답을 덥석 물게 만든다.

비교 질문

비교 질문은 단순히 선택하는 정도를 넘어 듣는 이가 보다 적극적으로 생각 혹은 행동하게 만든다. 이는 스스로 중요하다고 생각하는 사항들을 다시 한 번 기억하게 해주는 질문 방식으로, 하나의 대상을 쪼개 우위를 선점하도록 포지셔닝 포인트를 던지는 수법이다. 진부하고 밋밋한 질문을 비교 질문으로 바꾸는 연습을 하면 큰 도움을 받을 수 있다.

진부한 질문	비교 질문
당신의 성격을 말해보세요.	당신 성격의 장점과 단점을 각각 세 가지씩 말해보세요.
당신의 경쟁력은 무엇입니까?	다른 지원자들과 차별적인 당신만의 경쟁력은 무엇입니까?

똑같은 바퀴로 굴러가는 자동차지만 어떤 차는 기름 1리터에 4킬로미터를 달리고, 또 어떤 차는 29킬로미터를 달린다. 이왕이면 더 멀리 가는 차를 타고 싶은 게 당연한 것 아닌가. 만약 80세까지 돌봐주는 짧은 보험과 100세까지 돌봐주는 긴 보험이 있다면 어느 보험에 가입하겠는가? 연식이나 연비가 나쁘면 차도 쉽게 바꾸는데, 내 생명을 돌봐주는 보험이 나쁜 연비일 경우 바꾸지 않을 이유가 어디 있는가?

'자신 있습니까?'라는 진부한 질문에는 '예, 자신 있습니다'라는 진부한 대답만 나온다. 반면 '가장 자신 있는 것과 가장 자신 없는 것을 말해보십시오'라고 질문하면 상대는 보다 적극적으로 생각하고 대답한다. 또한 비교 질문은 수동적이던 고객이 스스로 생각하도록 만들어주는 힘이 있다. 이러한 비교 질문의 특징을 살려 광고 카피에 활용한 사례는 매우 많다.

'시멘트에서 주무시겠습니까? 온돌에서 주무시겠습니까?' -**한줄, 온돌자재**

'안경을 쓰시겠습니까? 시력을 보호하시겠습니까?' -**필립스, 롱세이브 전구**

'정복당할 것인가? 정복할 것인가?' -프로스펙스

'코만 즐거운 방향제입니까? 몸도 즐거운 방향제입니까?' -태평양,
숲속여행

'봄을 타십니까? 피로를 타십니까?' -일동제약, 아로나민 골드

수사적修辭的 질문

수사적 질문은 상대방의 동의가 필요 없는 반어적 질문을 말한다. 굳이 대답하지 않아도 당연하기 때문에 질문 자체가 곧 답이 된다. 예를 들면 '공중도덕을 어겨서야 되겠습니까?', '동물을 학대해서야 되겠습니까?'처럼 딱히 대답하지 않아도 답을 알 수 있는 질문이다. 나는 방송 중에 자주 수사적 질문을 이용한다.

"부모님을 위해 한 달에 딱 한 번 3만 원 쓰는 거 아깝습니까? 고객님을 낳아주신 부모님이 병원에 마음껏 다니도록 해주는 보험료입니다."

"아이의 미래를 위해 한 달에 만 원 쓰는 것이 아깝습니까? 아이의 공부에 도움을 주는 학습지입니다."

로널드 레이건 대통령의 강력한 정치 구호이던 '4년 전에 비해 형편이 나아졌습니까?(Are you better off than you were four years ago?)'는 당연히 아니라는 대답을 전제로 묻는 수사적 질문이다. 수사적 질문을 사용한 국내 광고 카피로는 다음과 같은 것이 있다.

'화장실 갈 때 왜 신문을 챙기십니까? 화장실에서 왜 영어 단어를

외울까요?' **–부광약품, 아락실**

'하늘 아래 그 무엇이 높다 하겠습니까? 부모님 사랑, 스승님 은
혜보다 높다 하겠습니까? 그 은혜를 갚는 것은 돈이 아닙니다. 편
안하게, 마음 편안하게 해드리는 것이 아니겠습니까?' **–로얄 드레스**
셔츠

'장에 보약이면 몸에도 보약 아닙니까?' **–한미약품, 메디락**

견해 질문

견해 질문은 개방형 질문 유형 중 하나로 가장 중요한 질문 방식
이다. 이것은 '당신의 생각을 말해주세요', '당신의 생각을 알려주세
요'라고 묻는 것으로 프레젠터가 반드시 사용해야 하는 방식이다. 혼
자 떠들다 보면 듣는 이의 감정과 생각이 어디에 가 있는지 알지도
못한 채 헛다리짚기 십상이다.

특히 견해 질문은 말하는 사람과 듣는 사람의 생각 차이를 줄이는
데 유용하다. 질문을 통해 듣기만 하던 이의 생각을 우물물처럼 퍼
올릴 수 있기 때문이다. 덕분에 듣는 이의 생각과 감정을 명확히 알
아내는 것은 물론 생각의 문을 활짝 열어젖힐 수 있다. 단순히 '내 말
을 어떻게 생각하세요? 어떻게 느끼세요?'라고 묻는 것으로도 충분
하다.

마이크로소프트의 '오늘 어디 가고 싶어요?(Where do you want
to go today?)'나 특이한 자동차 디자인을 보여주며 '당신 생각은 어
떠세요?'라고 묻는 볼보의 광고 카피가 대표적이다. 이 광고 카피를

보는 소비자들은 머릿속으로 그 질문에 대답을 한다. 혼자서 상상의 나래를 펼치는 것이다.

정보성 질문

정보성 질문은 관련 정보를 알려주고 이어 그 정보를 토대로 질문하는 방식이다. 이 질문은 몰랐던 사실을 알게 해주고 중요한 사실을 놓치고 있다는 점을 일깨운다. 다음의 사례를 살펴보자.

"한 달에 신용카드를 몇 번 긁나요? 한 달 평균 스물두 번이나 긁는다고 합니다.[18] 한 달에 한 번 카드 긁는 거 안 할 수 있습니다. 그렇게 아낀 돈으로 운전자 보험에 가입하세요. 카드 한 번 안 긁으면 마음 놓고 운전할 수 있습니다."

"평생 동안 병원과 약국에 몇 번이나 갈까요? 2,500번 간다고 합니다.[19] 이 보험은 병원, 약국에 갈 때마다 쓴 돈을 다시 돌려줍니다. 지금 입고 있는 옷을 2,500번 입을 수 있을까요? 2,500번이나 써먹을 수 있는 상품을 구입하는 것은 제값 하는 상품을 구입하시는 겁니다."

"아이가 하루에 TV를 몇 시간이나 볼까요? 매일 꼬박꼬박 1시간 30분을 본다고 합니다.[20] 그렇다고 지금 TV를 못 보게 하라는 말이 아닙니다. 다만 TV 시청시간을 20분만 줄이고 그 시간에 이 학습지를 풀게 하라는 겁니다. 1년이면 8종 교과서 문제를 다 풀 수 있습니다."

"한 달에 휴대전화로 몇 분이나 통화하시나요? 보통 320분을 통화한다고 합니다.[21] 휴대전화 통화시간을 100분만 줄이면 만 원을 벌 수 있습니다(10초당 18원 기준). 불필요한 통화를 조금만 줄이면 이 멋진 책상 세트를 살 수 있습니다(12만 원짜리 무이자 12개월로 한 달에 1만 원이다)."

이처럼 홈쇼핑에서는 정보성 질문을 많이 사용한다. 정보성 질문을 이용한 광고 카피로는 다음과 같은 것이 있다.

'고려은단이 99.9퍼센트의 순은으로 싸여 있는 이유를 아십니까?'
－고려은단

'에스키모들이 장수하는 비결을 아십니까?'－삼진케미, 마리놀

'밍크코트는 여름에 사고, 거실장은 겨울에 바꾸는 지혜 알고 계시
죠?'－바로크가구

'그거 알아? 아무리 예쁜 차도 생애의 80퍼센트는 서 있어야만 한
다는 걸?'－기아, 쏘울

퀴즈

퀴즈는 동서고금, 남녀노소를 막론하고 누구나 좋아한다. 퀴즈를 들으면 본능적으로 풀려고 애를 쓰고, 애쓰는 만큼 질문에 몰입하게 만드는 효과가 있다.

문제: 3.3인치의 소리 없는 탄환. 8초에 한 명씩 이것으로 사망. 해마다 400만 명이 이것으로 사망. 폐암 환자의 98퍼센트는 이것을 사용. 한국에는 조선시대 때 처음 들어온 것으로 추정하는데 이것

에 맛을 들인 사람들이 저마다 나룻배 터에 나가 외국에서 들어오는 배마다 이것이 있느냐고 물었다. 뱃사공들은 고개를 저으며 다음 배에 들어온다고 말했다. 다음 배 다음 배…… 그게 뭘까?

답: 바로 담배다.

'담배를 피우시나요? 그럼 특별히 건강을 돌봐야 합니다. 이 금연초에 주목하세요'라고 평범하게 말해서는 아무도 주목하지 않는다. 다음 배, 다음 배 하다가 '담배'가 되었다는 유래까지 들려주면서 흥미진진한 퀴즈를 내는 게 백 번 낫다.

문제: 경북 영주에 사는 104세 최고령 노인에게 가장 갖고 싶은 게 뭐냐고 물었다. 뭐라고 답했을까?

답: 돈이다. 100년을 살아봐도 가장 소중한 건 가족, 건강, 믿음이 아니라 돈이었다. 지혜의 왕 솔로몬은 "돈이 보호한다"고 말했다. 돈 없는 미래를 위해 미리 준비하자.

퀴즈 형식의 질문은 보통 발표를 시작할 때 많이 사용한다. 주의를 끌고 관심을 집중하도록 하기 위해서다. 퀴즈를 이용한 광고 카피로는 다음과 같은 것이 있다.

'피아노 칠 줄 아는 어린이 94명. 아직도 치고 있는 어린이 22명. 왜 그럴까요?'—대우 디지털 피아노

확인 질문

확인 질문은 부차적 질문이라고도 하는데 자문자답형 질문도 여기에 속한다. 이것은 주요 질문을 보충하는 질문으로 응답자의 대답이 불충분하거나 불명확할 때 다시 묻는 것이다. 보통 내가 상대의 말을 잘 이해하고 있는지 확인하는 차원에서 질문하기도 하고, 생각 없이 관습처럼 내뱉는 상용어를 꼬집어 핵심을 캐낼 때도 사용한다. 특히 후자는 동일 항목의 보충 질문이라고도 하며, 상대방이 대답을 회피하거나 모호하게 반응할 때 구체적이고 명료한 답을 얻기 위해 하는 질문이다.[22]

'하반기 목표를 달성하기 위해 최선을 다하겠습니다' 혹은 'A홈쇼핑사보다 경쟁력을 갖추기 위해 노력했습니다'라는 대답은 상투적이고 모호하다. 그야말로 누구나 할 수 있는 대답이다. 이때 '최선을 다하겠다고 했는데 구체적으로 어느 정도의 성과를 올릴 수 있습니까? 목표 수량과 기대 이익을 수치상으로 제시해보십시오', '노력했다고 했는데 지금까지 경쟁력을 갖춘 것은 무엇이고 뒤진 것은 무엇입니까?'라고 다시 묻는 것이 상용어 남발을 줄이는 확인 질문이다.

확인 질문은 자칫 묻힐 뻔한 문제들을 수면 위로 끌어올리고 해결책을 직접적으로 제시하게 만든다. 국내 모 대기업 회장은 '열심히 하겠다', '노력한다', '명심하겠다'처럼 의미 없이 내뱉는 상용어가 나올 때마다 곧바로 무엇을 열심히 하겠다는 것인지 묻는 확인 질문으로 직장 문화를 개선했다고 한다.

내가 상대의 말을 잘 이해하고 있는지 확인하는 차원에서 질문하는 것은 다음과 같은 식이다.

"과장님께서 지시하신 내용을 제가 잘 이해했는지 확인해주십시오. 그러니까 과장님 말씀은 새로운 상품 개선안을 미루고 기존 상품 개선안을 먼저 만들라는 말씀이신 거죠?"

잘 이해하지 못해 그 자리에서 다시 묻는 것은 그릇된 자세가 아니다. 제대로 알아듣지도 못했으면서 구렁이 담 넘어가듯 얼버무리는 것이 잘못이다.

자신에게 하는 질문도 일종의 확인 질문이다. 버거킹은 '지금 배고프지 않으세요?'라는 확인 질문으로 엄청난 매출 상승을 불러일으켰다. 특히 밤 시간에 먹음직스런 햄버거를 보여주며 이 질문을 광고 카피로 쓰면서 야간 영업시간을 연장해야 할 정도로 인기를 끌었다. 이처럼 확인 질문을 이용한 광고 카피로는 다음과 같은 것이 있다.

'주부님 뼈 안녕하세요?' —빙그레, 생큐

'출산, 빨래, 청소, 요리. 당신의 허리 안녕하십니까?' —한국유가공협회

'제가 지금 곰팡이를 들이마시고 있다고요?' —애경, 팡이제로

'진물이 나고 가려우시다고요?' —녹우제약, 무좀약

'당신은 다른 사람의 관에 못질하면서 운전하고 있지는 않습니까?' —미국의 자동차 사고 공익광고

명제성 질문

먼저 동의할 수밖에 없는, 즉 반론할 수 없는 하나의 명제를 제시한다. 이어 그 명제의 맥락 안에서 계속 내게 동의할 수밖에 없는 질문을 하는 방식이다.

명제: 축구경기는 열한 명이 뛴다. 하지만 벤치에는 대체할 후보 선수가 있다. 한 명이 다치면 후보 선수를 투입해 90분 경기를 무리 없이 치른다.

명제성 질문: 90 평생 당신의 몸을 대체할 수 있는가? 후보 선수 없이 경기를 한다면 얼마나 불안하겠는가? 당신에게는 평생 당신 몸을 보호해줄 대체 정기 금융상품이 필요하다.

명제: 신호등이 초록색에서 빨간색으로 바뀔 때는 노란색이 미리 알려준다.

명제성 질문: 우리 인생은 다가올 위험을 미리 알려주는가?

명제: 누군가가 내 점심값을 한 번 내줘도 고맙다.

명제성 질문: 평생 병원 밥값부터 검사비, 치료비까지 내준다면 얼마나 고맙겠는가? 그런 벗을 마다할 이유가 뭔가? 의료 실비 보험이 그 역할을 해준다.

명제: 배부른 사람에게 밥을 주는 건 제대로 주는 게 아니다. 배고

픈 사람에게 밥을 줘야 부족함을 채워줄 수 있다.

명제성 질문: 왜 지금 내 이야기를 듣고 있는가? 당신이 부족함을 느끼기 때문이다. 부디 선택해서 부족함을 채우길 바란다.

명제: 살아가면서 슬픈 일 두 가지는 늙는 것과 돈이 없는 것이다.

명제성 질문: 나이가 들수록 이 두 가지는 우리 모두에게 해당되지 않는가? 이 금융상품은 건강과 돈 문제에 한꺼번에 대비할 수 있다.

질문하면 움직인다

두뇌학자로 유명한 홍양표 박사가 재미난 실험을 했다. 몇 명이 모여 있는 가운데 유독 한 사람에게만 질문을 하면 어떤 반응이 나타날까? 실험을 위해 한 사람에게만 질문을 하면서 실험 대상자들의 머리를 적외선 카메라로 촬영하자 다른 사람들의 머릿속은 파란색으로 나타났지만, 집중해서 질문을 받은 사람의 머릿속은 빨간색으로 나타났다. 이는 열, 즉 에너지가 생기고 있음을 의미한다! 그 에너지는 질문자의 의도에 맞는 답을 열심히 찾는다는 뜻이고 결국 지배권은 질문자에게로 넘어온다.

이 방식을 활용할 때 한 가지 주의해야 할 것이 있다. 상대방을 심문하거나 다그치는 투의 질문은 삼가야 한다. 어떤 형태든 질문을 할 때는 상대방을 존중하고 있음을 보여주어야 한다. 때론 단순히 대화를 부드럽게 이어가기 위해 질문을 하기도 한다. '~에 대해 생각해 본 적 있습니까?'만으로도 사람들이 적극 대화에 참여하도록 할 수 있다. 일단 자기 견해를 표현할 기회를 얻으면 상대방은 더욱더 귀를 기울이게 마련이다.

질문을 한 다음에는 주의 깊게 들어야 한다. 이때 비판하려 하지 말고 상대방의 대답을 잘 알아들었음을 친절하게 표현한다. 그 대답을 칭찬해주면 더 좋다.

설령 질문에 대답하지 않더라도 듣는 이는 대화를 하듯 머릿속으로 생각한다. 일방적인 의사전달이 아니라 내 대화에 동참하는 것이다. 입은 내뱉는 데만 써서는 안 된다. 질문을 통해 소통하는 입으로 활용해야 한다.

12 | 입소문 word of mouth
자동차는 택시기사가 제일 잘 안다

입소문의 힘은 엄청나다. 입소문은 라디오 광고보다 두 배, 인적 판매보다 네 배, 신문과 잡지보다 일곱 배 더 효과적이라는 연구 결과가 있다.[23] 입소문은 자신의 경험을 직접 다른 소비자에게 생생하게 전달하는 것으로 그 어떤 정보보다 믿을 만하며 강력한 효과를 낸다.

당신은 영화를 보러 갈 때 사전에 누구에게 정보를 얻는가? 영화진흥위원회의 조사에 따르면 관람객이 영화 정보를 얻는 경로는 '인터넷상의 입소문과 정보(댓글, 후기 포함)'가 46.3퍼센트, 주변 사람과 전문가의 평이 14.4퍼센트로 나타났다. 영화 광고를 보고 정보를 얻었다는 관람객은 고작 18.5퍼센트에 지나지 않았다. 그렇다면 영화를 만들고 아무리 광고를 해봐야 입소문이 나지 않으면 헛일이 될 확률이 높다. 반면 일단 입소문을 타면 1,000만 관객은 우습게 달성한다. 이 유난스러운 집단성의 핵심에는 입소문이 자리 잡고 있다.

입소문은 마케터들의 영원한 관심사다. 입소문을 다룬 국내 경제학 논문은 내가 확인한 것만 해도 최소한 20편이 넘는다. 이를 이용한 입소문 마케팅(word of mouth)[24]을 보통 버즈 마케팅(buzz marketing, 상품 등에 관해 떠도는 이야기를 이용한 마케팅 전술의 한 도구) 또는 바이럴 마케팅(viral marketing, 'virus+oral'의 합성어로 입을 통해 바이러스처럼 퍼져 나가게 하는 전술이며 주로 정보 수요자를 중심으로 퍼져 나간다)이라고 한다.

입소문의 힘은 생각보다 무섭다. 한때 맥도날드는 지렁이를 고기로 사용한다는 부정적 입소문으로 큰 곤욕을 치렀다. 심지어 P&G는 108년 동안 아무 문제없이 사용해온 로고가 사탄과 관련이 있다는 루머가 돌면서 1991년 결국 로고를 바꿨다.

처음 입소문 마케팅이라는 말을 사용한 학자는 윌리엄 화이트(William Whyte)로, 그는 도시 주민들이 에어컨을 설치한 패턴에서 아주 재미있는 현상을 발견했다. 에어컨을 설치한 가구가 무작위로 나타난 것이 아니라 일정한 패턴을 보였던 것이다. 나란히 이웃한 가구들은 에어컨을 모두 설치한 반면 맞은편 집들은 모두 설치하지 않았다. 이를 보고 이웃끼리 입소문을 통해 에어컨을 설치했다고 결론을 내린 그는 입소문 마케팅이라는 신조어를 만들어냈다.

입소문 마케팅은 주로 소비자들의 생활패턴에 영향을 주는 상품에 효과적이다. 실제로 글로벌 컨설팅 업체 매킨지의 분석에 따르면 미국 경제의 3분의 2를 웃도는 수치가 부분적으로 입소문 마케팅의 영향을 받는다고 한다. 특히 입소문은 장난감, 스포츠용품, 영화, 방송, 오락 및 여가 활동, 패션 등의 산업에 큰 영향을 준다.[25] 예를 들어 필립스의 면도기 브랜드 '노레코 보디그룹'은 대표적인 입소문 동영상 광고로 시장의 70퍼센트를 장악했다. 이 광고를 본 사람 두 명 중 한 명이 다른 사람에게 동영상 내용을 전달했다고 한다.

한때 택시기사들의 입소문으로 성공한 르노 삼성의 SM5도 같은 예다. 르노 삼성은 그 힘을 과소평가하지 않았고, 후속 모델을 출시할 때는 아예 택시기사들을 집중적으로 공략해 마케팅 활동을 펼쳤다.

홈쇼핑 방송 중에 아무리 상품이 좋다고 떠들어도 쇼호스트의 말을 곧이곧대로 믿는 사람은 별로 없다. 오히려 인터넷 쇼핑몰 구매자들의 호의적인 상품평 몇 개를 보여주는 것이 더 효과적이다. 다음과 같은 말은 강력한 효과를 낸다.

"제가 아무리 좋다고 해도 믿기 어렵죠? 지금 인터넷 쇼핑몰에 들어가서 먼저 구입하신 분들 후기를 좀 읽어보세요."

샴푸 브랜드 '댕기머리'는 방송 중에 주요 소구점으로 인터넷 상품평을 활용했다. 인터넷 상품평만 수만 건이 올라왔음을 강조하고, 그 수만 건의 상품평을 여러 권의 책으로 만들어 보여준 것이다. 실제로 나는 방송에 들어가기 전에 반드시 그 상품의 인터넷 쇼핑몰 상품평을 읽는다. 먼저 고객의 마음을 헤아린 다음 적절히 대응하기 위해서다.

13 | 소구appeal
고객이 혹하는 말의 방식은 따로 있다

나는 강연을 할 때마다 많은 사람에게 '소구'와 관련된 질문을 받는다. 소구(訴求, appeal)란 광고나 판매 목적으로 소비자에게 호소해서 상품을 구매하게 하거나 애호심을 갖게 하는 힘을 말한다. 즉, 소비자의 구매 욕구를 자극하거나 상품 및 서비스의 특성 혹은 우위성을 호소해 공감을 구하는 것이다. 소비자에게 소구할 목적으로 특히 강조하는 점을 '소구점'이라고 한다. 쉽게 말해 소구란 소비자에게 호소하는 다양한 설득 방식을 말한다.[26]

상품을 판매하기 전이나 광고를 기획할 때는 먼저 소구할 대상(소비자)에게 상품의 어떤 특징과 편익을 판매 포인트(selling point)로 강조해 마음을 움직일 것인가 하는 소구점을 결정해야 한다.[27] 그러면 많은 학자와 설득 전문가가 다듬은 대표적인 소구 형식 몇 가지를 실무적 관점에서 정리해보자.

1. **본질 소구:** 소구의 가장 기본적인 형식으로 상품의 성질이나 사용법 등 기능적 특징과 스펙 나열, 해설에 중점을 둔다. 대부분의 세일즈맨이 하는 기본적인 방식이다. 만약 당신이 가전매장 판매원이라면 고객에게 제품 자체만 소개하고 있을 확률이 높다. 보험설계사라면 보장 금액만 설명하기 십상이다. 대개는 이처럼 본질 소구만 한다. 본질 소구는 말 그대로 정보에만 치중하기 때문에 고객의 마음까지 설득하기 어렵다.

2. **긍정 소구:** '이 상품은 당신의 필요를 충족해준다'는 방식의 접근이다. 내 말대로 따라하면 당신에게 유익하다며 접근한다. 가령 고객에게 '이 아이크림을 꾸준히 바르면 주름 개선에 아주 효과적'이라고 믿음을 심어주는 식이다.

3. **부정 소구:** '이 상품을 사용하지 않으면 당신이 손해를 본다'는 접근 방식이다. 부정 소구는 무엇을 '하라(Do)'보다 '하지 마라(Do not)'에 가까운 부정적 조언이다. 예를 들면 '좋은 공기를 마셔라'보다 '담배를 끊어라' 같은 형식이다. 흔히 긍정 소구보다 부정 소구가 더 위력을 발휘하는 것으로 알려져 있다. 모세의 십계명도 대부분 '하지 마라'는 부정적 조언으로 이루어져 있다. '비타민을 먹어라'보다는 '비타민을 먹지 않으면 체내에 활성산소가

생겨 몸이 쉽게 지치고 노화한다. 빨리 늙고 싶지 않다면 비타민을 섭취하라'는 식의 부정 소구가 단순한 긍정 소구보다 더 힘을 발휘한다.

4. **이성 소구:** 소비자의 이성적 이익에 호소하는 접근 방식이다. 소비자의 객관적, 분석적, 지적 이해를 이용하는 것이다. 이 경우 제품 품질, 가치, 경제성, 성능 등의 기능적 혜택을 강조하며 통계나 수치 혹은 자료를 이용해 접근하기도 한다. 합리적 소구 또는 정직한 소구라고도 한다.

5. **감성 소구:** 이성 소구의 반대로 소비자의 감각, 기분, 오감을 터치하거나 정서 및 감정에 호소한다. 감정 소구 또는 정서적 소구라고도 한다. 이성 소구와 감성 소구를 동시에 접한 고객은 감성 소구에 더 마음이 움직인다는 실험 결과가 있다. 이 내용은 3장 '감성'에서 좀 더 깊이 있게 설명한다.

6. **특유 소구:** 타사제품과 비교해 자사제품의 특성을 강조한다. 비교 소구가 차이점만 말하는 것이라면 특유 소구는 자사제품이 다른 동종 제품들보다 더 뛰어난 점, 즉 차별성을 강조하는 것이다. 예를 들면 스테인리스 믹서기를 판매할 때 김치 국물이 밴 기존 플라스틱 믹서기를 함께 보여주며 위생성을 강조하는 것이 여기에 해당한다.

7.유머 소구: 유머 소구에는 말장난, 농담, 돌려 말하기, 아이러니, 풍자 등이 있다.[28] 이러한 유머 소구가 고객의 지갑을 열게 만든다는 실험 결과도 있다. 한 대학의 연구진이 실험대상자들에게 한쪽은 찡그리고 화난 얼굴 사진을 0.02초 간격으로 연속해서 보여주고, 다른 한쪽은 밝고 환하게 웃는 얼굴 사진을 0.02초 간격으로 연속해서 보여주었다. 그런 다음 처음 보는 신제품 음료수를 보여주며 가격을 매기게 했다. 그 결과 화난 사진을 본 사람들은 0.1달러를 매겼고 웃는 사진을 본 사람들은 0.38달러를 제시했다.

또한 유머 소구는 친밀감과 호감도를 높인다. 물론 단점도 있다. 천박한 이미지를 주거나 설득 효과와 제품 집중도를 떨어뜨리기도 한다. 기억력과 이해력을 떨어뜨릴 수 있다는 연구 결과도 있다.[29,30] 당신은 고객을 만날 때 늘 미소를 짓는가? 유쾌하고 밝은 태도를 유지하는가? 잊지 말자. 내 웃음이 헤프면 고객의 지갑이 헤퍼진다.

8.과장 소구: 과장법은 사실보다 부풀려서 표현하는 방법으로 잘 쓰면 약이 되고 못 쓰면 쓰지 않은 것만 못한 결과를 얻는다. 따라서 신중하게 써야 한다. 상식 수준을 뛰어넘는 과장을 하되 재치를 발휘하면 내 상품의 장점에 확신을 심어줄 수 있다. 가령 '빛의 속도로 기억하라(하프스터디 어학기)', '총알보다 빠른 배송(인터파크)' 같은 식이다. 단순히 '배가 고프다'는 사실을 '지금 배가

고파서 식탁도 뜯어 먹겠다'라고 과장 소구를 하면 말에 더 강한 의지와 확신이 담긴다.

9. **위협 소구**: 위협 소구는 상대방의 두려움을 소구 대상으로 삼는 방법이다. 이것은 메시지의 권고를 따르지 않으면 발생할 수 있는 나쁜 결과를 제시함으로써 태도 변화를 유도하는 설득 커뮤니케이션이다. 요구하는 행동을 하지 않았을 때 발생할 끔찍한 일을 위협적으로 묘사함으로써 내 의도대로 끌어오는 것을 말한다.[31] 전기 플레이트를 판매할 경우 그 편리함만 강조하기보다 기존 가스레인지를 쓸 때 주부가 일산화탄소를 들이마셔 폐가 망가지고 있다는 공포를 심어주는 것이 위협 소구다. 위협 소구를 할 때 당신의 상품은 공포에 대응하는 안전 상품의 이미지를 심어주어야 한다.

10. **성적 소구**: 아주 강력한 소구 방식이다. 성적 자극이나 암시로 소구하는 방법으로 보통 수용자의 성적 반응과 관능성 등의 감정적 반응을 자극한다. 하지만 성적 자극이 지나치게 강력할 경우 제품 자체에 대한 집중도가 산만해진다. 예를 들면 속옷 광고에서 속옷보다 여성의 몸매에만 집중할 수도 있다. 성적 자극은 주목률을 높이기 위한 도구이자 통념을 깨뜨려 카타르시스를 전달하기 위한 수단이다. 상품 앞의 소비자는 성인군자가 아니다. 고객의 성적 본능을 일깨우면 잠재된 고객의 구매 본

능까지 일깨울 수 있다는 것이 광고와 마케팅 업계의 일반적인
입장이다.

11. **동기화 기법 소구**: 인간이라면 누구에게나 욕구가 있다. 그 욕구를
공략하는 설득 기법이 바로 동기화 기법 소구(appeal to mo-
tivation)다. 고객의 욕구를 파악해 내 말을 따라야 그 욕망을
충족할 수 있다고 충고하는 방식이다. 배고픈 사람에겐 식품을
말로 설명할 필요가 없다. 고기가 노릇노릇 익는 모습만 보여
줘도 식감을 자극하기 때문에 욕구 충족을 위해 상품을 구매할
확률이 높다. 남보다 돋보이고 싶어 하는 사람에게는 의류나
액세서리의 내구성을 강조할 게 아니라, 그 사람의 이미지와
스타일을 바꿀 수 있다고 유혹해야 한다. 그것이 그 사람의 욕
구에 들어맞는 설득 방법이다. 동기화 기법을 이용한 광고 카
피로는 '아가씨라고 부르면 네~라고 해보는 겁니다(신세계백화
점)', '입 안이 두근두근(하디스)', '불 위에서 지글지글(버거킹)',
'50살 청년이 있는가 하면 30살 노인이 있습니다(유한양행)' 등
이 있다.

12. **대안 소구**: 대안 소구를 사용할 때는 먼저 고객의 삶에 문제점을
제시하는 일을 선행해야 한다. 고객의 삶이 평온하다면 판매원
의 이야기에 귀를 기울일 리가 없다. 그러므로 문제를 내민 다
음 그에 적절한 대안을 제시해야 한다. 이를테면 멀티 빨래 건

조대를 소개할 경우 기존의 너저분하고 얼마 걸지도 못하는 빨래 건조대를 함께 진열해놓고 '당신이 세탁하고 건조할 때도 이렇게 불편하지 않았느냐'고 문제점을 제시하는 식이다. 이어 기존 빨래 건조대의 다섯 배나 더 걸 수 있고 확장도 가능한 멀티 빨래 건조대를 대안으로 제시한다. 영어 어학기를 소개할 때는 학생들이 연습장 때문에 괴로워하거나 단어를 써가며 외워도 잘 외워지지 않아 고통을 겪는 모습을 보여주고, 어학기로 쉽고 빠르게 단어를 외우는 모습을 대안 소구로 제시한다.

13. **연상 소구:** 연상 소구의 핵심은 모든 것을 설명하는 게 아니라 80퍼센트 정도만 연상하도록 설명하고 나머지는 고객에게 견해 질문을 던지는 데 있다. 가령 연금보험을 판매할 때 장수시대를 연상하게 하려면 다음과 같이 말하는 것이 좋다.

"1960년대에 한국인 남자의 평균 수명은 50.1세였습니다. 작년에 한국인이 가장 많이 죽은 연령은 86세입니다. 불과 50년 만에 평균수명이 30세나 증가한 겁니다. 해마다 평균 수명이 1.5세씩 늘어납니다. 하지만 대한민국에는 120만 명의 독거노인이 있고 그중 30퍼센트는 빈곤층입니다. 점점 오래 사는 시대이긴 하지만 외롭고 빈곤해지는 게 현실입니다. 고객님의 노후는 어떻게 준비하시겠습니까?"

이런 식으로 현실을 떠올리게 하고 마지막에 견해 질문을 해서 고객 스스로 답을 내리도록 하는 방법이다.

14.**비교 소구:** 앞서 '매도하기'에서 소개한 것처럼 한 손에는 내 상품을 올려놓고 다른 손에는 경쟁시 상품을 올려놓은 다음, 경쟁사 상품의 단점과 약점을 공략하면 시소 원리에 따라 내 상품의 가치가 올라가는 전술이다.

비교 소구는 기업과의 마찰이나 경쟁심을 불러일으키기 쉬우므로 특정 상품과 기업을 놓고 비교하기보다 비교 대상을 일반화해 그 점을 매도하는 것이 훨씬 안전하다. 한번은 내가 세일즈 컨설팅을 해주는 아모레퍼시픽에서 '일리'라는 프리미엄 브랜드를 론칭했다. 나는 비교 소구를 선택했고 마트 직원들에게 바디제품을 가르칠 때 이렇게 설명했다.

"요즘에는 스크럽 제품들도 '씻으면서 수분을 충전하세요'를 외칩니다. 하지만 이 고급 브랜드는 '수분만 충전하세요'가 아니라 '씻으면서 수분 충전에 더해 탄력도 충전하세요'를 외쳐야 합니다. 요즘 스크럽 제품 중 수분 공급에 탄력과 주름 개선 기능까지 있는 건 거의 없습니다. 그만큼 독보적인 새 제품이지요."

14 | 규칙 설정 make rules
룰을 만드는 자가 시장을 장악한다

한번은 강의를 끝낸 후 학생들과 함께 회식을 했다. 술자리가 무르익으면서 우리는 3·6·9게임부터 눈치게임까지 온갖 게임에 몰두했는데, 수업시간에는 질문도 제대로 못 하던 학생들이 나를 골탕을 먹였다. 내가 걸리면 노래와 춤은 기본이고 굴욕적이게도 아무 물건이나 주면서 즉석 PT를 요구하기도 했다. 나는 선생이라는 권위가 있었음에도 반항하지 못했다. 게임 안에서는 게임의 규칙을 지켜야 했기 때문이다. 이처럼 우리는 규칙을 정하면 그 틀 안에서만 움직인다.

독일의 한 심리학자가 실험을 위해 공원에 두 개의 공중전화 부스를 설치하고 각각 남성용, 여성용이라고 써 붙였다. 그러자 신기하게도 남자들은 남성용 전화 부스에, 여자들은 여성용 전화 부스에 줄을 서서 차례를 기다렸다. 사실 전화기를 쓰는 데 남녀 구별이 필요할 리도 없고 상식적으로 생각해도 전화 부스가 화장실도 아니고 푯말대로 사용할 이유는 전혀 없었다. 그럼에도 사람들은 착실하게 자신의 성 정체성을 따라 각자 남녀 전화 부스로 들어가는 묘한 현상을 보였다. 심지어 여성용 부스는 텅 비어 있고 남성용은 줄이 길어도 남자들은 여성용을 사용하지 않았다.

이처럼 누군가가 먼저 틀을 만들고 규칙을 정하면 사람들은 무비판적으로 따라가는 성향이 있다. 미국의 사회심리학자 스탠리 밀그램(Stanley Milgram)은 이것을 '권위에 대한 복종(obedience to authority)'으로 표현했다. 이는 규칙을 정하면 그 규칙이 받아들이는 사람에게 권위를 행사해 그 틀 안에서 순순히 움직이는 현상을 말한다.

이러한 성향은 고객과의 상담 현장에서 기막히게 써먹을 수 있다. 일명 '규칙 설정의 기술'이다. 고객과 상담할 때 세일즈맨은 늘 마음이 불안하다. 사업장을 방문해 바쁜 고객의 시간을 빼앗는다는 인식 탓이다. 그런데 실제 조사에 따르면 고객은 그렇게 생각하지 않는다고 한다. 원래 사업장에는 언제나 예기치 않던 사람들이 빈번하게 방문한다. 특히 세일즈맨이 나중에 그 고객의 손님이 될 수도 있기 때문에 매몰차게 행동하지 못한다는 조사 결과도 있다.

정작 중요한 것은 세일즈맨의 마음가짐이다. 규칙 설정의 기술은 불안한 마음을 몰아내고 고객의 시간을 편안하게 활용하도록 하는 기술이다.

1. 상담을 할 때 고객의 머릿속에 요점의 깃발을 꽂아놓고 시작한다

내가 전하려는 이야기의 전체 주제와 요점을 먼저 알려주고 시작하는 것이다. 상대방을 위해 무엇을 하려는지 먼저 밝히는 것은 내가 만든 틀로 들어오라고 초대하는 것이나 마찬가지다. 예를 들어 '제가 방문한 이유를 딱 하나로 정리하자면 이겁니다', '제가 방문한 취지는 단 하나 이겁니다', '제 목적은 단 하나 이겁니다' 등의 말로 요점의 깃발을 꽂을 수 있다.

2. 시작하기 전에 말하고자 하는 바를 큰 그림으로 보여준다

길을 나서기 전에 전체 지도를 보고 떠나면 이동이 더 쉽듯, 큰 그림을 보여주고 시작할 경우 상대방이 내 말을 더욱 쉽게 이해한다. 또한 고객은 내가 짜놓은 상담의 룰을 따를 준비를 한다. 그런 의미에서 이제부터 당신이 상대방을 위해 무엇을 하려는지 전체 과정을 먼저 밝혀야 한다. 언젠가 성형외과 의사들에게 스피치를 코칭한 적이 있는데, 그들 중에 이 기술을 잘 쓰는 의사가 한 명 있었다. 그는 환자에게 다음과 같이 설명했다.

"저는 지금부터 이렇게 할 겁니다. 우선 코 부분에 국소 마취를 하고요. 그런 다음 살짝 안쪽으로 개복할 겁니다. 이어 적당히 콧날이 살아나게 시술한 후 마지막으로 자연스럽도록 몰딩을 합니다. 잘 아셨나요?"

3. 먼저 설명이 끝나는 시간을 알려주고 시작한다

흔히 상담이 길어지면 고객은 초조해하거나 지루함을 느낀다. 머릿속으로 '언제 끝나?'라는 물음표가 왔다 갔다 하기 십상이다. 그러므로 미리 이렇게 말하고 시작하는 것이 현명하다.

"제가 시간 약속은 확실하게 지키는 사람입니다. 지금이 1시 45분인데요, 저는 정확히 2시에 고객님의 사무실을 떠날 겁니다. 그 15분 동안 저는 두 가지 사항만 말씀드리고 갈 것입니다. 첫 번째는 고객님이 전화상으로 말씀했듯 보험이 과하다는 문제입니다. 맞습니다. 고객님의 연봉 대비 보험료 조정이 필요합니다. 제가 어떻게 보험을 줄일 수 있는지 말씀드리겠습니다. 두 번째는 연금에 관심이 있다고 하신 부분입니다. 제가 상위 네 개 보험사의 연금 상품 비교표를 보여드리겠습니다. 두 가지 요점을 전달하는 데 15분이면 충분합니다. 저는 정확히 2시에 떠나겠습니다."

설명이 끝났을 때 고객이 고개를 끄덕이면 허락을 얻은 셈이므로 그 15분을 당당하게 활용할 수 있다. 즉, 세일즈맨이 고객과의 사이에 규칙을 설정한 것이다.

4. 고객이 처한 상황에 문제가 있음을 스스로 말하게 하고 시작한다

고객이 현재의 삶에 문제가 없다면 세일즈맨의 이야기에 귀를 기울일 이유는 없다. 그러므로 늘 고객에게 문제가 있음을 깨닫게 해야 한다. 이때 상담의 제1규칙은 고객에게 '나에게는 해결책이 있다'는 인식을 심어주는 일이다. 가령 이런 식이다.

"그동안 물 사다 드시느라 많이 불편하셨죠? 물 끓여 드시느라 힘드셨죠? 그 고생을 정수기로 해결하세요. 이제 맘 놓고 실컷 물을 드실 수 있습니다."

고객이 자신도 모르게 불편하고 힘들었던 점을 깨닫게 해야 한다. 언젠가 한 기업에서 강연을 하는데 청중이 나에게 예를 들어 시범을 보여달라고 했다. 나는 청중에게 비타민을 예로 들어주었다.

"제가 만약 비타민을 판다고 생각해봅시다. 비타민을 먹지 않는 분은 손을 들어보십시오."

절반 이상이 손을 들었다.

"모든 물건은 산화합니다. 여러분이 앉아 있는 그 의자도 시간이 지나면 녹이 슬지요. 이는 산소와 접하기 때문인데 산소와 닿으면 모든 사물은 산화합니다. 사람도 마찬가지입니다. 그걸 두고 우리는 노화라고 하지요. 비타민의 최대 효능은 항산화 작용, 즉, 노화 방지입니다. 사람의 몸에 들어온 활성산소를 몰아내 젊음과 생기를 지켜주는 것이 바로 비타민입니다. 늙고 싶지 않다면 비타민을 반드시 드십시오!"

이어서 다시 물었다.

"이번엔 비타민을 먹고 있는 분은 손을 들어보십시오."

일부가 손을 들었다.

"여러분이 먹고 있는 비타민의 불편한 진실을 아십니까? 이 세상에 존재하는 비타민의 95퍼센트 이상이 석유에서 추출한 것이라는 놀라운 사실을 아십니까? 실제로 비타민은 석유 화합물에서 추출해 비타민의 분자 구조를 맞춘 것입니다. 나머지 5퍼센트는 돌에서 추출합니다. 즉, 암반에서 추출합니다. 사람들은 흔히 천연 비타민을 먹고 있다고 착각하는데 천연 비타민이라 불리는 것은 과일이 아니라 효모에서 추출한 것입니다. 그것도 일부만 포함되어 있을 뿐이며 비타민 한 알 전체를 화학 합성물 없이 만들 수는 없습니다. 결국 세상에서 비타민을 섭취하는 가장 좋은 방법은 자연이 빚어낸 과일 하나를 먹는 것입니다. 이보다 더 좋은 방법은 없습니다. 캘리포니아 오렌지를 소개합니다."

청중은 감탄했다. 내 손에 상품이 있을 경우 고객의 삶에 문제가 있음을 알려주고 그 상품으로 해결책을 제시하면 구매 욕구를 자극할 수 있다.

5. 내 말이 듣는 고객에게 왜 중요한지 알려주고 시작한다

'제 차를 타세요'라고 해서 타게 된 동승자와 '댁의 차를 타도 될까요'라고 해서 타게 된 동승자는 운전자를 대하는 태도가 다르다. '내 이야기를 들어주세요'라고 해서 듣는 고객과 '당신의 이야기를 듣고 싶어요'라고 해서 듣는 고객의 태도도 마찬가지다. 내 말의 중요성을 높이려면 후자의 상황을 유도해야 한다. 예를 들면 다음과 같이 말한다.

"이 부분은 매우 중요합니다. 이 점은 지금 고객님에게 정말 중요합니다. 이 중요한 점을 생각하지 못하고 샀다는 점을 인정하십니까?"

어느 날 중요한 홍보 입찰 프레젠테이션을 대행했는데 내가 마지막 순서였다. 그런데 앞 사람들이 계속 시간을 초과하는 바람에 예정 시간은 훌쩍 지나버렸고 심사위원들은 모두 지루해 죽겠다는 표정이었다. 곧 내 차례인데 떠들어봐야 내 얘기는 귓등으로도 듣지 않게 생겨 먹었다. 나는 일부러 양복 겉옷을 벗어던지고 다급한 듯 뛰쳐나가 주의를 끄는 한마디로 시작했다.

"벽에 걸린 저 시계를 보십시오. 5시 15분입니다. 약속합니다. 저 시계가 정확히 5시 25분을 가리킬 때까지 딱 10분 동안 두 가지만 말씀드리겠습니다. 우리 안건은 어떻게 하면 마케팅 비용을 반으로 줄일 수 있는지 하나! 그러면서도 홍보 효과는 어떻게 두 배로 낼 수 있는지 둘! 이 두 가지뿐입니다. 시작합니다."

이렇게 시작하면 사람들은 내가 세운 규칙에 따라 움직인다. 시간을 정해놨고 무슨 이야기를 듣는지도 알기 때문에 내가 말을 하는 동안 머릿속에는 두 가지 요점이 깃발로 꽂혀 있다. 따라서 받아들이는 이해력이 높다. 설령 이야기가 조금 빗나가도 듣는 이들은 이미 대주제를 인식하고 있기에 계속 산만해지지 않고 집중력을 발휘한다.

사람들에게는 받아들이는 대상을 놀랍도록 빠르게 규범화, 도식화하는 습성이 있다. '이것은 이것이다'라고 내가 먼저 정의를 내리면 사람들은 그것을 따른다. 정치 풍자가 빌 마허(Bill Maher)는 규칙을 무시하면 오히려 혼란에 빠져든다고 말했다. 기업 마케팅도 마찬가지다. 전달할 가치나 상품 이미지, 사용 방법에 관한 규칙을 정해놓으면 사람들이 보다 쉽게 믿도록 만들 수 있다. 당신이 믿고 있는 몇 가지 이미지와 사용 규칙을 곰곰이 돌아보자.

한때 내가 근무하던 월마트에는 세일이 없다. 전 세계 어느 매장을 가도 마찬가지다. 세일을 하지 않는 마트라니, 참 기막힌 일이 아닌 가. 더 희한한 것은 그것에 대해 고객 불만이 없다는 점이다. 대신 고 객은 이 문구를 본다.

'언제나 싼 가격(Everyday Low price or Always Low price)'

매장 규칙을 '언제나 싼 가격'으로 걸어놨기에 가격 할인 행사가 없 어도, 프로모션 행사를 하지 않아도 고객은 불만을 표시하지 않는다. 고객은 으레 '매일 가장 싸니까 가격 할인이 있을 수 없지'라고 생각 한다. 월마트에 들어서는 고객은 매일 똑같이 싼 물건을 사는 규칙 속으로 들어갈 뿐이다.

무질서하게 버스를 기다리는 버스 정류장에서 갑자기 세 명만 줄 을 서도 그다음부터 오는 사람들은 자신도 모르게 그 뒷줄에 선다. 이처럼 우리는 누군가가 먼저 만들어놓은 도식 속에서 생각한다. 이 제부터 내가 원하는 틀을 그려주자. 규칙을 정하고 말해보라. 당신의 입장은 유리해질 것이다.

15 | 언어 포장 기술
언어도 전할 때는 선물이다

나는 남자 중고등학교를 다녔는데, 고등학교 졸업을 앞두고 인근의 여자 고등학교와 선물을 교환하는 선물팅이 있었다. 그런데 우리 반의 한 녀석이 운동장에 나가더니 화단의 말라버린 장미 한 송이를 꺾어 도화지에 드르륵 말아 보내는 게 아닌가. 그야말로 무성의의 극치였다. 그런데 여학생에게 온 선물은 예쁘게 포장한 티셔츠였다. 나중에 들으니 도화지에 둘둘 말린 장미를 받은 여학생은 분하고 억울해서 울었단다.

아무리 한 번 주고 마는 선물이라고 해도 이 녀석처럼 대충 주는 사람은 드물 것이다. 선물을 줄 때는 대개 정성을 들여 포장한다. 하물며 고객에게 전하는 정성 어린 말은 더욱더 포장을 해야 하지 않을까? 이것이 소위 '언어 포장 기술'이다.

8월 15일을 한국인은 광복절(光復節)이라고 부른다. 미국인은 전승 기념일(VJ Day, Victory over Japan Day)이라고 한다. 그러면 일본인은 뭐라고 부를까? 패망일? 패전일? 아니다. 종전일(終戰日, 전쟁을 끝낸 날)이라고 한다. 사실은 '패전일'이지만 같은 사건을 두고 언어 포장을 한 것이다.

우리는 농사지을 때 벌레나 잡초를 없애는 약을 '농약'이라고 부른다. 농부들은 똑같은 것을 '농작물 보호제'라고 부른다. 우리는 이가 아프면 '고통스럽다'고 말하지만 치과의사들은 '불편하세요?'라고 묻는다. 그들은 결코 '고통'이라는 단어를 쓰지 않는다. 모두 언어 포장이다. 이러한 사례는 무수히 많다. '암 보장은 처음 가입하고 90일이 지나야 효력이 생긴다'는 말을 어떤 게스트는 "이 보장은 가입하고 90일 동안은 효력이 없습니다. 90일 전에 암을 발견하면 아무런 보험금도 받지 못합니다"라고 말하는데 반해, 다른 게스트는 "모든 암 보장은 예외 없이 가입 후 90일이 지나야 효력이 생깁니다. 어차피 가입하실 거라면 하루라도 빨리 하십시오"라고 언어 포장을 한다.

다음의 단어를 보면 기분이 어떠한가?

'우울, 짜증, 무관심, 쓰레기, 속 쓰림, 피비린내, 찜찜하다, 지친다, 쪽팔린다, 칼날 같은……'

아마 기분이 별로 좋지 않을 것이다. 언어 포장은 이처럼 부정적인 단어와 표현을 사용하지 않는 것은 물론 이런 말을 가급적 긍정적인 단어나 순화한 말로 바꾸는 일이다. 가령 '악플을 달지 마세요'보다는 '선플을 달아주세요'가, '인상을 찌푸리지 마세요'보다는 '환하게 웃어보세요'가 낫다. 언젠가 서울 신림동을 지나가다가 눈길을 확 잡아 끄는 치킨집 간판을 발견했다.

'조류독감으로부터 안전한 닭만 사용'

그 집 손님들은 아마도 잊고 지내던, 아니 잊고 싶던 조류독감을 한 번씩 상기하며 닭을 뜯었으리라. 부정적 어감이나 치명적 약점을 드러내는 순간, 칼자루는 상대방에게 넘어간다. 복어 요리집이 문 앞에 '우리 집 복어에는 독이 없습니다'라고 써놓으면 드나드는 손님들의 기분이 어떻겠는가?

38년 전 미국의 전 대통령 리처드 닉슨(Richard Nixon)은 대중 앞에서 "나는 사기꾼이 아닙니다"라고 했다. 그 결과 그는 국민에게 자신이 사기꾼이라는 인식을 제대로 심어주고 말았다. 하버드대학에 다닐 때 오바마 대통령은 핵 없는 세상을 만들겠다는 꿈을 꾸었다. 그가 정치를 시작했을 때 주변인들은 그런 그를 '순진한' 철부지로 몰아갔다. 그는 러시아와의 핵 감산을 발표할 때 미국이 핵무기를 포기하면 다른 국가도 포기할 것이라고 주장하면서 "나는 순진하지 않다"고 말했다. 자신의 약점을 스스로 공포한 꼴이다. 호사가들은 곧바로 그를 '순진한 어린애'로 부르기 시작했다. 미국의 미디어 전략가 프랭크 런츠(Frank Luntz)는 부정적 어감과 약점을 밝히는 말실수를 '언어적 자살'이라고 부른다.

직장에서 면접관으로 일할 때 나는 지원자들에게 "본인의 가장 큰 단점을 말해보세요"라는 질문을 자주 했다. 어쩜 그리들 솔직할까? "솔직히 많이 부족하고 잘할 수 있을지 자신은 없습니다만……,"이라는 말은 부족한 인재라는 인식을 심어준다. 아울러 "제가 지금 많이 떨리는데요"라는 말은 동정심을 유발하기보다 면접관들을 더 불안하고 초조하게 만든다. 지나치게 솔직하거나 약점을 전면에 내세우는 것은 언어 포장 기술에 위배된다.

소비자행동학에서는 언어 포장 기술을 프레이밍 효과(framing effects)라고 부른다. 이는 같은 내용의 정보일지라도 그 정보를 어떤 틀로 어떻게 전달하느냐에 따라 소비자가 다르게 지각한다는 이론이다. 예를 들어 친자 검사를 했는데 의사가 '당신의 아들이 아닐 확률이 15퍼센트입니다'라고 하기보다 '당신의 아들일 확률이 85퍼센트입니다'라고 해야 부모가 안심한다는 얘기다.

언어 포장 기술을 사용한 대표적인 광고 카피로는 민망하고 숨기고 싶은 음지성 상품 이미지를 양지성 상품 이미지로 바꾼 콘돔 광고가 있다.

베네통의 가장 작은 옷 -베네통 콘돔

옷을 모두 벗고 입는 옷 -메이츠 콘돔

언젠가 정치인들을 상대로 연설을 코칭한 적이 있다. 정치인이라는 위압감 때문인지 그들을 보자마자 내 입에서 생각지도 않게 '제가 도움이 될지 모르겠습니다만……', '제가 도와드린다고 당장 달라지지는 않겠지만······' 하는 말이 튀어나왔다. 그러자 그들은 왠지 나를 못 미더워하는 눈치였다. 나중에 나는 누구를 만나든 첫 악수를 나눌 때부터 '제대로 찾아오셨습니다. 제가 큰 도움이 될 겁니다'라는 말로 확신을 주었다.

자신을 제대로 포장할 줄 아는 사람은 다른 사람에게 확신을 준다. 사실 나는 PT 코칭을 할 때 세세한 단어까지 언어를 포장하라고 강조한다. 한번은 어느 그룹의 임원들을 코칭했는데, 시간이 지나면서 그들에게 다음과 같이 에둘러 말하는 습관이 있음을 알게 되었다. 나는 그들의 언어 습관부터 포장을 하도록 지도했다(왼쪽은 기존의 습관이고 오른쪽은 포장 언어다).

보다 보니 그렇더라고요.	깊은 조사 끝에 놀라운 사실을 발견했습니다.
~라고 생각합니다.	~라고 확신합니다.
~인 것 같습니다.	이 점은 매우 중요합니다. 이 점은 시사하는 바가 큽니다.
시간이 별로 없으니까 짧게 말씀드리면	아무리 시간이 없어도 이 부분은 기억합시다.
다 아는 부분이니까 넘어가고요	알고 있는 것과 상기하는 것은 분명 다릅니다.
아까도 말했다시피	기억하십니까? 이 부분!
여러분이 더 잘 알겠지만	이 부분에서는 분명 제가 전문가입니다.

물론 약점을 감추고 속이라는 게 아니다. 때론 약점에 해당하는 특정 언어를 순화하거나 포장하는 기술도 필요하다는 점을 말하는 것이다. 키가 작은 사람에게는 '키가 작네요'보다 '큰 편은 아니군요'라

는 말이, 뚱뚱한 사람에게는 '뚱뚱하네요'보다 '마른 편은 아니군요'가 듣는 이의 반감을 줄여준다. 신혼집에 집들이를 갔을 때 '생각보다 평수가 작네요'라고 하기보다 '신혼집답게 아담하고 아기자기해서 참 좋습니다'라고 하는 게 언어 포장 기술이다.

많은 사람이 마구잡이로 자주 사용하는 단어 중 하나가 '~인 것 같다'는 말이다. 예를 들어 '세종대왕은 훌륭한 분인 것 같아요'라는 식이다. 아니, 그럼 세종대왕이 훌륭하지 않은 사람일 수도 있다는 말인가. 이것은 자기주장에 책임지기 싫어서 비겁하게 행동하는 책임회피적인 표현이다. 재미가 있으면 그냥 '재미있다'고 하면 그만이지 '재미가 있는 것 같아요'는 또 뭔가? '~인 것 같다'는 '내일 비가 올 것 같다'처럼 불확실한 미래 가정형에나 사용하는 어휘다.

16 | 모델링modeling
당신이 사용하지 못하면 고객도 사용하지 못한다

방송 아카데미에 다니는 여학생 중 하나가 어느 날 강남에 옷가게를 열었다고 했다. 문을 연 지 얼마 지나지 않아 축하할 겸 들렀더니 제법 장사가 잘된다고 했다. 그 이유를 묻자 그녀는 "제가 옷걸이가 좀 되잖아요, 호호" 하면서 너스레를 떨었다. 그 말은 농담이 아니었다. 옷을 구경하러 가게 안으로 들어온 손님들은 그녀가 입고 있는 옷을 보면서 "이건 얼마예요?"라고 자주 물었다. 그러면 그녀는 자연스럽게 포즈도 취하고 워킹도 하면서 본인이 모델 역할을 했다. 그 자리에서 직접 맵시를 보여주는 효과는 상당히 컸다.

어쩌면 야심한 밤에 TV 홈쇼핑에서 러시아 미녀들이 야시시한 브래지어와 팬티만 걸친 채 매혹적인 눈빛으로 포즈를 취한 모습에 쉽게 채널을 돌리지 못했던 경험이 있을지도 모른다. 그 방송의 목적은 빤하다. 그들은 '당신도 이 속옷을 입으면 그녀들처럼 멋지게 연출할 수 있다'고 유혹하는 것이다. 홈쇼핑에서는 이런 것을 모델링(modeling)이라고 한다. 모델이 직접 상품 사용법과 모습을 보여주는 방식이다.

가령 제빵기를 소개할 경우에는 주부 모델이 등장해 방글방글 웃으며 우유와 믹스, 이스트를 넣고 즐겁게 빵 만드는 모습을 연출한다. '당신도 이렇게 하면 돼! 어렵지 않아. 이건 신나고 즐거운 일이야'라고 유혹하기 위해서다.

나는 참마를 방송하면서 분말 참마를 셰이커에 넣고 각종 음료를 타 흔들어 먹는 시연을 했는데, 1시간 동안 500밀리리터 음료를 열 잔도 넘게 마신 적이 있다. 실제로 홈쇼핑 고객의 구매가 일어나는 때는 바로 그 순간이다. 쇼호스트가 등장해 상품을 설명할 때가 아니라 설명이 끝나고 모델링을 보여줄 때 고객은 신용카드를 꺼낸다. 심리학에서는 이것을 '대리학습(vicarious learning)'이라고 표현한다. 심리학은 오랫동안 모델링을 연구해왔지만 소비자행동학과 마케팅에서는 소홀히 다뤄온 게 사실이다.

모델링을 활용하는 데는 세 가지 목적이 있다.

첫째, 상품을 관찰하는 소비자의 행동 목록(behavioral repertoire)에 없던 새로운 패턴을 만들기 위해서다. 예를 들어 모델이 가을 코트를 입고 멋진 자태로 낙엽이 떨어진 거리를 걷는 모델링을 보여주면, 시청자인 주부는 살림에 찌들어 잊고 살아온 가을 낭만을 떠올린다. 동시에 '나도 저걸 입고 저 모델처럼 낙엽 쌓인 거리를 걸으며 한껏 멋을 발산해야겠다'는 새로운 행동 목록을 만든다.

둘째, 바람직하지 않은 행동을 금지하는 데 사용한다. 한번은 공구 세트를 소개했는데 그때 망치로 힘들게 못을 박는 모습을 보여준 뒤, 전동 공구세트로 힘들이지 않고 작업하는 모습을 보여줘 더 이상 힘 든 못질을 하지 않아도 된다는 것을 강조했다. 김치를 방송하면서 힘 들게 배추를 씻고 절이는 모습을 보여준 다음, 다른 주부가 전화 한 통으로 쉽게 김치를 배달해서 먹는 모습을 보여주면 그동안 힘들여 해온 김장이 개고생이었음을 느끼며 다르게 행동한다. 그때부터 사 먹기 시작하는 것이다.

셋째, 소비자의 행동 목록에 이미 있는 행동을 더욱 자극해 그것 이 바람직한 것임을 알려준다. 만약 명절을 앞두고 친척들이 함께 갈 비를 먹는 모델링을 보여주면 소비자는 '저것을 주문하면 이번 명절 에 온 가족과 친척이 함께 즐거운 시간을 보낼 수 있겠구나'라고 생 각한다. 한마디로 소비자를 바람직한 구매로 유도할 수 있다.[32]

모델링에는 공개적 모델링과 비공개적 모델링 그리고 언어적 모델 링이 있다.

첫째, 공개적 모델링(overt modeling)은 주로 TV 홈쇼핑에서 사 용한다. 이것은 소비자가 모델의 행동을 관찰하게 해서 소비자 행동 을 변화시키려는 시도다. 예를 들어 등산복을 입고 즐겁게 등산하는 젊은 모델들의 모습을 보여주면 소비자는 '나도 올 시즌엔 등산복을 사서 저렇게 즐거운 시간을 보내야겠다'라며 구매를 결심한다.

둘째, 비공개적 모델링(covert modeling)은 모델 연출 없이 어떤 상황을 상상하게 만든 뒤 그 결과를 따르도록 유도하는 기술이다. 라디오에서 성우들이 무더운 여름에 일을 끝내고 집에 돌아와 시원한 맥주 한 잔을 마시는 상황을 들려주는 것이 대표적이다. 그들은 맥주병 따는 소리, 콸콸 따르는 소리를 들려줌으로써 '당신도 이 맥주를 마시면 시원한 청량감을 느낄 수 있다'는 결과를 상상하게 만든다. 이 방법은 라디오, 신문, 잡지 같은 매체에서 많이 사용한다.

셋째, 언어적 모델링(verbal modeling)은 모델이나 성우 없이 글을 통해 언어적 상상력을 미리 보여주는 것이다. 가령 놀이공원에 새로운 롤러코스터를 만들고 나서 '짜릿한 전율, 머리털이 곤두서는 쾌감을 맛보고 싶다면 이것을 타라'고 광고하면, 글만 보고도 이미 그것을 탔을 때 느낄 기분을 먼저 맛보게 할 수 있다.[33]

지루하게 상품을 설명하기보다 직접 시연하고 사용하는 모습을 보여주는 것이 더 효과적이다. 당신은 수영을 배울 때 물 밖에서 팔짱을 끼고 지적만 하는 수영 선생과 직접 수영을 하면서 시범을 보이는 선생 중 누구에게 강습을 받고 싶은가? 방송 아카데미에서 나는 늘 학생들의 PT를 듣고 나서 내가 직접 다른 방식으로 할 수도 있음을 보여준다. 기업체 PT 코칭을 할 때도 교육생 자리에 서서 시범을 보인다. 그런 다음 따라해 보라고 권한다. 세일즈 강연을 할 때면 나는 판매하는 상품을 놓고 교육생들과 경합을 벌인다. 고객과 세일즈맨의 입장을 서로 바꿔가면서 직접 세일즈 시범을 보이는 것이다.

홈쇼핑의 식품 방송을 보면 요리하는 손은 대개 쇼호스트가 아니라 요리사의 손이다. 그건 바람직하지 않다. 당신은 당신이 파는 상품을 모든 사람 앞에서 누구보다 능숙하게 다루고 시연할 수 있는가? 그것이 가능하도록 최선을 다해 연습해서 보여줘야 한다. 실제로 홈쇼핑 고객은 쇼호스트들의 상품 설명이 끝나고 그 상품을 직접 사용하는 모습을 보여줄 때 구매를 결정한다. 킹크랩 방송을 하면 직접 킹크랩 먹는 방법을, 믹서기 방송을 하면 믹서기를 이용해 다양한 요리를 하는 모습을 보여줄 때 비로소 구매가 발생한다. 피아노를 방송할 경우 그 디자인과 재질을 설명할 때는 주문이 잠잠하다가 피아니스트가 능숙하게 여러 곡을 연주할 때라야 주문이 들어온다.

홈쇼핑에서는 여름마다 텐트를 소개한다. 그때 아무리 텐트가 좋다고 설명해도 반응은 신통치 않다. 직접 텐트를 치고 걷어내는 시연을 해야 소비자들은 반응을 보인다. 당신의 고객이 쓸 물건은 당신이 먼저 쓰는 시범을 보여줘야 한다.

17 | 사례화 examples
은쟁반 위에 금사과를 올려놓아라

설득에 강한 사람은 사례를 드는 데 능숙하다. 사례를 드는 것은 매우 중요한 문제다. 설득에서 현격한 실력 차이는 사례를 자유자재로 사용할 줄 아는가에서 드러난다. 유능한 연사일수록 적절한 순간에 사례를 감칠맛 나게 사용한다. 뜬구름 잡는 얘기로 수면제를 퍼트리면서 듣는 사람을 고문하지 말고 생생한 사례로 호기심을 자아내야 한다.

나는 홈쇼핑에 와서 첫 보험 방송을 할 때 사용한 예들을 아직도 기억한다. 그것은 한 달에 만 원을 내는 싼 보험 상품이었다.

휴대전화 불빛의 예

"잘 아는 형님이 한겨울에 산에서 조난을 당한 적이 있습니다. 하산하는데 그만 해가 넘어간 것이죠. 칠흑 같은 어둠 속에서 그의 생명을 구해준 것은 다름 아닌 (휴대전화 액정을 열어 보이며) 이 휴대전화 화면의 작은 불빛이었습니다. 그 불빛을 땅에 비춰가며 안전하게 하산한 것입니다. 별것 아니라 무심코 지나치기 십상인 이 불빛이 사람의 생명을 구했습니다. (만 원을 꺼내 보이며) 만 원입니다. 별것 아닐 수 있는 이 한 장의 돈이 고객님의 생명을 구할 수도 있습니다."

나비의 예

"어렸을 때 나비 많이 잡아보셨죠? 혹시 나비의 날개가 몇 개인지 기억하십니까? 네 개입니다. 흥미로운 것은 나비는 자신의 날개 세 개를 잃어도 여전히 마지막 날개로 날아다니며 먹이를 구해 살아간다는 사실입니다. 하찮은 미물조차 그 어려운 상황에서 어떻든 살아가려 애쓰는데 사람이 그보다 못할 수는 없잖습니까. 고객님이 어떤 어려운 상황에 직면할지라도 어떻게든 살아가게 될 것입니다. 이 만 원이 고객님에게 생명의 날개를 달아줄 수 있습니다."

횃불의 예

"조선시대에는 나그네가 산을 넘으려면 산 밑에서 횃불 장수를 만났습니다. 엽전 한 냥에 횃불 하나를 샀지요. 그래야 야밤에 호랑이를 만나도 물리칠 수 있었습니다. 그 엽전 한 냥이 아까워 그냥 산을 넘다가 범을 만나면 그때 가서 엽전 백 냥이 무슨 소용이겠습니까? 엽전 한 냥을 생명과 바꾼 꼴입니다. 지금 만 원이 고객님의 생명보다 중요하다면 아끼십시오. 하지만 앞으로 위험을 만났을 때는 만 원이 아니라 고객님의 전 재산도 고객님을 펀들지 못할 수 있습니다."

방송 아카데미에서 프레젠테이션을 실습할 때 나는 학생들과 하나의 상품을 놓고 계속해서 예를 드는 연습을 한다. 이러한 연습은 학생들의 PT 실력을 높이는 데 큰 몫을 한다. 한 여학생이 '여성 네 명당 한 명꼴로 평균 수명까지 살 경우 암에 걸린다'는 주제에 대해 "좌석버스 한 줄에 네 명의 여성이 앉아 있다면 그중 한 명은 암에 걸립니다"라고 적절한 비유를 들었다. 자외선 차단 기능이 있는 화장품을 놓고 돌아가며 예를 들 때도 한 학생이 적절한 예를 들었다.

"2년 쓰다 버릴 휴대전화 액정 화면도 보호 필름을 꼭 붙이고 다니는데, 하물며 평생 소중히 간직해야 할 내 피부에 보호막을 입히는 건 당연한 것 아닙니까?"

이처럼 사례를 들면 메시지에 힘이 실리고 전달력이 높아진다. 이해하기가 쉽기 때문이다. 그러면 사례를 들어야 하는 열 가지 이유와 사례를 드는 방법을 네 가지로 정리해 살펴보자.

사례를 들어야 하는 열 가지 이유

1. 예는 사람을 설득하는 가장 강력한 도구다.
2. 예는 듣는 이의 머릿속에 깊이 남아 오랫동안 기억하게 한다.
3. 예는 듣는 이의 감정을 불러일으키고 감동을 준다.
4. 예는 놀랄 만큼 효과적으로 사람의 주의를 끌고 붙잡아둔다.

5. 예는 듣는 이의 머릿속에 생생한 영상을 만든다.

6. 예는 굳이 설명하거나 증명하지 않아도 지절로 알게 할 만큼 명백하다.

7. 예는 지적인 호소력이 있고 심금을 울린다.

8. 예는 듣는 이의 사고력을 자극한다.

9. 예는 작은 것을 사용해 큰 것을 설명한다.

10. 예는 쉬운 것을 사용해 어려운 것을 알기 쉽게 한다.

사례를 드는 네 가지 방법

1. 친숙한 상황에서 뽑아낸 사례를 사용한다

당신이 사례를 들 때 그 내용이 긴가, 짧은가? 만약 예를 길게 들고 있다면 그 예는 실패할 확률이 높다. 사례를 들 때 많은 설명을 해야 한다면 그것은 사람들에게 친숙하지 않은 것이기 때문이다. 장황하고 설명이 긴 사례는 청중을 헷갈리게 만들 뿐이다. 또한 고객이 사례만 기억하고 정작 그 예를 들어 전하려고 한 목적은 기억하지 못할 수도 있다. 반면 쉽고 친숙한 사례는 많은 설명이 필요 없다. 유식해 보이는 특별한 사례를 찾지 마라. 어려우면 오히려 독이 된다. 사례를 드는 이유는 이해를 돕기 위해서다. 주변의 친근한 사물과 소재에 빗대거나 일상생활(집, 음식, 가족, 날씨, 하는 일 등)에서 뽑아낸 예가 가장 좋다.

내가 근무하는 홈쇼핑에서는 끈적끈적한 참마를 말리고 갈아서 미숫가루처럼 분말로 판매하는데 소비자의 반응이 아주 좋다. 하지만 일부 소비자는 참마가 분말이 되는 과정에서 영양이 파괴되지 않을까 염려한다. 어떤 예가 좋을까?

"고추를 말려서 고춧가루로 만들었다고 영양이 파괴됩니까? 아무도 그렇게 생각하지 않고 여기저기에 양념으로 잘 사용합니다. 마찬가지로 참마 분말도 참마를 그대로 말려서 고춧가루처럼 간 것입니다. 참마의 영양은 그대로이고 먹기에 간편하도록 분말로 만든 것뿐입니다."

일상적으로 친근한 소재에 빗대니 얼마나 이해하기가 쉬운가. 건강식품 글루코사민을 방송할 때는 '사람의 연골이 닳으면 뼈와 뼈 사이가 점차 붙어서 고통을 느낀다'고 말하고 멀쩡한 지우개와 닳아버린 지우개를 함께 들고 비교해주었다.

"고객님의 무릎 연골도 처음에는 이렇게 멀쩡했습니다. 하지만 지금은 이 닳아버린 지우개처럼 많이 줄어들었을지도 모릅니다. 연골의 구성 성분인 글루코사민으로 채우십시오."

흥미롭게도 반 토막 난 지우개를 보여주자 소비자들의 반응은 기대 이상이었다.

2. 직유直喩를 사용한다

누구나 쉽게 할 수 있는 평범한 표현이 직유다. 직유는 '~처럼', '~같이', '~듯이' 같은 조사를 쓰며 친숙한 대상을 빗대 표현하는 방식이다. 직유를 사용한 대표적인 광고 카피로 다음과 같은 것이 있다.

'영화처럼 사는 여자'-아모레퍼시픽, 라네즈

'재료를 고를 땐 시어머니처럼, 만들 땐 친정어머니처럼'-사조산업

'산소 같은 여자'-아모레퍼시픽, 마몽드

홈쇼핑에서 프라이팬을 소개할 때는 보통 코팅이 우수하다는 것을 보여주기 위해 끈끈한 밀전병을 달궈진 프라이팬에 들이붓는다. 그런 다음 잠시 눌어붙기를 기다렸다가 입으로 후 불면 똑 떨어진다.

"보세요. 끈끈한 밀전병도 똑 떨어집니다. 코팅이 우수하죠!"

이것을 직유를 사용해 표현할 수도 있다.

"눌어붙은 껌 떼어보셨나요? 껌처럼 끈끈한 밀전병이 단지 입으로 불어도 똑 떨어질 정도로 코팅이 우수합니다."

무엇보다 비유는 설명하려는 대상과 논리적으로 유사해야 한다. 사실상 서로 어울리지 않는 것을 비교할 경우 듣는 사람의 이해력을 높이기는커녕 정신을 산만하게 할 뿐이다.

3. 은유隱喩와 비유比喩를 사용한다

은유는 두 대상의 유사성을 부각시키는 방식이다. 비유는 사물을 직접 설명하지 않고 비슷한 사물에 빗대거나 가상의 짧은 이야기를 대입해 설명하는 일이다. 이러한 은유와 비유는 직유보다 더 강한 힘을 발휘한다. 나는 개인적으로 은유와 비유를 자주 사용한다. 대개는 은유(혹은 비유)하는 사물이 곧 설명하는 사물인 양 대입하는데, 이 방법으로 은유(혹은 비유)하는 사물의 특성을 설명하는 사물에 부여한다. 가령 어린아이의 건

강식품을 방송하면서 '이 제품이 아이가 건강하도록 도와줍니다'보다 '아이의 건강에 엔진을 달아줍니다' 같은 식이다. 은유와 비유를 이용한 광고 카피로는 다음과 같은 것이 있다.

'리듬을 마신다' ㅡ데킬라

'내 공부방은 밤에도 태양이 떠오른다' ㅡ**삼성전자, 스탠드**

'겨울 입술에 시가 흐른다' ㅡ**상아제약, 입술 보호 립클로즈**

'주말엔 바람이 된다' ㅡ**위크엔드**

4. 시각 자료를 사용한다

천 마디 말보다 한 장의 그림이 더 위대하다.[34] 사람들의 뇌 속에 빠르게 각인하는 효율적인 방법은 말로 귀를 공략하는 것이 아니라 눈을 공략하는 것이다.[35,36] 시각 자료는 재미를 위해 사용하는 게 아니다. 입으로 궁상떠는 것보다 사진 한 장을 보여주는 것이 더 믿음이 가고 더 빨리 이해할 수 있기 때문이다.

가전제품을 소개하면서 '전국 어디에서나 편안하게 A/S를 받을 수 있습니다'라고 말하기보다 지도 한 장에 전국 A/S 지점을 표시해서 보여주는 것이 설득 효과가 높다. 복근 단련 헬스기구를 소개하면서 '3주만 쓰면 복근이 달라집니다'라고 하기보다는 3주 전의 늘어진 뱃살 사진과 3주 후에 분명해진 식스팩 사진을 보여주는 것이 확실하다.

한 쇼호스트 지원자는 면접 때 클렌징 제품을 시연하면서 "이 제품의 강점은 빠른 세정력입니다. 제가 오늘 면접에 오기 위해 2시간 동안 꼼꼼히 메이크업을 했는데요, 얼마 만에 지워지는지 보세요"라고 하더니 클렌징으로 거품을 내고 물이 담긴 볼에 얼굴을 박고 어푸어푸 세수를 했다. 세정력은 확실했고 그 지원자는 합격했다.

사례를 들면 듣는 사람의 마음을 사로잡을 수 있다. 한번은 내가 상사에게 회사에 대한 불만을 토로한 적이 있다. 돌아온 상사의 답변이 꽤 그럴싸했다.

"열기구가 서서히 추락하면 살아남기 위한 방법은 하나다. 말 많은 사람부터 밖으로 던져야 다시 올라간다. 요즘 회사가 어려워서 주가도 추락하고 있는데 웬만하면 조용히 지내는 게 좋겠다."

난 열기구가 추락하는 모습을 떠올리면서 단박에 입을 다물었다.

"예가 아니면 말하지 않았다."

이 말은 예수를 두고 한 말이다. 동시대 그리스어 문헌들을 보면 그의 말에는 권위가 있었지만 어린아이도 이해할 수 있을 정도로 쉬운 표현을 썼다고 한다. 그리고 2,000년이 지난 지금도 그의 말은 소중한 진리로 받아들여지고 있다. 일상생활에서 쉬운 예를 어떻게 이끌어낼 수 있는지 보여주는 좋은 본보기가 매우 많다. 좋은 예는 듣는 사람의 마음을 사로잡기 때문에 효과적이다. 또한 예는 귀로 들은 것을 눈으로 그려보는 것은 물론 머릿속으로 자유롭게 영상을 떠올리게 한다. 잘 선택한 예는'은쟁반 위에 얹어놓은 금사과'와도 같다.

18 | 가격 제시 기술
가격은 마술이다

돈은 물건을 사고파는 이들 사이에 가장 중요한 매개체다. 최초의 돈, 즉 주화는 기원전 700년 이전 어느 때 리디아(현대의 터키)에서 주조했다고 한다. 이후로 돈의 가격은 세일즈와 협상에서 가장 중요한 요소로 자리 잡았다. 언제나 파는 이는 높은 가격을, 사는 이는 낮은 가격을 제시한다. 그러면 이 샅바 싸움에서 이기는 가격 제시 기술을 몇 가지 살펴보자. 한마디로 이것은 사람의 심리를 가볍게 건드려 내가 원하는 가격을 성사시키는 기술이다.

닻 내리기 기술: 기준은 우리가 정한다
협상 현장에서는 아무리 오랜 시간 협상을 끌고 나가도 결국에는 맨 처음 제시한 가격 부근에서 타협점을 찾는 경우가 많다. 협상 전문가이자 미국 컬럼비아대학 비즈니스 스쿨의 교수인 로버트 본템포 (Robert Bontempo)는 이것을 두고 '닻 내리기 효과(anchoring effect)'라고 부른다.[37] 이는 배가 닻을 내리는 곳에서 멈추듯 사람들이 처음 제시한 숫자의 언저리에서 합의하거나 결론을 내리는 경향이 있음을 의미한다.

당신도 주변 사람들을 대상으로 다음의 간단한 실험을 해보라. 이 기술이 사실이라는 것을 금방 증명할 수 있을 것이다. 본템포 교수는 학생들을 A, B 두 그룹으로 나눈 뒤 B그룹에게 잠시 강의실 밖에 나가 있으라고 하고 A그룹에게 질문을 했다.

"아프리카 대륙에는 몇 나라가 있을까요? 57개국이 넘을까요?"

이때 A그룹 학생들은 종이에 52, 48, 63 등을 적어 나갔다. 다음에는 A그룹을 잠시 강의실 밖으로 나가게 한 뒤 B그룹을 들어오게 해서 다시 질문했다.

"아프리카 대륙에는 몇 나라가 있을까요? 17개국이 안 되나요?"

B그룹은 재밌게도 14, 19, 23 등을 적기 시작했다.

그 결과는 아주 흥미로웠다. A그룹 학생들은 대부분 40~70 범위에서 답을 적었고, B그룹은 10~30 범위에서 답을 적었다. 본템포 교수는 이 결과를 두고 사람의 뇌가 주어진 상황에 얼마나 쉽게 반응하는지 보여주는 예라고 말했다.

나 역시 가끔 강의 중에 학생들에게 질문을 하면서 비슷한 실험을 한다.

"대한민국에 한국인삼공사의 정관장 매장이 몇 개나 될까요? 2,000개가 넘을까요? 종이에 각자 생각하는 매장 숫자를 적어보세요."

이 경우 학생들은 보통 1,700~2,500개라고 적는다. 그러면 그 학생들에게 지난번 강의 때 촬영한 영상을 보여준다. 그 영상 속에는 "대한민국에 정관장 매장이 몇 개나 될까요? 200개 정도 될까요?"라는 내 질문에 학생들이 종이에 180~300개로 적는 모습이 나온다.

나는 방송 중에도 즐겨 닻 내리기 기술을 쓴다. 가격 제시 기술은 내가 즐겨 쓰는 방법이다. 예를 들면 고가의 카메라를 방송하면서 "이 정도 패키지를 100만 원 이하에 살 수 있는 곳이 전국 매장을 통틀어 다섯 군데는 넘을 거라고 생각하십니까?"라고 말한다. 그러면 사람들은 다섯 군데도 안 될 거라고 쉽게 믿는다. '다섯'이라는 말이 닻을 내린 셈이다.

사실은 그 가격에 살 수 있는 곳이 꽤 많다. 그렇다고 사실대로 말하기엔 가격적 메리트가 너무 약하다. 이때 '이 가격에 파는 곳이 몇 군데 되지 않는다'고 말하면 거짓이므로 방송심의를 위반하는 꼴이다. 이 경우 닻 내리기 기술을 사용하면 고객이 내가 제시한 숫자의 틀 안에서만 사고하게 만들 수 있다.

보험 방송을 할 때 이렇게 말하는 것도 한 요령이다.

"요즘 연금에 가입하는 분들은 대부분 평균 30만 원 정도로 가입합니다. 이 상품은 단지 5만 원에 가입할 수 있습니다. 그리 부담스럽지 않으시죠?"

이 경우 소비자들은 요즘 연금은 30만 원에 가입하는 줄 안다. 30이라는 숫자가 닻을 내린 것이다. 언젠가 LCD TV를 판매하는데 경쟁사 홈쇼핑에서 같은 시간대에 대응 편성을 해서 방송을 했다. 그것도 아예 작정을 했는지 우리의 LCD보다 훨씬 크고 얇고 가격이 저렴한 PDP TV를 판매했다. 그대로 있다가는 매출이 반 토막 나게 생겼다. 방송을 하면서 내 머릿속은 바빠졌고 내가 찾아낸 닻 내리기 기술은 이것이었다.

"아십니까? LCD TV가 PDP TV보다 평균적으로 해상도가 '두 배' 더 좋습니다. 장문정이 안경을 끼면 시력이 1.0이고 안경을 벗으면 0.5입니다. 고객님은 0.5의 뿌연 해상도로 세상을 보시겠습니까, 1.0의 선명한 해상도로 세상을 보시겠습니까?"

그 방송에서 닻 내리기 기술은 '두 배'였다. 그날 방송에서 우리는 경쟁사 대비 네 배 더 높은 매출을 올렸다.

교환 가치 기술: 피자 한 판 가치로 계산한다

홈쇼핑에서 소위 '피자 한 판 화법'으로 부르는 교환 가치 기술은 한 손에는 내 상품을 올려놓고, 다른 손에는 내가 판매하려는 상품의 값에 해당하는 쓸모없는 다른 상품을 올려놓은 다음 강하게 매도하는 방법이다. 내가 선택한 대상의 가치를 더 높이기 위해 다른 대체 가치를 선택해 비교함으로써 내 대상을 더 높이는 것이다. 양자택일 기술인 '매도하기'와 비슷하지만 보다 이성적이고 물리적 수치 혹은 값을 잣대로 비교한다는 점에서 차이가 있다.

예를 들어 로열젤리 구매를 독려하는 데 드는 한 달 비용이 만 원이라고 해보자. 만 원이면 동네에서 흔히 먹을 수 있는 피자 한 판

값이다. 그렇다면 한 번 먹고 마는 피자에 돈을 쓰느니 한 달 내내 매일 로열셀리를 먹는 것이 낫다는 논리를 펼친다. 이것이 교환 가치다.

가령 암 보험료가 한 달에 1만 원이라고 해보자.

"지금 고객님 지갑의 만 원은 앞으로 생길 수많은 암을 치료하는 비용을 마련하게 해줍니다. 그렇지만 암에 걸린 후 고객님 지갑의 만 원은 병원에 오고가는 택시비밖에 더 되겠습니까?"

교환 가치를 활용하는 설득 기법은 '아무 도움도 안 되는 돈에 낭비하는 꼴'이라는 논리다. 예를 들어 5박6일 중국 여행 상품인데 한 달 부담 금액이 3만 원이라고 해보자. 이때 교환 가치를 찾아보라.

"3만 원이면 호텔에서 외식 한 번 제대로 할 수 없는 돈입니다. 3만 원이면 부산까지 가는 기름 값도 안 됩니다. 3만 원이면 동네 여관에서 하룻밤 숙박비도 안 되는 돈입니다. 그런데 이 3만 원이면 광활한 중국 대륙을 놀이터 삼아 하루 세 끼 호텔식에 숙박까지 해결하며 일주일간 해외여행을 즐길 수 있습니다."

저축 연금 상품인데 한 달 25만 원씩 저축하면 300만 원까지 소득공제를 해준다고 해보자. 이제 이 사실을 토대로 교환 가치를 찾아야 한다.

"남편 연봉이 얼마나 됩니까? 만약 300만 원의 소득공제를 받으려면 남편 연봉이 3,000만 원일 때 신용카드로만 2,450만 원 어치나 긁어야 합니다. 연봉의 대부분을 흥청망청 쓰고 소득공제를 받으시겠습니까? 아니면 저축하면서 소득공제를 받으시겠습니까? 후자를 택하십시오."

이처럼 대체할 수 있는 혹은 교환할 수 있는 가치를 찾아 비교하는 것이 교환 가치 전략이다. 교환 가치를 이용한 광고 카피로는 다음과 같은 것이 있다.

'라면 4분의 1은 188원, 계란 한 개는 180원, 김밥 한 개는 100원. 국제전화 미국, 중국, 캐나다, 일본 1분에 겨우 88원' **-국제전화 00321**

사용 가치 기술: 소비자 가격은 무시한다

사용 가치 기술은 제품 뒷면에 적힌 소비자 가격은 무시하고 그 물건을 사용해서 얻는 유익을 가격으로 매겼을 때 그 사용 가격이 실제 물건 값이라는 이론이다. 사용 가치를 이용한 설득 방식은 사회심리 이론 중 사회적 교환 이론(social exchange)을 이용한 것이다.

사회적 교환 이론은 '이익(profit)=보상(rewards)-비용(costs)'으로 정의한다. 내가 비용을 써서 받는 보상 혹은 이익이 내가 들인 비용보다 크면 그 상품(혹은 서비스)과의 관계가 지속되고, 보상이 비용보다 적으면 그 관계는 깨진다는 이론이다. 예를 들어 홍대 카페 주인이 가수 이승철 CD를 1만 원에 샀다고 해보자. 만약 그가 그 CD를 한 번 듣고 별로라고 생각해서 버리면 그 CD의 가치는 1,000원이 안될지도 모른다. 반면 카페에서 하루 종일 그 CD를 틀고 마니아들이 이승철의 음악을 듣기 위해 매일 몰려와 100만 원의 매상을 올려주면 그 CD의 사용 가치는 100만 원이 넘을 수 있다. 이때 CD의 가격은 1만 원이 아닌 100만 원이다. 100만 원의 사용 가치를 만 원에 산 셈이다. 이것이 사용 가치다.

제품 값 = 1만 원(투자 가치)

제품을 사용해서 얻는 가치 = 100만 원(사용 가치)

이 가치를 키워야 한다. 상품의 사용 가치를 찾아내 물리적으로 매겨놓은 값보다 더 많은 것을 얻을 수 있다고 강조하면 설득력이 높다. 만 원짜리로 값을 매긴 이승철 CD에 100만 원 이상의 사용 가치가 있다고 강조하면 소비자는 만 원 투자로 100만 원의 효과를 기대하며 구매한다.

다음은 스토리텔링으로 사용 가치를 높인 대표적인 사례다. 이것은 100세까지 보장하는 실비 보험의 사용 가치를 높인 멘트다.

"힘들게 번 돈을 어디에 쓰고 계십니까? 우리는 우리가 번 돈으로 무언가를 반드시 삽니다. 고객님이 돈을 주고 산 그 물건 중에서 50년이 지나도 여전히 남아 있을 상품이 있다면 말해보십시오. 옷이든 가전제품이든 10년 쓰면 잘 쓰는 겁니다. 심지어 집을 사도 50년 이상 살기는 힘듭니다. 결국 다 없어져버릴 것을 돈을 주고 사는 셈입니다. 그런데 한 번 사면 결코 없어지지 않고 평생 고객님과 함께하는 상품이 있습니다. 바로 고객님과 평생 함께할 몸, 그 몸에 투자하는 것입니다. 이 100세 의료 실비 보험은 평생 고객님의 몸을 돌봐주는 상품입니다. 사라질 어떤 것에 돈을 쓰는 것이 아니라 최후까지 함께할 고객님의 몸에 돈을 투자하는 것입니다. 가장 훌륭한 투자임에 틀림 없습니다."

다른 멘트도 가능하다.

"고객님의 몸값은 얼마입니까? 한 의과대학에서 사람의 순수 몸값을 계산해봤습니다. 지성을 배제하고 사람의 몸을 순수 원소로만 계산해서 값을 매긴 겁니다. 구리, 망간, 인, 칼슘 등 다른 자원으로 쓸 수 있게 하는 데 얼마인지 원소 단위로 뽑아내 조사했더니 한화로 293원, 즉 300원이 되지 않았습니다. 그럼 고객님의 몸값은 300원입니까? 말도 안 되는 얘기입니다. 이처럼 자신의 가치를 돈의 가치로 바꾸는 것은 어리석은 발상입니다. 그 어떤 돈과도 바꿀 수 없는 것이 내 몸입니다. 박물관의 보석도 가치가 있을수록 관리 비용이 많이 듭니다. 그런데 한 달 5만 원이면 무엇과도 바꿀 수 없는 고객님의 건강을 이 러닝머신으로 관리할 수 있습니다."

MIT의 댄 애리얼리(Dan Ariely) 심리학 교수는 실험을 위해 두 집단의 학생에게 새로운 진통제가 나왔다고 하면서 가짜 진통제를 나눠주었다. A집단에게는 10센트짜리 진통제라고 말하고 약을 나눠주고, B집단에게는 2달러 50센트라고 말하고 약을 나눠줬다. 나중에 그 약의 효과를 조사하자 둘 다 가짜 약임에도 불구하고 B집단이 약의 효능이 훨씬 더 좋다고 대답했다. 이는 B집단이 그것을 사용해서 얻는 가치를 더 크게 생각했기 때문이다.

제품을 사용함으로써 고객이 누리는 가치를 강조하는 전략은 계속해서 주목을 받고 있다. 세일즈맨은 소비자에게 상품을 사용하면 어떤 즐거움을 얻고 어떤 체험을 할 수 있는지 어필해야 한다. 다시 말해 상품을 사용자의 기억에 남을 만한 체험 가치, 사용 가치로 전환시켜야 한다. 지금은 상품의 매력을 설명하는 능력이 그 어느 때보다 중요하다.

통계 기술: 숫자로 말한다

사람들은 통계를 인용하면 무한 신뢰를 보낸다. 한번은 보험사에서 강연을 하던 중에 암 환자가 많다는 점을 강조하기 위해 택시 통계를 예로 들었다.

"여러분은 오늘 하루 동안 몇 대의 택시를 보았습니까? 강남역에 5분만 서 있어도 약 100대의 택시를 볼 수 있을 겁니다. 그렇다면 여러분은 전국의 택시 숫자와 전국의 암 환자 중 어느 쪽이 더 많을 거라고 생각합니까? 놀랍게도 암 환자가 전국의 택시 숫자보다 세 배나 많습니다. 전국의 택시 숫자는 25만 대지만 전국의 암 환자는 2011년 현재 75만 명이나 됩니다. 여러분이 오늘 하루 100대의 택시를 봤다면 돌아다니는 300명의 암 환자를 본 셈입니다. 암은 단지 몸속에 있기에 겉으로 드러나지 않을 뿐입니다. 우리는 암이 만연하는 세상에 살고 있습니다."

내가 맡았던 상품 중에 꽤 오랫동안 방송해온 S생명사의 어린이보험이 있다. 이미 어린이 누적 가입자 수가 46만 명에 달한다. 그렇다면 '그동안 46만 명이나 가입했으니 믿고 가입하라'고 해야 할까?

그런 식으로 해서는 감흥이 없다.

"작년 한 해 동안 대한민국에서 태어난 모든 신생아 수는 43만 명입니다. 그리고 이 보험 하나에 가입한 아이들의 숫자는 무려 46만 명입니다. 작년에 태어난 모든 아이가 이 보험에 가입하고도 남는 숫자입니다. 대한민국 부모들이 이 정도로 많이 선택한 보험이라면 믿고 가입해도 됩니다."

가만히 들여다보면 이 말은 그저 숫자 장난에 지나지 않는다. 통계의 오류가 금방 드러나기 때문이다. 수년간의 누적 가입자와 작년 한 해 출생자를 비교하는 것은 애초부터 말이 안 된다. 또한 가입 연령 0~15세에 해당하는 가입자를 작년 한 해 0세 아이들과 비교하는 것도 틀렸다. 그러면 좀 어떤가. 스토리텔링이 언제 꼭 수학적 사고의 틀에서만 나오던가. 교환 가치는 수치와 통계의 힘을 토대로 한다.

사람들은 통계를 '상당히 객관적인 자료'로 인식하기 때문에 평소에 통계를 잘 활용하면 교환 가치를 키우는 원천으로 사용할 수 있다. 특히 통계청 자료를 활용할 경우 유용한 교환 가치를 많이 얻을 수 있다. 홈쇼핑 방송을 할 때면 나는 방송 몇 시간 전에 버릇처럼 통계청 사이트에 들어간다. 내가 방송할 상품의 교환 가치를 뒷받침할 자료를 찾기 위해서다. 전국의 편의점 개수, 아침식사 결식률, TV 시청시간, 한 달 국내 여행 횟수, 연간 독서 평균 권수, 신용카드 발급장 숫자와 이용금액, 전세가격지수, 자동차 보유대수, 연상 연하커플 나이 차이, 사망 원인, 가구당 월급, 평균 기온, 키, 몸무게, 교육, 교통, 부동산, 소비, 가족, 건강, 환경, 여가 등 국내뿐 아니라 국외 통계까지 세상 모든 것의 객관적 수치를 찾아볼 수 있다. 흥미로운 이 모든 통계는 그 자체로 교환 가치의 좋은 소재로 쓰인다.

그밖에 가치 있고 신뢰할 만한 자료를 얻고 싶다면 아래의 기관을 이용하기 바란다.

- 삼성경제연구소(SERI)
- 국제광고협회(IAA, International Advertising Association)
- 국제광고주연맹(WFA, World Federation of Advertisers)
- 유럽 광고업협회(EAAA, European Association of Advertising Agencies)
- 미국 마케팅협회(AMA, American Marketing Association)

앵커 가격 기술: 빨간 펜이 먹힌다

상점 앞을 지나갈 때 간혹 기존 가격에 빨간 사선을 긋거나 X표를 하고 '오늘은 얼마!' 하는 식으로 붙여놓은 가격표를 볼 경우가 있다. 대폭 할인한 가격을 큼지막하게 써 붙이면 누구나 시선이 꽂히게 마련이다. 이처럼 기존 가격을 명시하고 그보다 더 할인한 가격을 제시하는 것을 '앵커(anchor) 가격'이라고 부른다. 사실은 본래 가격이 5만 원이지만 10만 원으로 올려놓고 5만 원을 할인한다고 말할 수도 있다. 그렇지만 앵커 가격을 보면 소비자들은 본래의 가격도 모르면서 대폭 할인을 해준다고 믿는다. 앞서 설명한 '언어 포장 기술'

과 마찬가지로 이것 역시 프레이밍 효과다.[38] 의사결정의 객관적 결과가 같을지라도 고객에게 어떠한 틀(frame)을 제공해서 판단하게 하느냐에 따라 고객이 받아들이는 기분은 달라진다.[39]

본래 5만 원짜리 상품임에도 기존 가격을 10만 원으로 써놓고 빨간 줄을 친 후 5만 원이라고 써놓으면 고객은 5만 원 이득이라고 생각해서 구매 충동을 느낀다. 자신의 틀에 맞춰 판단하는 소비자의 선택에서 중요한 것은 의사결정 준거점(reference point)이다. 물이 반 정도 담긴 컵을 볼 때, 가득 찬 컵을 기준으로 생각하는 사람은 '물이 반밖에 없네'라며 실망하고, 빈 컵을 기준으로 생각하는 사람은 '물이 반이나 있네'라며 좋아하게 마련이다. 이처럼 똑같은 객관적 결과도 사람들이 준거점을 어디에 두느냐에 따라 태도 혹은 행동에 전혀 다른 영향을 미치는 것이 프레이밍 효과다.

다음과 같은 권유가 프레이밍 효과를 이용한 전형적인 사례다.

"감옥에 갇힌 두 사람이 똑같은 창문 밖 풍경을 바라보았습니다. 이때 한 사람은 답답한 담을 바라보았지만 다른 한 사람은 드넓은 하늘을 보았습니다. 이 얼마나 큰 차이입니까. 지금 고객님의 지갑에 들어 있는 5만 원을 순간의 쾌락과 즐거움으로 바꿀 수도 있고, 미래의 여유와 낭만으로 바꿀 수도 있습니다. 미래를 위해 한 달에 5만 원만 이 금융상품에 투자하십시오."

마트에서 근무할 때 나는 종종 앵커 가격 기술을 사용했다. 예를 들면 이런 식이다. 냉장고의 판매가격이 80만 원이라고 치자. 그러면 매장에서의 판매가격을 100만 원으로 써 붙인다. 이제 꼼수를 부리기 시작한다. 선보상할인가, 카드행사할인가, 현금즉시할인가 등 온갖 행사가격을 써 붙이고 가격을 80만 원에 맞춘다. 아니면 100만 원으로 판매하고 20만 원 상당의 사은품을 증정한다. 이때 소비자는 20만 원을 할인받는다는 기분에 구매 의지가 더 강해진다.

사실 홈쇼핑에서는 이러한 꼼수를 방지하기 위해 적어도 20일 정도 정상가로 판매해야 할인이 가능하도록 법으로 규정하고 있다. 여기에도 잔머리는 돌아간다. 나중에 할인할 것을 고려해 가격을 결정짓는 것이다. 한번은 당뇨에 좋은 건강식품을 15만 원에 팔아야 하는데 일부러 19만 원에 론칭한 적이 있다. 그런 다음 '가격인하', '가격할인', '가격세일' 등의 이름으로 X표를 하고 가격을 내린 척하며 열심히 판매했다.

당신이 소비자로서 앵커 가격에 놀아나지 않으려면 본래 가격은 무시하라. 그리고 현재 가격이 아무리 할인을 많이 해준 듯해도 현재 가격 기준으로 그 상품의 값어치를 판단하라.

숫자 9의 기술: 0까지 가면 안 된다

흥미롭게도 홈쇼핑에서는 1, 4, 7이라는 숫자를 좋아하지 않는다. 그 이유는 단순하다. 뾰족하고 날카로운 느낌을 주는 숫자라 소비자들의 감성적이고 우호적인 구매 기분을 떨어뜨릴 수 있다는 우려 때문이다. 반대로 홈쇼핑이 가장 좋아하는 숫자는 '9'다. 아마 '399,900원', '899,900원' 하는 식으로 9를 나열한 숫자를 꽤 많이 보았을 것이다. 왜 홈쇼핑 상품들은 하나같이 9로 끝날까? 심리학자 니콜라 게겐(Nicolas Guéguen)의 《소비자는 무엇으로 사는가?》에 나오는 몇 가지 실험 결과를 보면 그 이유를 금방 알 수 있다.

실험을 위해 여성복 카탈로그를 두 종류 가격으로 만들어 3만 명의 여성에게 발송했다. 예를 들면 하나는 199.99달러, 다른 하나는 200.00달러 하는 식으로 하나는 끝자리가 '99'로 가격을 살짝 낮춰서 매기고 다른 하나는 정상가 '00'으로 매겼다. 그 결과 끝자리 가격이 99로 끝났을 때 구매율과 구매금액이 더 높았다. 단지 0.01달러 차이인데 고객이 느끼는 가격 체감은 훨씬 더 낮았던 셈이다.

이처럼 가격을 조금 낮춰 '9'로 제시하면 가격 저항을 완화할 수 있다. 그런 이유로 홈쇼핑은 숫자 '9'를 사랑한다. 당신이 9의 기술에 당하지 않으려면 9로 끝나는 가격을 0으로 바꿔서 생각하는 습관을 들여야 한다. 9만 9,000원짜리 스커트는 그냥 10만 원짜리일 뿐이다.

1점 깔고 10점 먹기 기술: 배보다 배꼽에서 돈을 번다

2009년 휴렛패커드(HP)에서 40달러짜리 프린터를 내놓았다. 언뜻 볼 때 말이 안 될 정도로 저렴한 가격이었다. 사람들은 미친 듯이 주문을 했다. 사실 이 정도 가격이면 휴렛패커드는 팔리면 팔릴수록 손해를 본다. 물론 여기에는 비밀이 숨어 있었다. 40달러짜리 프린터를 사면 35달러짜리 잉크 카트리지를 구입해야 한다. 거의 프린터 가격에 맞먹는 카트리지를 사야만 하는 것이다.

따라서 그 프린터를 4년 보유한다고 가정하면 카트리지 값으로 쓰는 돈이 프린터 가격의 약 여섯 배에 달할 수도 있었다. 한마디로 배보다 배꼽이 더 큰 결과를 낳는 셈이다.

이처럼 손해를 보는 척하며 싼 가격을 제시한 뒤, 본래 목적인 관련 상품에 제대로 된 가격을 제시하는 것이 1점 깔고 10점 먹기 기술이다.

과거에 바비 인형은 경쟁사들이 너도나도 비슷한 인형을 만들어 판매하자 아주 싼 100달러짜리 인형을 만들어 출시했다. 거의 원가 수준이었다. 대신 1,000달러짜리 프리미엄 인형 라인업도 출시했다. 고객들은 같은 값이면 100달러짜리 정품을 사겠다는 생각으로 바비 인형을 선택했고 짝퉁은 외면했다. 그러면서 상대적으로 1,000달러짜리 프리미엄 인형도 잘 팔리기 시작했다. 1점을 주고 10점을 먹은 셈이다.

이러한 기술을 매우 효과적으로 활용하는 업계가 렌탈 업체다. 렌탈 시장이 달아오르면서 정수기, 안마의자, 비데 등 빌려 쓸 수 없는 것이 거의 없다. 이는 당장 목돈을 주고 사기에 부담이 가는 것을 나눠서 지불하게 하는 것으로 대부분의 렌탈 가전 약정이 3년이다. 이 3년의 약정 기간 동안 렌탈료를 합하면 십중팔구 가전을 제돈 주고 사는 것보다 훨씬 더 많은 돈을 지불한다. 렌탈 회사는 당장은 적은 돈을 받고 제품을 고객의 손에 쥐어주지만, 즉 1점을 내주지만 결국에는 원하는 10점을 얻는다.

PART 2

이야기는 힘이 세다

효과적인 메시지 전달을 돕는 10가지 법칙

간결성
평이성
단순화
흥미성
예리성
명확성
흐름성
차별성
행동 유발 가능성
회상 가능성

"이야기만큼
힘센 도구는 없다!"

아이들에게 물어보면 이순신 장군은 잘 아는데 장보고 장군은 잘 모른다. 똑같이 바다 위에서 평생을 싸운 영웅들인데 그 이유가 뭘까? 나는 그 원인이 스토리텔링이 있고 없음의 차이에 있다고 본다. 이순신은 '내 죽음을 알리지 말라'는 일화를 비롯해 많은 이야깃거리로 사람들의 입에 오르내린다. 반면 장보고는 이렇다 할 이야기가 없다. 그러니 사람들의 기억에 남지 못하는 것도 어쩔 수 없는 일이다.

그만큼 스토리텔링은 기억에 깊은 영향을 미친다. 이제 내가 상품에 이야기를 담으면 당신은 다음부터 그것을 볼 때마다 그 물건의 특별함을 떠올릴 것이다.

집에 와인 오프너가 있는가? 와인 오프너 중에는 가는 목에 넓은 치마를 입고 긴 팔을 늘어뜨린 여인의 모습을 한 것이 있다. 이 와인 오프너의 이름은 '안나(Anna)'로 이탈리아 디자인계의 거장 알렉산드로 멘디니(Alessandro Mendini)의 작품이다. 안나는 멘디니의 아내 이름인데, 그 디자인에는 재미있는 이야기가 담겨 있다.

안나는 남편을 들들 볶아댔고 멘디니는 말싸움에서 그녀를 이길수 없었다고 한다. 그래서 멘디니는 코르크 마개를 열기 위해 와인오프너를 돌릴 때 여자의 목을 비틀어댈수록 양팔이 마치 항복하듯 하늘로 들려 올라가는 모습으로 디자인했다고 한다. 만약 당신이 바가지를 긁어대는 아내와 함께 사는 남자라면 와인 오프너를 돌릴 때마다 멘디니와 같은 쾌감을 느낄지도 모르겠다. 그게 아니더라도 당신은 앞으로 언제 어디서든 와인 오프너를 보면 이 이야기가 떠오를 것이다. 이것이 바로 스토리텔링의 힘이다.

지금은 스토리텔링의 시대, 즉 이야기가 무한 자산이 되는 시대다. 스토리텔링은 보통 이야기(스토리)와 그 이야기를 전달하는 구성(플롯)으로 이루어져 있다. 이러한 스토리텔링의 효과가 널리 알려지면서 기업들도 스토리텔링을 이용해 상품을 포장하고 그 생명력을 길게 이어갈 방법을 모색하고 있다. 대표적으로 코카콜라는 스토리텔링으로 제품을 교묘히 포장하고 있다. 그 예를 세 가지만 살펴보자.[1]

첫째, 산타클로스를 스토리텔링으로 활용했다.

산타클로스는 사실 코카콜라의 광고 모델이었다. 1931년 코카콜라 광고에서 지금의 산타클로스 모습을 갖추게 된 것이다. 본래 산타클로스는 작은 요정이나 싸움꾼 난쟁이로 묘사되어 전해져온 캐릭터다. 그런데 콜라가 주로 여름에만 팔려나가자 코카콜라 측은 겨울의 판매량을 늘리기 위해 1931년 하얀 수염에 붉은 옷을 입고 푸근한 미소를 짓는 뚱보 할아버지를 모델로 광고를 제작해 홍보하기 시작했다. 그것이 오늘날 전 세계의 산타클로스 할아버지를 상징하는 캐릭터로 자리 잡은 것이다.

둘째, 독특한 병 모양에 이야기를 담았다.

많은 사람이 주름 잡힌 코카콜라의 병 모양을 보고 여자의 주름치마를 응용한 것이라고 여긴다. 여성의 허리 라인을 본떴다고 보는 사람들도 많다. 둘 다 아니다. 진실은 초기 콜라 시장에 짝퉁 콜라가 쏟아져 나오자 코카콜라가 모방이 힘든 코코넛 열매 모양의 병을 만든 것이다. 떠도는 이야기들은 사실 경쟁사를 물리치기 위해 디자인한 병 모양에 코카콜라가 스토리텔링을 입혀 포장한 것뿐이다. 그럼에도 사람들은 그 이야기의 힘을 바탕으로 코카콜라의 정통성을 깊이 신뢰한다.

셋째, 코카콜라 원료에 비밀이 있다며 신비주의를 유발했다.

코카콜라 원료의 마지막 비밀은 코카콜라에서 가장 높은 몇 명만 안다는 소문은 늘 있었다. 그 이야기의 근거는 어이없게도 사업 초기에 돈이 필요했던 코카콜라가 원액 제조법을 대출용 담보로 은행에 맡겼던 데서 출발한다. 1886년 존 펨버튼(John Pemberton)이 콜라 제조법을 고안해냈는데 대출을 받느라 그 제조법을 담보로 은행금고에 넣어둔 것이다. 그러다가 1920년대에 이사회 결의를 거쳐 은행금고에 넣어두고 단 두 사람만 볼 수 있도록 열람 규칙을 만들었다. 이를 통해 일곱 가지 핵심 성분에 '7X'라는 이름을 붙여 베일에 가려놓고 100년 가까이 신비주의 스토리텔링을 성공적으로 이어왔다.

이처럼 이야기의 힘은 세다. 거의 마약에 가까울 정도로 중독성이 강하다. 그러니 고객에게 말할 때 이야기의 힘을 과소평가하지 마라. 미국의 신경과학자 리드 몬태그(Reed Montague)는 고객이 중독성 강한 이야기를 들을 때 뇌에서 일어나는 반응은 소량의 코카인을 복용할 때와 똑같다고 밝혔다. 물론 아무 이야기나 던진다고 고객의 마음을 사로잡을 수 있는 것은 아니다. 여기에는 일종의 법칙이 있는데 이제부터 그 법칙을 짚어보자. 거창하게 '효과적인 메시지 전달을 돕는 10가지 법칙'으로 정리했지만 사실 세일즈에서 메시지 전달에 100퍼센트 성공할 수 있는 계명이나 법칙은 존재하지 않는다. 그러나 메시지를 성공적으로 전달하는 기본 요소는 분명 존재한다. 이제부터 소개하는 10가지 법칙을 메시지 전달에 성공하는 열 가지 요소로 여기고 마음에 새겨주길 바란다.

1 | 간결성concision
짧고 신속하게! 말의 군살을 빼라

자고로 메시지는 짧고 신속해야 한다. 메시지는 듣고 나서 곰곰이 생각해야 이해할 수 있는 것이어서는 안 된다. 말하는 대로 곧장 고객의 귀에 쏙쏙 들어가야 한다. 그런 메시지만 살아남기 때문이다.

특히 홈쇼핑은 대표적인 재핑(zapping) 채널이다. 재핑이란 TV를 시청할 때 광고가 나오거나 재미가 없으면 가차 없이 채널을 돌려 흥미 있는 부분만 찾아서 보는 시청 패턴을 말한다. 메시지가 재미없거나 이해하기 어려우면 사람들은 쉽게 채널을 돌려버린다. 채널을 이리저리 돌리던 시청자는 보통 쇼호스트의 말을 몇 초 정도 듣다가 이내 다른 채널로 돌린다. 결국 홈쇼핑은 시청자의 채널 재핑 때 시선을 사로잡아야 한다. 그 짧은 시간에 시청자의 시선을 잡으려면 자막과 쇼호스트 멘트가 간결해야 한다.

6대 홈쇼핑의 합산 시청률(rating)이 채 1퍼센트도 안 된다는 사실을 아는가? 그야말로 애국가 시청률보다 못하다. 시청자가 긴 시간 동안 집중해서 지켜보지 않는 곳이 홈쇼핑이다. 그처럼 잠깐 머무는 시청자의 시선을 사로잡기 위해 홈쇼핑의 메시지는 쉽고 간단하고 신속하다. '공자 가라사대~' 하는 식이면 시청자는 획 지나가버린다. 지금처럼 바쁜 세상을 공략하는 메시지의 트렌드를 알고 싶다면 홈쇼핑 화법을 배우는 것도 좋다.

문장을 자른다

문장은 가급적 짧은 것이 좋다.[2] 문장이 길면 귀에 들리지도 않고 집중력이 떨어지면서 산만해진다. 따라서 장문은 단문으로 바꿔야 한다. 중문과 복문은 가능한 피하고 복잡한 문장은 과감히 잘라낸다. 특히 종속절 문장(문장 속 문장)은 나눠서 간단하게 만든다. 영어권 프레젠터들이 매우 싫어하는 화법이 관계대명사가 들어가는 문장이나 수동태 문장이다. 이런 것은 단문 혹은 능동형으로 바꿔야 한다.

예를 들면 다음과 같다.

"높은 시청률을 보이고 있다."

→ 시청률이 높다.

"이 스카프는 짐모 에트로에 의해 만들어졌다."

→ 이 스카프는 짐모 에트로가 만들었다.

"어제 회의 때 나온 이야기인데 '우리 사업부가 다음 달 프로모션

주간에 경품을 걸자'는 제안이 있었다.”

→ 어제 회의 때 나온 이야기다. 우리 사업부가 다음 달 프로모션 주간에 경품을 걸자고 했다.

“우리의 말은 길어지면 안 되는데, 문장이 길어지면 듣는 사람의 집중력은 떨어지게 마련이고 내 말은 산만해지기 때문에 문장을 짧게 줄여야만 하며, 따라서 불필요한 사족은 언어의 경제성에 위배되기 때문에 짧게 말하는 연습을 해야 한다.”

→ 말이 길면 안 된다. 말이 길면 들리지도 않고 집중력도 떨어진다. 산만해진다. 짧아야 한다. 사족은 버려라. 가독성이 떨어진다. 짧게 말하라. 연습하면 가능하다.

예문에서 위의 말은 문어적 표현으로 글말(written word)이라 잘 들리지 않는다. 반대로 아래에 있는 말은 구어적 표현으로 입말(spoken word)이라 귀에 잘 들어온다. 무조건 짧게 말하면 토막토막 잘리는 느낌이 들 수도 있으므로 중간에 약간 긴 문장을 섞어도 좋다.

글말 written word	입말 spoken word
문장이 길다	문장이 짧다
종속절, 복문, 중문, 관계대명사, 접속사가 많다	주어+동사의 어순을 따르지 않는다
가청력이 떨어진다	가청력이 높아진다

조사와 접속사를 생략한다

당신은 '나는 너를 사랑해'라는 말을 죽을 때까지 하지도 않고 듣지도 못할 것이다. 저주를 퍼붓는 게 아니라 글이 아닌 대화를 할 때는 이렇게 조사를 넣어 말하지 않기 때문이다. 실제 대화에서는 조사를 쏙 빼고 '나 너 사랑해'라고 말한다. 조사를 넣어서 말을 하면 인위적이고 가식적으로 들린다. 그런 까닭에 대화중에는 보통 조사를 쓰지 않는다.

말이 간결하면 핵심이 더욱 돋보여 상대방의 마음에 더 깊이 닿는다. '노래를 한다'가 아니라 '노래한다'가 편하다. '날씨가 좋다'가 아니라 '날씨 좋다'가 우리의 일상어다. 광고 카피도 '도시의 라이언(푸조)'보다 '질주 본능(라노스)'이 더 쉽게 받아들여진다. '패션은 본능(갤럭시)'보다 '행동파 활동 정장(빌트모아)'이 더 가독성이 높다. '우리 명절 우리 카드(바른손카드)', '기대 반 걱정 반(재능교육)', '두뇌 식량 레고(듀플로)' 등도 조사를 생략해 가독성을 높인 광고 카피다.

같은 이유로 접속사도 생략해야 한다. 예를 들어 어떤 남자가 이렇게 말한다고 생각해보라.

"미라 씨, 우리 영화 한 편 볼까요? '그런데' 볼 만한 영화가 별로 없군요. '그럼에도 불구하고' 우린 시간이 많이 남으니 영화를 보는 게 좋을 것 같아요."

그야말로 바보들의 행진이다. 우리의 일상 대화를 유심히 들어보면 접속사를 거의 사용하지 않는다. 한번은 몸이 아파서 병원 대기실에 앉아 있는데 내 왼쪽에 앉아 있는 두 여자가 수다를 떨었다. 이야기를 듣다 보니 둘은 자매였고 대화가 자연스러웠다. 오른쪽에 있는 두 여자도 수다를 떨었는데 어쩐지 어색하다는 느낌이 들었다. 가만 보니 조사, 접속사를 섞어가며 이야기를 하는 게 아닌가. 좀 더 귀를 기울이니 보험설계사였다. 희한하게도 어떤 목적을 위해 접근하는 대화 방식에는 접속사가 많이 들어간다. 대중 앞에서 연설을 할 때도 마찬가지다. 그런 말투는 인위적인 느낌, 일상생활과 거리가 멀어 친숙하지 않은 느낌을 준다. 결국 그 말은 듣는 이를 어색하고 불편하게 만든다.

냉면집에 가면 긴 냉면을 끊어서 먹으라고 가위를 갖다 준다. 우리의 메시지도 냉면을 자르듯 잘라야 한다. 그래야 사람들이 잘 먹을 수 있다. 잘 알려지지 않은 사실이지만 홈쇼핑 자막은 홈쇼핑 PD들이 직접 쓴다. 몇 자 적을 수 없는 그 비좁은 공간에 얼마나 많은 정보를 담고 싶겠는가. 그래도 홈쇼핑 PD들은 한눈에 들어올 수 있도록 짧고 간단한 메시지를 넣는다. 시청자들의 마음을 단박에 사로잡아야 하기 때문이다. 영어권 사람들도 JK(just kidding, 농담이야), NP(No problem, 문제없어), OTL(out of lunch, 점심식사 중) 같이 약어로 말하는 걸 즐긴다.

말의 군살을 빼라. 간결성을 중시한 광고 카피로는 '시동 뚝! 걱정 뚝!(서울시 공회전 방지 버스)', '때가 쏙(비트)', '빨래 끝(옥시크린)', '감기 뚝(시노카)', '위장병, 잡혔어!(겔포스)', '각질 한 판!(YLEM)' 등이 있다.

2 | 평이성 easy
초등학교 5학년에게 말하듯 하라

우리는 가끔 '쉬운 말을 왜 저렇게 어렵게 하나' 싶은 사람을 만나기도 한다. 그런 사람은 아무리 떠벌려도 상대방이 알아듣지 못해 인정받지 못한다. 성악가들 사이에는 '관객의 무식을 책임지라'는 원칙이 있다고 한다. 최선을 다해 노래를 부르고 있는데 관객이 졸고 있다면 얼마나 맥이 빠지겠는가. 그때 '이 훌륭한 노래를 알아듣지 못하다니!'라고 비난하기 전에 그들이 졸고 있는 책임을 자신에게 돌리라는 말이다. 관객이 무식해서 졸고 있는 게 아니다. 내가 어렵게 만든 탓에 관객이 졸음을 참지 못할 뿐이다!

나는 20대의 파릇파릇한 학부생들을 상대로 '설득 마케팅의 이론과 사례'라는 주제로 처음 강의를 하던 날을 잊지 못한다. 3시간 동안 열심히 강의를 하고 나서 나는 스스로 최선을 다했다는 생각에 얼마나 뿌듯했는지 모른다. 그런데 며칠 뒤 강의 후기를 읽으면서 내 표정은 점점 일그러졌다.

'무슨 말씀인지는 모르겠으나 좋은 내용 같아용.'

'아직은 무슨 말인지 모르겠지만 재밌었던 거 같아여.'

이것이 지식의 저주다. 내가 열정을 바쳐 미친 듯 떠들어대는 동안 머릿속 수많은 지식이 뒤엉켜 올림픽을 연 모양이다. 사람은 보통 자신이 알고 있는 지식은 상대방도 자기만큼 이해할 거라고 착각한다. 그 착각 속에서 말을 하니 상대방이 얼마나 알아듣겠는가. 열심히 말하는 것은 중요치 않다. 어디까지나 듣는 사람의 귀에 꽂혀야 한다. 열심히 땀 빼며 떠들었는데 상대방이 돌아서서 '근데 쟤 뭐래니?' 했던 경험은 나뿐 아니라 당신에게도 있을 것이다. 이건 마치 페달을 힘차게 밟았지만 자전거에 거꾸로 앉은 탓에 앞으로 나아가지 못하고 제자리에 서 있는 꼴이다.

상대방의 언어로 말한다

중요하고도 충격적인 사실은 우리가 하는 말을 상대방이 거의 알아듣지 못한다는 점이다. 1990년 스탠퍼드대학에서 심리학 박사학위를 딴 엘리자베스 뉴턴(Elizabeth Newton)의 실험에 따르면, 듣는 사람은 말하는 사람의 말을 실제로 20분의 1밖에 알아듣지 못한다고 한다.

수년 전 홈쇼핑에서 보험 상품과 관련해 설문조사를 했는데 놀랍게도 고객의 30퍼센트가 '보험료'와 '보험금'의 차이조차 구별하지 못했다.

"고객님, 매달 통장에서 빠져나가는 돈이 보험료고요. 병원 가서 치료받은 돈을 보험사가 다시 고객님 통장으로 입금해주는 돈이 보험금입니다."

많은 사람들이 마치 시골 노인에게 설명하듯 하나하나 친절하게 설명해야 알아듣는다. '알고 있는 것'과 '알려주는 것'은 별개의 문제다. 상대방에게 익숙하지 않은 용어는 가급적 피하고 꼭 필요한 용어가 아니면 반드시 풀어서 설명해야 한다. 한번은 새벽 방송시간에 침대를 소개했다. 그 시간대의 시청자는 주로 중장년층부터 노인층이라 나는 그들이 쉽게 이해할 수 있는 말로 풀어가며 방송을 진행했다.

"헤드보드를 보시죠. 헤드보드는 침대 머리를 말합니다. 아래 자막에 쓴 프레임이라는 말은 침대 받침, 풋보드는 침대 다리를 의미합니다."

전에 매장을 관리할 때 나는 프로모터 직원들에게 모든 기능은 초등학생도 이해할 만큼 쉽게 풀어서 설명해주라고 당부했다. 실제로 한국에 홈쇼핑이 처음 생길 무렵 교육을 담당한 미국의 QVC 쇼호스트들은 고객을 초등학생 5학년이라 생각하고 쉽게 말하도록 가르쳤다고 한다. 단지 '쉽게 말씀드리면' 하면서 사용자의 입장에서 예를 들거나 알기 쉽게 풀어주기만 해도 듣는 사람은 고마움을 느낀다.

상대방의 언어를 사용한다는 것은 단순히 쉬운 말을 쓴다는 의미가 아니다. 그것은 내 말을 듣는 상대방이 어떻게 느낄까를 사려 깊게 생각하며 말하는 것을 뜻한다. 여드름이 심한 여성이 화장품 매장에 갔을 때 고객을 대하는 점원의 최고 멘트는 "저도 한때 고객님과 똑같은 이유로 많이 고생했는데, 이 제품이 도움이 되더라고요"라는 것이다. 지성 피부인 고객에게는 "저도 피부가 지성이라 그 기분 잘 압니다"라고 상대방의 감정을 헤아린 후 상품을 설명하는 것이 공감대 형성에 효과적이다. 이 경우 당연히 설득 효과가 높다.

불필요한 외래어는 피한다

네이비블루, 텐더 퍼플, 크리스털 메탈 실버, 로즈블룸, 제너러스 바이올렛……. 무슨 말인지 알겠는가? 도무지 감을 잡을 수 없는 이런 말들은 실제로 홈쇼핑에서 색상을 표현할 때 쓰는 용어다. 홈쇼핑 채널을 보다 보면 재미난 현상을 발견할 수 있는데, 그것은 화면 자막은 물론 쇼호스트 멘트에서도 색상을 우리말로 표현하지 않는다는 점이다. 홈쇼핑에서 색을 말할 때는 보통 영어 발음 그대로 표현한다. 그게 있어 보이는 줄 안다. 영어권 사람들이 실제로 사용하지도 않는 말을 우리는 유식한 척하기 위해 쓰고 있다. 심지어 어떤 쇼호스트는 국적을 알 수 없는 말로 방송을 하기도 한다.

"아이비 플라워 프린트 패턴의 젠틱하고 모던한 스타일의 시크한 느낌이 섬세히 녹아든 엔틱 브라운 컬러를 보셨고요. 아더 컬러를 소개하겠습니다."

아더 컬러? 쓰러지는 줄 알았다. 다른 말도 뭘 설명하는 건지 하나도 알아듣지 못하겠는데 '아더 컬러'는 또 뭐지? 한 번 더 생각하니 간단하게 '다른 색깔(other color)'이라는 말이다. 조사만 한국어로 할 바엔 아예 영어로 말하지 뭐 하는 꼴인가 싶다.

어느 날 전기압력밥솥을 소개하는데 파란색과 빨간색 두 종류가 있었다. 내 옆의 쇼호스트는 계속 블루 컬러와 레드 컬러라고 표현했다. 그는 그런 식의 외래어 표현이 입에 밴 친구였다. 그런데 재미있게도 내가 계속해서 파란색 밥통, 빨간색 밥통이라고 말하자 나중엔 그도 파란색, 빨간색이라고 내 말에 끌려왔다. 따지고 보면 일상생활에서 쓰는 언어가 가장 자연스러운 법이다.

언어적 폐해와 피로감을 고객도 느끼나 보다. 홈쇼핑 고객 FGI (focus group interview) 결과, 듣기 싫은 쇼호스트 말 가운데 하나로 불필요한 외래어를 지적했다. 세종대왕이 집현전 골방에서 야근수당도 없이 코피 쏟아가며 만든 한글을 아끼고 사랑하면 좀 더 친근하게 고객에게 다가갈 수 있음을 기억해야 한다.

명사는 동사로 전달한다

똑같은 말이라도 어떻게 표현하느냐에 따라 시청자에게 쉽고 친근하게 다가갈 수 있고 그렇지 않을 수도 있다. 어떻게 하면 쉽고 친근하게 다가갈 수 있을까?

'사례 1'보다는 '사례 2'가 더 친근하고 우리를 편안하게 해준다. 실제 대화에서 '사례 1'처럼 말하는 사람을 만나면 듣기 거북할 것이다. 일상적으로 쓰는 편안한 말이 아닌 어려운 말을 들으면 괴리감이 느껴진다. 그런데 안타깝게도 많은 홈쇼핑 채널에서 '사례 1'의 문구와

사례 1	사례 2
지렴하다	싸다
발림성과 제형감이 우수하다	촉촉하다
높은 당도를 자랑한다	참 달다
쾌적한 수면이 되시길 바랍니다	안녕히 주무세요
볼륨감이 두툼하다	두껍다

멘트를 많이 사용한다. 어렵게 명사형으로 만들어 사용한다고 해서 우리말에 격식과 품위가 더해지는 것은 아니다. 오히려 중요한 목적인 '메시지를 쉽게 전달하는' 데 방해가 될 뿐이다.

천천히 말하고 때로는 쉬어간다

말하는 속도가 빠른 사람은 왠지 이기적으로 느껴진다. 가령 몸이 아파 병원에 갔는데 1시간을 기다려 1분간 진료를 받고 나오면 기분이 어떠한가? 의사가 의례적으로 할 말만 빠르게 내뱉고 다음 환자를 찾으면 내 돈 내고 병원에 가서 괜히 쫓겨나는 것 같은 느낌이 든다. 속상하게도 나 역시 그 몹쓸 짓을 매일 TV에서 하고 있다. 말하는 속도가 가히 속사포다.

한국인은 대개 1분에 120~180개의 단어를 말한다.[3] 일상적인 대화에서 사람들은 보통 1초에 네 음절을 발음하지만 홈쇼핑 쇼호스트는 1초에 여덟 음절을 발음한다.[4] 두 배나 빠른 셈이다. 특히 흥분을 하면 격앙된 어조와 함께 말이 더 빨라진다. 이야기를 듣는 사람은 안중에도 없는 듯 일방적으로 메시지 전달에만 정신을 파는 것이다.

나는 〈쇼호스트의 목소리가 소비자 행위에 미치는 영향에 관한 연구〉라는 주제의 논문을 준비하면서 재미있는 실험을 했다. 그때 시청자 500명을 대상으로 똑같은 홈쇼핑 영상을 보여주며 한 집단에게는 쇼호스트의 빠른 목소리를, 다른 한 집단에게는 느린 목소리를 들려주었다. 놀랍게도 시청자들은 느린 목소리로 말하는 쇼호스트를 더 신뢰하고 차근차근 전달하는 얘기에 더 구매 욕구를 강하게 느끼는 것으로 나타났다. 이 실험 논문은 2011년 가을 〈조선일보〉 경제면 한 쪽 전체에 실리기도 했다.

가급적 천천히 말하라. 아주 중요한 부분을 말할 때 우리는 저절로 말의 속도를 늦추고 또박또박 천천히 말한다. 지금 하는 말의 중요성을 생각해 천천히 말하자.

때론 쉬었다 가라. 쉬지 않고 말을 하면 상대방은 생각을 분명하게 표현하는 것이 아니라 수다처럼 여기고 만다. 도중에 적절히 말을 멈출 경우 내가 전하고자 하는 메시지가 좀 더 명확해진다.

'아! 현대카드' 캠페인의 컬러코어 편을 보면 '앞면, 앞면, 뒷면, 뒷면……' 하고 기계음처럼 반복되는 CM송이 나오다가 생뚱맞은 영상이 툭 튀어나오면서 3초 동안 정적이 흐른다. 그리고는 생각해보라는 듯 메시지를 던진다. 예상치 못한 멈춤은 사람을 긴장하게 하고 그 긴장은 집중하게 만든다.

신나게 빠른 속도로 말하는 것을 좋아하는 사람에게 '멈춤'은 무척 부담스러운 변조의 기술이다. 부담 갖지 말자. 현대카드 광고처럼 3초도 필요 없다. 멈춤은 말을 쭉 이어가다가 단지 한 발을 앞으로 내밀 정도에 불과한 0.5초면 족하다. 그 짤막한 멈춤 혹은 일순간의 침묵만으로도 훌륭하게 멈춤을 사용할 수 있다.[5]

부사와 감탄사 남용 금지

혹시 미국의 TV 광고를 본 적이 있는가? 내가 볼 때 전 세계에서 딱 두 곳, 즉 미국의 TV 광고와 한국의 홈쇼핑에서만 볼 수 있는 공통점이 있다. 그것은 '믿을 수 없는', '세계 최고', '역사상 처음 보여드리는', '오늘 난리가 났습니다', '사상 초유의', '오늘 흥분 안 할 수 없는', '세상에', '굉장히', '정말', '진짜' 등 말도 안 되는 부사와 감탄사가 난무한다는 점이다.

부사와 감탄사를 남발하는 사람은 자아도취적 행위 유발자로 낙인찍히기 십상이다. 따라서 부사와 감탄사는 조심해서 사용해야 한다. 불필요한 부사와 감탄사의 남용은 언어의 평이성에 위배될 뿐 아니라, 말하는 사람의 품격을 깎아내린다. 신뢰도 역시 뚝뚝 떨어질 뿐이다.

고상한 척하지 않는다

홈쇼핑에서 고등어를 소개할 때의 일이다. 방송 후에 모니터 보고서를 받았는데 한 모니터 요원이 내가 고등어 '머리'를 '대가리'라고 말했다고 핀잔을 줬다. 그의 지적은 무식이 운동장에서 축구를 하고 유식이 벤치에서 쉬고 있는 격이다. 나는 오히려 되묻고 싶었다. 당신은 집에서 똥을 대변이라고 부르고 사는가? 똥이라는 순우리말은 왠지 저급한 언어 같고 대변이라는 한자어는 더 점잖아 보이는가? 생선이나 짐승의 머리는 대가리라고 표현하는 것이 격에 맞는 바른 말이다.

희한하게도 홈쇼핑에서는 모두 약속이나 한 듯 그 어떤 홈쇼핑 쇼호스트도 '싸다'는 말을 사용하지 않는다. 대신 '좋은 조건', '특별한 가격적 혜택' 등 쉬운 말을 어렵게 표현하느라 그야말로 용을 쓴다. 이는 짧은 말을 구태여 길게 하는 바람에 언어의 경제성에도 맞지 않지만, 시청자의 귀에도 쉽게 꽂히지 않는다.

싼 것을 왜 싸다고 말하지 못할까? 혹시 고상한 척하는 고상병에 걸려 있다면 동화책을 한번 보라고 권하고 싶다. 동화책은 고상하되 그리 어렵지 않게 표현하기 때문이다. 그런 책은 친근하고 편안한 생활 언어로 가득 차 있다. 괜히 말에 힘을 주고 말로 멋을 부리려고 하지 마라. 말에 힘이 들어가면 부자연스럽고 듣는 사람은 힘들어진다. 말로 사람들의 마음을 잡아끌려면 듣기 쉽고 편한 말을 써야 한다.

3 | 단순화 simple words
홍수가 나면 오히려 식수가 부족하다

홍수가 나면 물이 지천인데 오히려 마실 물은 없다. 마찬가지로 우리는 정보의 홍수시대를 살아가건만 넘쳐나는 그 많은 정보에서 건질 게 별로 없다. 집에 있는 TV 리모컨 버튼의 개수가 몇 개인지 아는가? 만약 정확히 대답할 수 있다면 당신은 비정상이다. 정확히 모르겠지만 아마 스무 개가 넘을 것이다. 그렇다면 그중 매일 사용하는 버튼은 몇 개인가? 달랑 전원, 음량, 채널 버튼 세 개뿐이다. 우리의 메시지도 이처럼 꼭 필요한 것만 전하면 된다.

당신이 육안으로 구별할 수 있는 색의 종류가 얼마나 되는지 아는가? 무려 30만 가지에 달한다. 하지만 우리는 누군가가 좋아하는 색을 물으면 하얀색, 빨간색, 파란색 등 늘 접하는 몇 가지 색을 벗어나지 못한다.

당신이 후각으로 구별할 수 있는 냄새의 종류는 얼마나 될 것 같은가? 놀라지 마시라. 1,000개에 이르는 후각 유전자가 세상에 존재하는 40만 가지 이상의 냄새를 구별한다. 그렇지만 인간의 뇌 기능에는 단순하게 몇 가지만 받아들이고 기억하려는 습성이 있다.

핵심만 단순하게 전달하라

인간의 뇌가 단순하게 몇 가지만 받아들이는 것처럼 요점의 곁가지를 과감히 쳐내고 최소한으로 줄여라. 단순하면 오히려 더 많은 메시지를 전달할 수 있다. 《어린왕자》의 저자 생텍쥐페리는 "완벽함이란 더 이상 추가할 것이 없을 때가 아니라, 더 이상 버릴 것이 없을 때"라고 말했다.

한국에서 TV의 CF는 보통 15초 동안 방영한다. 주 시청시간대(프라임 타임대) CF는 그 15초 광고비가 수천만 원을 넘는다. 참고로 미국 슈퍼볼 경기는 30초 방송 광고비용이 260만 달러(대략 30억) 정도다. 초당 광고 단가가 9,000만 원이 넘는다. 광고주는 그 비싼 돈을 주고 산 짧은 시간에 얼마나 많은 메시지를 전달하려 할까? 그들은 아주 간단한 메시지만 전달한다. 마찬가지로 방송 중에 상품을 설명할 때 쇼호스트들은 세세히 알려주지 않는다. 정보를 많이 줄수록 선택이 느려지기 때문이다. 최소한의 핵심 정보로 승부를 내야 한다.

우리는 하루에 광고를 몇 개나 볼까? 〈비즈니스위크〉에 따르면 일반적으로 매일 약 3,000개의 광고를 접한다고 한다. 신문, 잡지, TV,

라디오, 인터넷뿐 아니라 출퇴근길의 버스나 지하철에서부터 도로변의 전광판까지 수많은 광고가 소비자의 눈길을 받기 위해 애처롭게 기다린다.

사람들은 그 많은 광고를 얼마나 받아들일까? 광고협회에 따르면 하루에 기억하는 광고는 고작 여섯 개에 불과하다. 나머지는 대부분 무시하거나 기억 속에서 지운다. 기껏해야 몇 개의 광고에 약간 관심을 기울이는 정도다.

광고와 정보의 홍수 속에서 당신이 혼자 어렵게 설명하고 질질 늘어지는 논리로 많은 메시지를 쏟아낼지라도 얌전히 앉아 귀를 기울일 사람은 없다. 30년 전에는 TV 광고 세 편이면 미국 성인 80퍼센트에게 메시지를 전달할 수 있었다고 한다. 오늘날 동일한 효과를 거두려면 황금시간대의 광고 수백 개가 필요하다. 대량생산의 산업사회 패러다임과 발전을 함께한 상업광고는 이제 다매체, 다채널에서 수많은 메시지를 토해내고 있다. 그리고 사람들은 복잡한 마케팅 환경 속에 넘쳐나는 정보의 엄청난 양에 멀미가 나서 토하고 있다.

메시지를 체에 걸러라

언젠가 새로운 저축성 금융상품을 론칭할 때, 모 생명보험사 교육 담당 과장이 슬라이드를 켜고 자신을 소개한 뒤 말했다.

"이제부터 약 1시간 30분에 걸쳐 이 새로운 상품을 소개하겠습니다."

그때 내 옆에 있던 PD가 말했다.

"죄송하지만 제가 30분 뒤에 미팅이 있는데, 30분 안에 끝낼 수는 없을까요?"

그 과장은 곤란하다는 표정을 지으며 반박했다.

"1시간 30분 정도 들어야 이해할 수 있게 세팅한 시뮬레이션이라 시간을 줄이면 이 상품을 이해하기 힘들 텐데요."

나도 시간이 없었기 때문에 한마디 거들었다.

"과장님이 1시간 30분 동안 설명한 내용을 저는 단 5분 만에 고객에게 설명하고 이해를 돕고 스스로 전화기를 들게 해야 합니다. 어렵겠지만 최대한 줄여보시죠."

그는 더 이상 아무 말도 하지 못했다. 그때부터 발표 내내 줄어든 시간 탓에 정신없이 흘러가는 게 훤히 보였다. 심지어 중요한 말까지 생략하기 일쑤였다.

단순함은 요점을 생략하는 게 아니라 체에 걸러 알토란 같은 메시지만 고객의 입에 넣어주는 것이다. 실제로 그 상품을 론칭할 때 방송에서 잡은 평균 디테일(쇼호스트가 등장해 상품을 소개하는 부분) 시간은 4분 20초였다. 사실 그 상품은 매우 복잡하고 어려운 것이었다. 그러나 복잡한 상품일수록 단순하고 간단하게 설명하는 곳이 홈쇼핑이다. 내가 어려우면 고객도 어렵다. 단순함은 강력한 설득 도구이고 고객은 단순해야 움직인다.

메시지를 함축하는 방법

어떤 상품이든 홈쇼핑에서는 그 상품의 세일즈 포인트를 세 가지 이상으로 잡지 않는다. 추리고 또 추려 핵심만 정리한 후에도 다시 한 번 그 내용을 줄여 나가려고 애쓴다. 만약 당신이 내일 중요한 발표가 있다면 메시지를 어떻게 함축하겠는가?

첫째, 발표가 5분짜리라면 내용을 최대한 줄여가면서 여러 번 반복 연습한다. 몇 번만 연습해도 4분 30초, 4분, 3분 30초로 줄일 수 있다. 중언부언하는 말투를 개선하고 비슷한 낱말은 과감히 생략하면서 시간을 줄이면 결국 줄인 시간만큼 새로운 내용을 추가할 수 있다.

둘째, 다섯 손가락 안에서 요점이 끝나도록 만든다. 내용이 버거울 정도로 많다면 비슷한 소주제들을 통합해 줄인다. 생각의 가지가 많을수록 듣는 이는 산만해져 핵심을 놓친다. 몇 가지 요점만 선택해서 말하는 것이 시간에 쫓기듯 서두르며 잡다한 보따리를 풀어놓는 것보다 오래 기억에 남는다.

셋째, 발표나 회의가 끝난 뒤 돌아가는 사람들의 뒷모습을 주시한다. 그들에게 내 메시지가 얼마나 정확히, 깊게 새겨졌을지 의심하고 또 의심해본다. 메시지를 함축하면 할수록 의심 수준도 낮아지게 마련이다.

단순함의 승리

만약 미국에 갈 일이 있다면 사우스웨스트 항공(Southwest airlines)을 한번 이용해보라. 그때 비행기에 들어서자마자 티켓을 건네면서 승무원에게 내 자리가 어디냐고 물어보라. 스튜어디스는 아마 미소를 날리며 이렇게 말할 것이다.

"여기는 사우스웨스트 항공입니다."

그렇다. 이 항공사에는 지정된 좌석이 따로 없다! 먼저 앉는 사람이 임자다. 그뿐 아니라 기내식도 없고 공항 라운지도 없다. 아주 단순하게 비행기만 태워줄 뿐이다. 철저하게 목적지에 데려다주는 일만 하는 셈이다. 그렇지만 승객들은 불평하지 않는다. 오히려 이 항공사는 한때 미국 모든 항공사 시가총액의 73퍼센트를 점유했고 고객만족도에서 4년 연속 1위를 차지했다. 또한 미국에서 가장 일하고 싶은 100대 기업에 선정되었으며, 9·11테러 이후 메이저 항공사들이 도산하던 때마저 흑자를 냈다.

사우스웨스트 항공이 지난 38년 동안 단 한 번도 적자를 낸 적이 없다면 믿겠는가? 타 항공사에 비해 심하면 3분의 1 정도의 저렴한 비용으로 고객을 맞는 사우스웨스트 항공은 그저 '사람을 여기서 저기로 옮겨주는' 비행기 본연의 기능에만 충실할 뿐이다. 그야말로 단순함의 승리다.

메시지는 볼록렌즈다

어린 시절 태양 아래에 검은 종이를 놓고 볼록렌즈의 초점을 맞춰 종이를 태워본 기억이 있는가? 메시지는 이 볼록렌즈와 같다. 소비자는 보통 한 광고에서 한 가지만 기억한다. 많은 것을 알려봐야 다 받아들이지 못한다. 강력한 하나의 문구나 콘셉트만 인지할 뿐이다. 그래서 광고 환경에서는 '하나의 목소리로 하나의 메시지를 단순하게 전달하는 것(One single message with one voice)'을 매우 중요하게 생각한다. 볼록렌즈가 하나의 초점으로 열과 빛을 모아 화력을 내듯 모든 소구점을 한곳에 모으는 단순하고도 강력한 메시지만 위력을 낼 수 있다.

4 | 흥미성interest
언어에도 땔감이 필요하다

큰 불도 작은 불씨로 시작되듯 처음에는 사람들의 정신적 땔감에 작은 흥미의 불씨를 댕겨야 한다. 일단 불이 붙기만 하면 불길이 활활 일어나게 마련이다. 궁금증을 유발해 계속 알아보고 싶도록 만들든지('선영아 사랑해', [마이클럽 티저광고]), 적절히 자극적이든지('엘리베이터에서 해봤어요?', [영화 〈홀리데이 인 서울〉 광고 카피]), 그 자리에서 당장 시선을 사로잡든지('폴로가 70% 세일을?', [폴로]) 해야 한다.

무조건 끌리게 한다

극장에서 외국 영화를 볼 때 사람들은 대개 자막을 읽고 스토리를 이해한다. 그런데 만약 자막이 직역으로 되어 있으면 영화가 화면의 내용과 잘 맞지 않거나 지루하게 느껴질 수 있다. 영화 자막 번역가들이 정확한 번역보다 재미와 흥미 위주로 메시지를 바꿔 전달하는 이유가 여기에 있다. 재미있게 즐기기 위해 영화를 보러 온 관객에게는 재미있는 메시지가 당연하다. 외화 자막을 번역하는 이미도 번역가에게 스스로 번역한 것 중 가장 맘에 드는 게 뭐냐고 묻자 〈슈렉 2〉의 'far far away kingdom'이란 문구를 꼽았다. 직역하자면 '매우 매우 먼 곳에 있는 왕국'쯤 되겠지만 '겁나 먼 왕국'이라고 번역을 했는데 스스로 생각해도 재미있다고 했다.

언젠가 동원참치가 바다를 주제로 한 바다글짓기 대회를 연다는 광고를 두 개 실었다. 하나는 내가 보기에도 참 진부했다.

'바다는 교과서보다 값진 교과서, 바다는 꿈과 용기를 심어주는 큰 배움터입니다.'

그런데 다른 하나는 꽤나 드라마틱했다.

'나폴레옹, 이순신, 콜럼버스 모두 바다라는 학교를 졸업했습니다. 교과서에서 배운 것은 쉽게 잊어버려도 바다에서 배운 꿈과 용기는 평생을 갑니다.'

두 문장에서 차이가 느껴지지 않는가? 그러면 검정색을 강조하는 무크의 드라마틱한 광고 카피를 보자.

'세 가지 블랙에 대해 아십니까? 해가 지고 난 후의 하늘, 눈을 감고 난 후의 세상, 그리고 무크.'

드라마틱하게 소개한다

상품뿐 아니라 자기 자신 역시 드라마틱하게 소개해야 강한 인상과 신뢰를 심어줄 수 있다. 광고회사 사치&사치의 CEO 케빈 로버츠(Kebin Roberts)는 1989년 라이언 나탄(Lion Nathan)의 최고운영책임자가 되어 직원들을 처음 만나던 날, 진짜 사자(라이언, Lion) 한 마리를 데리고 회의실로 들어갔다. 이것은 곧바로 기자들의 호기심을 자아내는 화젯거리가 되었고 라이언 나탄은 톡톡히 홍보 효과를 봤다. 1998년 버진 그룹 회장 리처드 브랜슨(Richard Branson)은 버진콜라를 출시한 뒤, 실제로 전쟁용 탱크를 타고 뉴욕 거리를 활보하며 코카콜라 간판에 대포질을 해댔다.

이밖에도 상품을 보여줄 때 흥미를 끌기 위한 키치(Kitsch, 일부러 통속성을 드러내는 문화 조류를 말한다. 마케팅에서는 다소 촌스러운 접근으로 가령 60, 70년대 복고풍 이미지를 활용한 광고가 있다) 적 접근이나 일반적인 틀을 깨는 엉뚱하고 역발상적인 접근, 상식을 벗어나는 접근(예를 들면 상품의 과다 진열, 사람 마네킹, 특이한 퍼포먼스 등)이 있다.

드라마틱하게 소개하는 것은 무조건 튀는 것과는 다르다. 과거 CJ오쇼핑의 한 쇼호스트 지망생은 면접장에서 "CJ는 제 가슴속에 있습니다. 그리고 여기에도 있습니다"라고 하더니 갑자기 바지를 내리고 양쪽에 각각 C와 J라고 쓴 엉덩이를 흔들어댄 적이 있다. 한마디로 미친 거다. 그는 가차 없이 탈락했다. 지나치게 비이성적인 행동이나 혐오감을 주는 모습은 대중의 공감은커녕 회피 대상이 되고 만다.[6]

한번은 미국의 오바마 대통령이 백악관 만찬에서 반대자에게 드라마틱하게 한 방 날렸다. 그날 만찬에는 미국 대통령은 미국 땅에서 출생한 자만 할 수 있고 오바마는 케냐에서 태어났으므로 미국 대통령이 될 수 없다고 그의 출생 의혹을 끈질기게 물고 늘어진 부동산 재벌 도널드 트럼프(Donald Trump)가 참석해 있었다. 오바마는 만찬 연설에서 느닷없이 "오늘 내 출생 비디오를 공개하겠다"고 깜짝 선언을 했다. 참석자들이 모두 숨을 죽이며 긴장한 가운데 영상이 나왔다. 그런데 그것은 디즈니 애니메이션 〈라이언 킹〉의 한 장면으로 아프리카에서 새끼 사자가 태어나는 순간을 묘사한 부분이었다. 모두가 폭소를 터트리는 가운데 오바마 대통령은 트럼프를 바라보며 말했다.

"내가 출생 영상을 공개했으니 이제 트럼프는 다른 이슈에 집중할 수 있을 겁니다. 예를 들면 우리가 달 착륙 사실을 속였는지에 관한 것이나 외계인을 발견했다는 의혹이 많은 로스웰 사건(미국 뉴멕시코주 로스웰에서 UFO 잔해와 외계인 사체를 발견했다는 주장이 제기되면서 이슈화한 사건) 같은 것에 대해서 말입니다."

이 드라마틱한 얘기에 청중은 다시 뒤집어졌다.

어느 날 나는 휴대전화 방송을 하면서 스마트폰 요금이 한 달 1만 8,000원이라는 놀랍도록 저렴한 요금제 상품을 소개했다. 대신 약정 기간이 3년이었다. 나는 지난 3년간 내가 사용한 휴대전화 요금을 모두 더해보았다. 월평균 12만 원 수준이라 3년을 더하니 거의 500만 원 가까이 나왔다. 나는 방송 중 오프닝에서 1만 원짜리 견본 500만 원을 쌓아놓고 말했다.

"여기 500만 원이 있습니다. 이 돈을 공중에 헛되이 뿌리고 있는 자가 있습니다. 바로 접니다. 이것이 지난 3년간 제가 쓴 휴대전화 요금입니다. 이 돈으로 저축을 했다고 생각해보십시오. 이 돈으로 연금을 들었다고 생각해보십시오. 이 돈으로 금을 사뒀다고 생각해보십시오. 미래가 달라졌을 겁니다. 고객님이라면 어떤 선택을 하시겠습니까? 네, 맞습니다. 통신비만큼 아까운 건 없습니다."

그런 다음 500만 원의 돈다발 중에서 만 원짜리 두 장을 꺼내들었다.

"이제 고객님의 스마트폰 요금은 이 만 원짜리 두 장도 안 됩니다."

패턴을 파괴한다

몇 년 전 가장 큰 영업이익을 내는 금융 방송을 시사프로처럼 진행하던 홈쇼핑 회사들은 그것이 식상하고 재미가 없자, 시청자의 눈길을 사로잡기 위해 경쟁적으로 패턴을 파괴하기 시작했다. 이때 나도 야구 모자를 눌러쓴 꼬마로 분장해 글러브를 끼고 방송을 하거나 긴 머리를 치렁거리며 80년대 라디오 DJ로 분장하기도 했다. 어디 그뿐인가. 산신령과 나무꾼, 할아버지, 근육맨, 저승사자, 슈퍼맨, 심지어 거북이 등딱지를 메고 드래곤볼의 무천도사까지 해봤다.

그러던 어느 날 나는 모 홈쇼핑을 보다가 거의 쓰러질 뻔했다. 보험 방송 게스트가 정장 차림에 얼굴에는 커다란 곰 탈을 뒤집어쓰고 1시간 동안 말도 못 하고 앉아만 있는 게 아닌가. 그건 기발하다기보다 오히려 측은해 보였다. 패턴을 파괴하고 드라마틱하게 소개하려면 내기 주장하는 최종 목표와 바람직하게 부합해야 하고, 보는 이를 적절히 자극하는 수준 내에서 공감을 불러일으켜야 한다.

예를 들어 보자.

쇼호스트에 지원한 한 남성은 면접장에서 남성용 양복을 PT하기 위해 수트를 입고 인라인 스케이트를 탄 채 등장했다. 활동성을 강조하기 위한 적절한 퍼포먼스였다. 또 다른 지원자는 자기소개를 하기에 앞서 보온병에서 홍삼액을 한 잔씩 따르더니 심사위원들에게 대접했다.

"다들 맛을 보셨나요? 이 홍삼액이 귀사의 어떤 제품인지 아시겠습니까? 이걸 맞히면 거짓말입니다. 제가 집에서 사흘 밤낮을 직접 달인 세상에 하나밖에 없는 홍삼액이니까요. 자신이 소개할 상품은 100퍼센트 먼저 사용해보고 이해해야 합니다. 앞으로 이런 정신으로 제가 담당할 상품을 철저히 분석하고 조사하겠습니다."

이 지원자는 이런 퍼포먼스로 막연히 열심히 하겠다는 다른 지원자들과 차별성을 두었다. 또 다른 지원자는 한 달간 해당 홈쇼핑에서 방송한 상품을 시간별, 상품군별, 타깃층별로 분석해 차트로 보여주며 타 경쟁사와의 비교 분석 자료를 책으로 만들어 면접관들에게 제출하고 최근 트렌드에 맞는 상품 소싱까지 제안했다. 면접관들은 그해 지원자들 중 최고라는 칭찬을 아끼지 않았다.

흥미로 사로잡아라

메시지는 실용적이고 유용한 가치를 담고 있어야 한다.[7] 즉 메시지가 흥미 위주로만 끝나면 안 된다. 그렇지만 기본적으로 우선 흥미가 있어야 사람의 시선을 붙잡을 수 있다. 여럿이 모여 밥을 먹을 때도 모두의 이목을 끄는 이야기꾼이 있는가 하면, 단 몇 마디로 분위기를 썰렁하게 만들며 밥을 떠 넣는 데 집중하게 만드는 사람도 있다. 이것은 재미가 있느냐 없느냐의 차이다. 흥미라는 요소가 빠지면 그 언어는 시체와 다를 바 없다.

물론 흥밋거리를 제공하되 그 기술을 사용하는 궁극적인 이유를 놓치면 안 된다. 흥미를 유발하는 것은 어디까지나 구매 행위를 이끌기 위한 수단일 뿐이다. 미국의 전설적인 광고 전문가 클로드 홉킨스(Claude Hopkins)는 이런 말을 했다.

"카피라이터들은 자주 자기의 본분을 포기한다. 그들은 자기가 세일즈맨이 되어야 한다는 사실을 잊고 연예인이 되고자 한다. 그들은 판매라는 더 중요한 사실은 도외시한 채 박수갈채만 추구하고 있다."

남편이 사망하면 보험금을 지급하는 사망 보장 보험을 소개할 때 쇼호스트들은 보통 앞으로 뭐 먹고 사니, 어떻게 살아갈래, 애들은 어쩌니 하는 식으로 넋두리를 늘어놓는다. 나는 방송을 하다가 잠깐 동안 말없이 화면에서 사라졌다. 마치 방송 사고처럼 사람도 없고 말소리, 음악소리도 없는 텅 빈 홈쇼핑 화면이 등장했다. 하지만 나는 곧바로 다시 등장해 방송을 진행했다.

"단 2초만 TV에서 사라져도 허전하시죠? 고객님 옆에서 영원히 사라진 남편의 빈자리는 생각보다 더 오랫동안 허전하실 겁니다. 그 빈자리를 경제적 보상으로 채워드리겠습니다."

오늘날 기자들은 과거처럼 '객관적이고 공정하게'를 제1원칙으로 삼지 않는다. 그런 원칙보다는 흥미 유발이 중요성 면에서 앞서간다. 실제로 우리는 인터넷 포털 기사 검색을 할 때 흥미를 자아내는 기사 위주로 클릭을 한다. 아무리 좋은 기사일지라도 소비자가 찾아 읽지 않으면 무슨 소용인가? 마찬가지로 아무리 좋은 상품도 메시지가 약해 소비자를 놓치면 의미가 없다. 메시지는 흥미를 유발해야 그 가치가 높아진다.

5초 단위로 자극한다

프레젠테이션을 위해 전체적인 스토리텔링을 짤 때는 오르막 계단식 구성으로 가야 한다. 영화는 대개 뒤로 갈수록 흥미와 긴장감을 자아내는 클라이맥스로 사람들의 이목을 잡아끈다. 집중의 끈을 놓치지 않고 끝까지 빠져들도록 하기 위해서다. 당신의 머릿속에 정리된(혹은 스크립트에 적어놓은) 스토리텔링을 점검해보라.

고객의 관심을 사로잡고 싶은가? 5초 단위로 그들을 웃겨라. 5초 단위로 자극하라. 5초 단위로 놀라게 하라. 쉽지 않은 목표다. 하지만 당신이 설득의 달인이 되고 싶다면 주의를 사로잡고 붙들어두는 만만찮은 일을 해내야 한다. 다음의 잣대에 비춰 평소에 당신의 메시지를 평가해보는 습관을 들여라.

1. 내 메시지는 놀랄 만한가?

2. 이전에 보거나 듣지 못한 메시지인가?

3. 새롭고 신기한가?

4. 계속해서 듣고 싶게 만드는가?

5. 기존의 접근 방식과 다른가? 패턴을 파괴하는가?

6. 사람들의 기대 수준을 뛰어넘는가?

7. 진부한가? 무언가를 흉내 내진 않았는가?

5 | 예리성sharp
| 말은 날카로워야 한다

잠시 책을 내려놓고 팔짱을 껴보라. 쉽지 않은가. 오른팔 위에 왼팔이 있든 왼팔 위에 오른팔이 있든 당신은 항상 그렇게 팔짱을 낄 것이다. 이제 반대로 껴보라. 오른팔 위에 왼팔이 있었다면 반대로 왼팔 위에 오른팔이 오게 해보라는 얘기다. 생각보다 잘 되지 않는다. 어쨌든 억지로라도 반대로 껴보라. 어색하지 않은가. 다시 이 책을 보다가 5분쯤 흐른 뒤 팔짱을 껴보라. 그 팔짱은 분명 아까 반대로 꼈던 그 팔짱이 아니다. 대개는 원래대로 낀다.

우리는 오랜 습관에 따라 기계적으로 하루하루를 살아간다. 바지를 입을 때 오른발이 먼저 들어가든 왼발이 먼저 들어가든 반대편을 먼저 넣을 생각은 하지 않는다. 우리의 말버릇이나 단어, 말하는 방식에서도 머리의 지배를 받지 않은 기계적인 습관이 술술 나온다.

뻔한 말을 남발하지 않는다

의례적인 상용어를 남발하는 것만큼 허공에 대고 펀치를 날리는 짓도 없다. 관행적 표현, 추상적 단어 나열은 하지 않은 것만 못하다. 괜스레 내 입만 아프고 듣는 이의 귀만 따가우니 말이다. 이것은 마치 쓸데없는 자동차 공회전과 다를 바 없다. 설령 다양한 주장을 할지라도 매번 똑같은 표현과 상투어로 말하면 듣는 사람은 지겨울 수밖에 없다.

상투어란 '석 달 열흘', '누워서 떡 먹기', '책과 씨름하기'처럼 닳고 닳은 표현을 말한다. 직장에서 우리는 수없이 '자신 있습니다', '열심히 하겠습니다', '잘 알겠습니다'라는 말을 남발한다. 홈쇼핑도 마찬가지다.

"저도 써봤는데요. 정말, 정말 좋아요. 꼭 한번 써보세요."

어쩜 홈쇼핑 물건에는 좋지 않은 것이 하나도 없을까? 이제 소비자들은 더 이상 테스티모니얼(testimonial, 증언) 광고, 즉 '써보니까 정말 좋던데요' 식의 얘기는 거의 믿지 않는다.

"저도 처음에 가격 보고 깜짝 놀랐는데요."

난 평생 어디 가서 물건 값 보고 화들짝 놀라본 적이 한 번도 없는데 쇼호스트들은 어떻게 매일 그토록 깜짝 놀랄까?

"지금 많은 분들이 함께하고 계신데요. 지금 고객님의 성원이 너무 뜨거워서 기다리시는 분이 정말 많습니다. 자동주문전화를 이용하세요."

이 말을 정말 믿는가? 이 글을 읽고 있는 당신도 믿지 않고 쓰고 있는 나도 믿지 않는다. 그런데도 이런 상투어가 홈쇼핑을 가득 메우고 있다. 왜 상투어를 남발하는 것일까? 그만큼 '어떻게 말할 것인가'를 고민하지 않는다는 의미다. 분명 개선하려는 노력이 필요하다.

자신의 말을 녹음해서 들어보라. 아마 깜짝 놀랄 만큼 많은 관용적 표현을 쓰고 있음을 깨달을 것이다. 그뿐 아니라 '에', '어'처럼 되풀이하는 말의 군더더기나 자신만의 특유한 말버릇까지 발견할 수 있다. 그러한 사족을 제거해야 한다. 사족을 제거하면 말이 깔끔해지고 전달력이 높아진다.

버릇처럼 내뱉는 말들을 종이에 써놓고 가급적 그 말을 삼가려고 노력해보자. 예를 들어 홈쇼핑 쇼호스트들은 '놀라운 조건', '특별한 혜택', '믿기 힘든 구성', '보는 것만으로도 행운', '돈 벌어가는 날', '뜨거운 성원에 감사' 같은 상투어를 배제하고 PT를 진행하려 노력해야 한다.

영어식 관용 표현도 의외로 많이 사용한다. 가끔 휴대전화 문자메시지를 받으면 꼭 끝에 '오늘도 좋은 하루 되세요'라고 보내는 사람들이 있다. 그건 그저 아무런 감정도 없는 'Have a nice day'의 번역문일 뿐이다.

클라이맥스를 설정한다

모든 내용이 평평(flat)해서는 안 된다. 중심 메시지는 튀어야 한다. 날카로운 세일즈맨은 요점을 분간할 줄 안다. 요점이란 말하는 이가 흥미 있다고 느끼는 부분이 아니라 내용 전체의 중심을 이루는 핵심 메시지다. 내가 말할 내용을 간단히 메모한 것, 그것이 바로 요점이다. 그 부분을 날카롭게 강조하면 듣는 이는 전체 내용 중 그 부분이 핵심이라는 것을 인식한다.

영화나 가요도 시작부터 끝까지 전체가 평이하면 관객은 뭘 보고 들었는지 기억하지 못한다. 마찬가지로 강의를 하거나 프레젠테이션을 할 때 튀는 부분이 없으면 지루하다. 모든 부분을 골고루 강조하거나 일정 간격을 두고 반복적으로 강조하는 것도 나쁘다. 반드시 절정을 이루는 부분이 있어야 한다. 그 요점을 튀게 강조하면 메시지는 날카로워진다. 나는 상품을 프레젠테이션할 때 '다른 건 몰라도 이것 하나만 기억해주십시오', '제 이야기의 가장 핵심적인 부분은 바로 이것입니다', '이것 하나만 기억해주신다면 저는 성공입니다' 등의 말로 요점을 강조한다.

열정을 바이러스처럼 퍼트린다

식탁 앞에 앉을 때마다 항상 깨작거리며 밥을 먹는 남편에게 아내가 음식을 차려주고 싶은 마음이 들겠는가? 그처럼 우리의 메시지가 깨작거리는 모습이라면 고객이 우리의 말을 듣고 싶어 하겠는가? 우리의 메시지는 왕성한 식욕처럼 힘이 넘쳐야 한다.

열정은 말에 생기를 불어넣고 말을 날카롭게 만든다. 그러므로 활력 넘치는 목소리로 열정을 다해 말해야 한다. 목소리뿐 아니라 표정과 몸짓에도 진정성을 반영해야 한다. 언젠가 신입 쇼호스트와 함께 방송을 했다. 얼마나 방송 준비를 잘해왔는지 멘트 한마디 한마디가

꿀을 바른 것처럼 유익했다. 그런데 안타깝게도 감흥이 없었다. 왜 그럴까? 열정이 없기 때문이다. 아무리 내용을 잘 준비해도 열정이 없는 메시지는 팥소가 들어가지 않은 찐빵처럼 되어버린다.

자신이 하는 말에 열중하고 감정적으로 몰입해야 한다. 눈빛에 정성을 담고 고객을 응대하라. 적극적으로 호소하라. 당신의 열정적인 에너지를 충분히 전달하라. 그렇지 않으면 좋은 메시지가 날이 무뎌져 사람의 마음속까지 날카롭게 찌르지 못한다.

한번은 연금 상품을 방송했는데 나름대로 열정을 다해 진행했다. 그 결과 목표를 뛰어넘어 170퍼센트의 매출을 달성했다. 며칠 후 해당 보험회사 상담원들의 방송 모니터링 보고서가 왔는데, 내가 너무 헤맸고 제대로 못 했다는 비판의 글로 가득했다. 일반적인 생각과 달리 아무리 상품을 열심히 팔아도 쇼호스트가 따로 받는 건 없다. 열심히 하든 그렇지 않든 똑같은 월급을 받을 뿐이다. 나는 기분이 몹시 상한 상태로 며칠 후에 다시 그 연금 상품 방송에 들어갔다. 이번에는 나도 열정이 생기지 않아 그저 기계적으로 상품 정보만 전달했다. 매출은 정확히 60퍼센트로 곤두박질쳤다. 열정이 얼마나 중요한지 단적으로 보여주는 사례다.

쇼호스트도 사람이기 때문에 모든 메시지에 내 열정을 담아낼 수 있는 것은 아니다. 내가 정말로 좋아하는 상품을 소개할 때는 하지 말라고 해도 저절로 열정이 솟는다. 그런데 가끔은 말도 안 되는 상품, '이런 걸 어떻게 방송하라는 거야' 싶은 한심한 상품도 있다. 소개하고 싶기는커녕 짜증만 나는 상품을 방송에서 진행해야 할 때는 어떻게 대응해야 할까?

흥분을 자아내는 내용을 찾을 때까지 포기하지 않고 상품을 연구 조사하는 수밖에 없다. 애정을 품을 만한 요소를 찾아내고 내 메시지 에 흠뻑 빠져들어야 한다. 나는 방송 아카데미에서 강의를 할 때 그 목석같은 사람들에게 마치 쥐어짜면 육수가 줄줄 흐를 것만 같은 트 로트 가수처럼 온몸이 '빠져들어야 한다'고 강조한다. 다시 말해 스 스로 자기 말을 확신하는 것이 중요하다.

물론 열정적으로 한답시고 시종일관 고함을 지르듯 외치면 안 된 다. 이 경우 청중은 야단맞는다는 생각을 하기 때문에 결국 거부감만 일으키고 만다. 또한 너무 격앙되거나 지나치게 감정을 표현하면 고 객과 청중은 내용이 아닌 흥분한 사람 자체에 집중한다. 아마도 '쟤, 왜 저래' 하며 시뻘겋게 달아오른 얼굴만 기억할 것이다.

자고로 열정은 바이러스처럼 퍼져 나간다. 말하는 사람의 열정은 서서히 듣는 사람에게 옮아간다. 내 말에 느낌과 생기를 불어넣으면 더욱더 잘 퍼져 나간다. 그러면 고객의 구매 욕구에 활활 불을 지필 수 있다.

타성의 함정을 피한다

한 대학에서 실험을 했다.[8] 모래 상자 안에 쥐를 넣고 지정된 위 치에 먹이를 주자 냠냠 잘 먹는다. 매일 반복 실험을 하다가 어느 날 먹이를 보일 듯 말 듯 살짝 파묻어둔다. 쥐는 어떻게 할까? 얼른 먹이를 파내 어렵지 않게 먹는다. 쥐는 먹이를 먹는 소기의 목적을 달성한 셈이다. 며칠 반복 실험을 하다가 조금 더 깊이 파묻는다. 역시 먹이를 파내 잘 먹는다. 다음 날은 조금 더 깊이, 그다음 날은 조금 더 깊이 하는 식으로 매일 조금씩 더 깊이 먹이를 파묻는다. 쥐는 매일 열심히 모래를 판다. 그러던 어느 날 먹이를 처음처럼 모래 위에 올려놓았다.

이때 쥐의 행동은 어떠했을까? 쥐는 열심히 모래를 팠다! 먹이가 눈앞에 있는데도 말이다. 즉, 쥐는 목적을 망각하고 말았다. 처음엔 먹이를 먹기 위해 모래를 팠지만 이제는 그 이유를 망각한 채 습관처럼 맹목적으로 삽질을 했던 것이다. 쥐가 하찮은 미물이라서 타성에 젖고 매너리즘에 빠진 것이 아니다. 사람도 마찬가지다.

타성도 그냥 타성이 아니라 더 깊은 타성인 활동적 타성(active inertia)에 젖는 경우가 있다.[9] 이것은 과거에 하던 타성적 활동을 더욱 가속화하는 성향을 말한다. 1990년대 중반 회사 동료들과 함께 바닷가로 회를 먹으러 간 적이 있다. 그런데 술에 흥건히 취한 한 직원이 갑자기 차를 몰고 모래사장으로 돌진했다. 모두가 말렸지만 그는 굳이 모래사장으로 진입하더니 아니나 다를까 백사장에서 오도 가도 못했다. 그 직원은 후진 기어를 넣고 계속 페달을 밟았다. 그런데 페달을 밟으면 밟을수록 차는 더욱더 모래 속에 깊이 가라앉았다. 이것이 바로 활동적 타성이다. 생각 없이 과거의 습관을 맹렬히 답습할수록 더욱더 수렁으로 빠지고 만다. 결국 내가 신문지와 나무판들을 주워 바퀴 밑에 끼운 뒤에야 차를 뺄 수 있었다.

사람은 늘 가던 방향대로 가고, 말하던 대로만 말하려는 경향이 있다. 이 익숙한 생활의 관성을 깨고 변화해야 한다. 관성의 족쇄(shackles of inertia)를 깨라. 그러면 우리를 지배하던 타성도 깨진다.

익숙해질 때가 가장 위험하다

어떤 일이든 그 일에 익숙해질 무렵이 가장 위험하다. 매너리즘이 무서운 이유 중 하나는 내가 그 일을 하고 있다는 사실을 인지하지 못한 채 기계적으로 해내기 때문이다. 반짝이는 눈빛, 호기심 어린 의욕적인 모습은 시간이 가면서 녹슨 날처럼 무뎌지고 나도 모르는 사이에 도태의 길로 들어선다. 매너리즘을 우리말로 바꾸면 '틀에 박힌 버릇'쯤 될 것이다.

한때 나는 다양한 상품을 방송하면서 신나게 밤을 새워가며 상품을 공부했다. 주방, 가전, 패션, 금융, 식품, 아동도서 등 새로운 상품을 소개할 때마다 그 호기심과 희열이 대단했다. 그런데 어느 순간부터 전문성을 높인다는 이유로 매번 하던 똑같은 상품만 주는 게 아닌가. 눈뜨면 그 상품, 돌아서도 그 상품뿐이었다. 똑같은 상품을 1시간 동안 열 차례 설명하고 그 상품을 한 달에 수십 번씩 몇 년간 방송했다. 그러던 어느 날 우연히 재방송을 보다가 내가 지독한 매너리즘에 빠져 방송하는 모습을 보고 충격을 받았다.

게스트와 주거니 받거니 하는 모습이 흡사 짜고 치는 고스톱 같았다. 틀에 박힌 말투, 눈빛, 시연까지 말이다! 능숙한 건 둘째 치고 마치 내가 영혼 없는 껍데기 내지는 좀비 같았다. 충격을 받은 나는 나 자신에게 특단의 조치를 취했다. 즉, '난 오늘 이 상품을 난생처음 봤고 처음 설명한다'는 생각으로 반복해서 자기 암시를 하며 방송에 임했다. 시청자들도 그 상품을 난생처음 접한다고 생각하고 진행했다. 방송 전에 게스트에게도 오늘이 첫 소개라 생각하고 뜨거운 가슴으로 말을 해달라고 부탁했다.

꼭 기억해야 한다. 말에 굳은살이 박이면 날카로운 메시지도 무뎌진다. 우리의 설득에서 고도의 집중력은 필수 항목이다. 지금 당신이 앉아 있는 엉덩이 밑에 혹은 서 있는 발밑에 서슬 퍼런 작두가 있다고 생각해보라. 체중을 그 작두 위에 맡기고 있다면 과연 느슨할 수 있을까?

나는 방송을 하거나 기업에서 강연을 할 때마다 '나는 지금 작두 위에 서 있다'고 자기 암시를 한다. 그러니까 한 순간도 방심하거나 매너리즘에 빠지지 말라고 말이다. 이러한 자기 암시로 고도의 집중력을 잃지 않을 때 두뇌회전이 빠르고 표현은 강렬하며 내용은 예리해진다.

6 | 명확성conviction
또렷하라, 스스로 감동할 때까지

직입直入한다

아이스브레이킹(icebreaking, 처음의 어색하고 서먹서먹한 분위기를 푸는 일)은 사라졌다. 고객은 우리에게 긴 시간을 허락하지 않는다. 그들은 결코 기다려주지 않는다. 이제 서론은 필요 없고 곧장 본론으로 들어가야 한다. 마지막에 가서 핵심을 꺼내봐야 이미 늦으므로 우리의 화법은 언제나 두괄식 전개여야 한다.

고객은 어차피 우리가 특정 목적을 갖고 접근한다는 것을 알고 우리를 만난다. 서로가 필요해서 만날 때는 상대방이 마음을 열도록 신변잡기적인 말이나 불필요한 칭찬을 하며 대화의 물꼬를 트는 고전적인 방법은 시간낭비다. 우린 그들에게 반가운 사람도 아니고 얼굴을 보고 수다만 떨어도 좋은 오랜 친구도 아니다. 그저 핵심만 듣고

자 우리 앞에 앉아 있을 뿐이다. 쓸데없는 이야기 보따리를 풀며 시간을 끌지 마라.

지금은 방송 채널이 다양하고 거기에는 수많은 방송인이 출연한다. 우리는 그들을 방송인이라고 부르지만 홈쇼핑 쇼호스트들은 방송인이 아닌 프레젠터로 봐야 한다. 방송은 불특정 다수를 대상으로 하지만 홈쇼핑은 특정 대상을 타깃으로 하기 때문이다. 이·미용의 경우에는 여성을, 가전제품은 남성을 타깃으로 한다. 유·아동용 도서는 미취학 자녀가 있는 어머니를, 주방용품은 주부를 타깃으로 한다.

또한 방송은 목적성 접근이 아니지만 홈쇼핑에는 목적이 있다. 방송은 웃고 우는 것으로 그만일 수 있으나 상업 채널에서는 돈을 써야 한다. 우리는 지갑을 열어 돈을 쓸 사람을 향해 이야기하고 있다. 지갑을 열 능력이 없는 사람에게 우리의 얘기는 그저 공염불이다. 그런 까닭에 방송에서는 영양가 없는 이야기를 남발하는 경우도 있지만 홈쇼핑에서는 정말로 필요한 이야기만 함축해서 던져야 한다. 프레젠터의 기본, 즉 직입 방식으로 말이다.

홈쇼핑은 보통 한 상품당 1시간 정도 방송을 한다. 그 1시간 방송의 오프닝을 보라. 쇼호스트는 등장하자마자 목적을 밝히고 들어간다. 인사하기가 무섭게 그날의 가장 중요한 혜택이나 프로모션을 강조하며 시작하는 경우가 대부분이다. 소개가 길어지면 넋두리가 된다. 고객은 빨리 본론만 듣고 싶어 한다. 홈쇼핑 고객 조사에서도 내가 듣고 싶은 말이 빨리 나오지 않고 쇼호스트가 자꾸 딴소리만 하면 짜증이 나서 채널을 돌리는 것으로 나타났다. 기다려주지 못하는 세상에서는 말하고자 하는 핵심만 속 시원하게 빨리 밝혀야 한다. 마찬가지로 서로 분명한 목적이 있어서 만나는 영업 현장에서도 직입해야 살아남는다.

나는 스피치 강의를 수년째 해오고 있는데 수강생들에게 자기소개를 하라고 하면 대개 서론 부분에 어딘가에서 따온 좋은 문구를 소개하거나 시를 읊는다. 노래를 부르거나 연기를 하고 난 뒤 자기소개를 하는 경우도 있다. 본인이 어떤 사람인지 빨리 알려주는 것이 관건이지 누가 노래를 듣고 싶다고 했나? 심사위원은 그저 그가 어떤 사람인지 궁금할 뿐이다. 그 점부터 빨리 밝히는 것이 좋다.

홈쇼핑에서 새로운 쇼호스트를 선발하기 위해 면접할 때 내주는 시간은 통상 자기소개 2분과 PT 3분 정도다. 그 짧은 시간에 농담 따먹기를 할 텐가? 지원자들은 며칠 밤을 새워 그 5분을 값지게 만들고자 말의 군살을 걷어내며 직입하고 또 직입한다. 한 지원자는 본인 이름만 간단히 밝힌 후 곧바로 얘기를 시작했다.

"천초일각천금이란 말이 있습니다. 1,000초면 15분입니다. 15분도 금 같은 시간이란 속담입니다. 귀사의 미래를 짊어질 새로운 인재를 선발하기 위해 15분도 필요 없습니다. 단 2분만 금 같은 여러분의 소중한 시간을 사겠습니다. 대신 그 시간 동안 귀사를 위해 일할, 제 천금 같은 핵심 역량 세 가지를 소개하겠습니다. 들어보시죠. 첫째로 ……."

이 지원자의 오프닝은 15초밖에 안 된다. 하지만 전체 진행순서를 밝혔고 본인이 무슨 말을 할지 명확히 알렸으며 자신의 의지와 말의 방향도 세워놓았다. 단 15초 만에 말이다!

어느 신문기자는 몇몇 재벌 1세 창업지들을 만난 후 가장 인상 깊었던 점은 '이야기를 할 때 곧바로 결론으로 치고 들어가는 성향'이라고 밝혔다. 무조건 서론은 생략이다. 단칼에 직입해야지 서론을 장황하게 늘어놓거나 부연설명을 하려 하면 그 순간 칼을 맞고 만다. 그런 일을 당하지 않으려면 분명하게 주제의 핵심을 전달해야 한다.

직입하려면 어떤 점에 주의해야 할까? 첫째, 고객의 주의를 재빨리 사로잡고 둘째, 무엇을 말할지 분명하게 밝히며 셋째, 그 점이 고객에게 왜 중요한지 분명히 말한다. 서론을 생략하라는 말은 아예 서론을 빼라는 의미가 아니다. 서론을 최대한 짧고 간결하게 하라는 뜻이다. 이제부터 사람들이 내 말을 주의 깊게 들을지 아닐지가 서론에 달려 있으므로 최대한 짧게 말한 후 직입해야 한다.

상대의 반론까지 막는 일침 요법

언젠가 NHN의 게임 포털인 한게임의 김정호 전 대표가 명확한 직설 화법으로 유럽을 놀라게 한 적이 있다. GCO(Games Convention Online, 유럽 최대의 온라인 게임쇼)가 주최한 컨퍼런스에 국내외 취재진이 몰려들어 질문을 했다.

"NHN의 웹보드 게임 서비스를 앞으로 미국에서 더 이상 제공하지 않을 수도 있는가?"

그는 '생각만큼 성과가 좋지 못했다', '사업이 부진했다'라고 둘러치는 대신 명확하게 대답했다.

"미국에서 망했다."

이처럼 분명하게 말하면 누구도 '재고해봐라', '그래도 끝까지 해봐야 알지 않겠나'라고 선뜻 반문하지 못한다. 이어 독일 게임산업협회의 한 관계자가 말했다.

"독일은 2차 세계대전의 아픈 기억 때문에 폭력적인 게임을 좋아하지 않는다."

김 대표는 한 방에 명확히 응수했다.

"독일 유저들이 가장 좋아하는 게 총싸움 게임이다. 전 유럽을 통틀어 FPS 게임(First Person Shooter, 1인칭 총 쏘기 게임) 소비가 독일에서 가장 많다."

제대로 알지도 못하고 말을 꺼낸 그 독일인은 얼굴이 벌겋게 물들었다고 한다. 분명하게 핵심을 전달하는 습관은 반론의 여지를 없앤다. 이것을 일침 요법이라고 한다. 명확한 한마디 말은 우리 가슴속에 뭉클하게 맺히고 그것을 마음에 새기면 지표, 철학, 지침, 이정표가 된다. 또한 그것은 자신의 두뇌를 스스로 자극하는 효과가 있다. 일침 요법을 이용한 광고 카피에는 다음과 같은 것이 있다.

'전기가 여름을 시원하게 합니다. 여름이 전기를 힘들게 합니다.'
　　－일본 전기사업연합회

'아내 사랑, 뿌린 대로 거둡니다.' －다리오

'두 개의 가슴을 보여주는 것이 부끄럽다면, 한 개의 가슴만 보여줘야 할 때를 생각해보세요.' －유방암 예방캠페인

스스로 감동할 때까지 연습한다

운 좋게도 나는 내 인생을 바꿔놓은 유능한 프레젠터를 만났다. 감히 흉내조차 낼 수 없는 그 강렬한 화법, 보통 사람은 생각하기도 힘든 접근법에 나는 혀를 내둘렀다. 난 죽었다 깨어나도 저 사람보다 말을 잘할 수 없을 거라는 생각이 들 정도였다. 그를 만난 지 수십 년이 지났지만 아직도 그 위엄 있고 확신에 찬 말투와 목소리가 눈과 귀에 생생하다.

그렇다고 외모가 출중한 것도 아니다. 그는 자신을 소개할 때 "전 한마디로 이겁니다" 하며 엄지손가락을 치켜세운다. 최고라고? 천만에. 그게 아니라 치켜세운 엄지손가락처럼 키 작고 배 나오고 머리가 벗겨졌다는 얘기다. 그런데 그에게서 어찌나 대단한 포스가 나오는지 나는 자존심을 접고 대놓고 물었다.

"대체 방법이 뭡니까?"

그때 잊지 못할 한마디를 들었다.

"내 말에 나 자신이 감동하기 전까지는 말하지 마라."

그랬다. 그는 아무리 작은 발표를 할지라도 내용을 완벽하게 숙지할 때까지 끊임없이 준비했다. 자신의 말에 자기가 먼저 감동할 때까지 그는 계속해서 연습했다. 좁은 방에 대강당에서나 쓸 법한 커다란 연탁을 갖다 놓고 반대편에는 전신거울을 놓은 채 심지어 집 안에서 양복까지 입고 연습을 했다. 내가 나를 설득하지 못하고 어떻게 남을 설득할 것이며, 내가 하는 말에 내가 먼저 감동하지 않고 어떻게 남을 감화할 수 있겠느냐는 것이 그의 지론이다. 백 번 옳은 말이다.

자신의 말을 확고히 믿고 말하는 사람과 단지 전달만 하는 사람에게는 하늘과 땅만큼의 차이가 있다. 전자는 핵심을 전달하고 후자는 문자만 전달한다. 전자는 확신을 심어주고 후자는 단어만 읊어댄다. 나는 방송을 하기 전에 이렇게 자기 암시를 한다.

'말에 혼을 불어넣어라. 말이 살아 숨 쉬게 하라.'

7 │ 흐름성 flow
│ 논리가 사라진 대화는 시체다

내 주위에 논쟁을 좋아하는 한 동료가 있는데 그는 식당에서 밥을 먹다가도 논쟁거리가 생기면 상대방이 동의할 때까지 침을 튀겨가며 떠들어댄다. 그 의지는 충만하지만 논리는 산만하기 그지없다. 당연히 그의 설득은 먹히지 않는다. 상대방은 그저 귀찮아서 혹은 얼른 자리를 피하고 싶어서 동의하는 척할 뿐이다. 먹히는 설득은 자연스럽고 자연스러우려면 논리가 받쳐줘야 한다.

메시지는 논리가 있어야 처음부터 끝까지 물 흐르듯 자연스럽게 흘러간다. 논리가 없는 말은 죽은 시체와 같다. 말할 때 논리는 왜 그토록 중요한 걸까? 간단하다. 말에 논리가 있어야 사람들이 이해하고 받아들이며 기억하기가 더 쉽기 때문이다. 그렇다면 어떻게 해야 논리적으로 말할 수 있을까?

소재 선택: 관련 있는 것만 사용한다

논리적으로 전개하고 싶다면 반드시 관련이 있는 것만 사용해야 한다. 쓸데없이 이 보따리, 저 보따리 엮어 넣은들 논리만 깨질 뿐이다. 무엇을 어떤 식으로 전개하든 반드시 관련이 있는 내용의 울타리 안에서만 말하라. 양떼 목장 이야기를 할 때 염소 이야기는 빼야 한다.

또한 목적을 달성하는 데 도움을 주는 것만 사용한다. 말을 하다 보면 내가 말하고자 하는 바와 전혀 상관이 없거나 심지어 쓸모없긴 하지만 재미있는 소재가 있을 때, 그걸 말하고 싶은 유혹에 빠지기 쉽다. 이 유혹에 굴복하면 불필요한 그 흥밋거리를 어떻게든 내용에 끼워 넣으려 애쓰다가 결국 억지 논리를 펼치고 만다. 아무리 흥미가 있더라도 불필요한 소재를 끼워 넣으면 내 논리는 초점이 흐려지고 그것이 목적을 가린다. 흥미가 올라가는 것에 반비례해 효과가 뚝 떨어지는 것이다.

목적 선택: 세 가지 목적 중 하나를 선택한다

내용을 논리적인 방식으로 풀어가려면 먼저 목적을 염두에 둬야 한다. 당신이 사람들 앞에서 PT를 한다고 해보자. PT에는 매우 다양한 목적이 있을 것 같지만, 상대가 대중이든 고객이든 당신은 다음의 세 가지 목적을 벗어나기 어렵다.

1. 다른 사람에게 뭔가를 알려준다.
2. 어떤 사실이 '맞다' 혹은 '틀리다'를 주장한다.

3. 사람들이 행동하도록 만든다.

중요한 발표를 해야 할 경우 위의 세 가지 중 하나의 목적을 선택하고 PT를 짜면 논리의 틀을 잡는 데 용이하다. 마케팅 업무를 할 때 나는 주로 1번이나 2번이 주된 목적이었다. 쇼호스트로 일하는 지금은 주로 3번을 위해 애쓴다. 사람들이 구매하도록, 즉 선택하도록 만드는 것이 내 논리의 목적이다.

전개 방식 1: 항목별 배열

이것은 전적으로 당신이 알아서 해야 할 문제다. 먼저 무엇을 말하고 또 그다음에 무엇을 말할 것인지 순서를 논리적으로, 자연스러운 흐름에 따라 배치해야 한다. 나는 방송 전에 큐시트(Cue-sheet, 방송 진행 순서)에 단어들을 순서대로 기록한다. 예를 들어 건강기능식품 오메가3를 방송해야 하고 설명을 위해 내게 주어진 시간이 6분이라면 '혈관의 중요성-현 상황-원료-브랜드-기능성-구성과 가격'이라고 적는다. 그리고 그 단어 순서대로 내가 조사한 구체적인 내용을 항목별로 진행한다.

- **혈관의 중요성**: 우리 몸의 핏줄은 12만 킬로미터로 지구를 세 바퀴 도는 길이다. 피는 시속 200킬로미터로 이동하며 23초 만에 우리 몸을 한 바퀴 돈다. 심장은 하루 20톤의 혈액을 운반해 500만 개의 털 하나하나에까지 산소와 영양을 공급하는데, 태어나서

죽을 때까지 단 한 번도 쉬지 않고 평생 26억 번을 뛴다. 핏줄은 140억 개의 세포가 지나다니는 길로 어느 한 군데만 막혀도 생명이 위협을 받는다. 전 세계 사망원인 1위, 2위는 혈관질환이다.

- **현 상황:** 30세 이상 세 명 중 한 명은 심혈관질환에 빨간불, 50세 이상 두 명 중 한 명은 성인병, 60세 이상 두 명 중 한 명은 고혈압, 그리고 매년 10만 명씩 뇌질환 환자가 발생한다. 직장인의 70퍼센트는 운동을 하지 않는다.
- **원료:** 캐나다 정제 어유 중 최고 등급, 여러 정제 단계를 거친 고순도 프리미엄 원료만 사용한다.
- **브랜드:** 캐나다 건강기능식품 시장 매출 1위 기업이자 36년 전통의 믿을 수 있는 기업이다.
- **기능성:** 혈행과 콜레스테롤을 개선한다.
- **구성과 가격:** 하루 한 번 섭취로 총 여덟 병 24개월분을 한 달 9,814원에 구입 가능하다.

전체적인 구성에서 논리적 틀을 잡는 것은 프레젠테이션의 뼈대 만들기에 해당한다. 여기에 살을 붙여 주장을 탄탄하게 뒷받침해야 한다. 이 단계를 밟으면 발표자는 핵심 내용을 머릿속에서 쉽게 인출해 빠짐없이 논리를 전개할 수 있다. 동시에 듣는 청중은 논리의 흐름에 맞춰 이야기에 집중한다.

전개 방식 2: 원인과 결과

반드시 원인을 말하고 결과를 말할 필요는 없다. 어떤 경우에는 상황(결과)을 먼저 밝히고 나서 그 결과를 초래한 요인(원인)을 알려주는 증거를 제시하는 것이 좋다. 다음의 예를 살펴보자.

결과: 일은 노동이다. 당신은 몇 살까지 노동할 것인가? 60세? 현실은 그보다 더 비참하다. 한국의 노인들은 평균 71세까지 일을 해서 생계를 꾸린다.

원인: 왜 그럴까? 젊은 시절에 노후를 준비하지 못했기 때문이다. 그 비참한 현실은 지금도 여전하다. 현재 노후준비를 했다는 직장인은 30대의 경우 채 15퍼센트가 되지 않는다.

논리: 노후준비, 지금이라도 시작하라!

결과: 만약 당신이 40대라면 뱃살을 한번 잡아보라. 살덩어리가 얼마나 잡히는가? 한숨이 절로 나올지도 모른다. 중년 여성의 건강 적신호는 내장 지방으로 가득 찬 복부 비만이다.

원인: 탄수화물 섭취가 뱃살의 주요 요인이다.

논리: 오늘부터 밥을 반 공기로 줄여서 먹고 탄수화물이 지방으로 축적되는 것을 막아주는 HCA를 하루 두 알씩 섭취하자.

전개 방식 3: 문제와 해결책

지금까지 별 어려움 없이 살아왔는데 갑자기 누군가가 당신의 삶에 작은 문제가 생겼다고 알려준다면? 그렇게 걱정을 심어주더니 별안간 당신의 문제에 관심을 보이며 완벽한 해결책을 제시한다면? 아마도 당신은 눈앞에 닥친 문제를 해결하고자 그 해결책을 선택할 것이다. 이것은 동서고금을 막론하고 가장 고전적인 설득 수법이다.

홈쇼핑 방송을 보면 상품 설명 초반에 문제점을 수없이 던진다. 당신에게 걱정거리를 심어주는 것이다. 그런 다음 즉각 상품을 제시하며 해결책을 내놓는다. 이 수법은 홈쇼핑의 가장 기본적인 논리 전개다.

문제: 멀쩡한 싱크대 개수대 구멍 안에서 밤새 기괴한 벌레들이 증식해 집 안 구석구석을 돌아다닐 수 있다.

해결책: 음식물 쓰레기 건조기가 필요하다.

문제: 매일 변기 물을 내릴 때마다 수십 년간 아무 탈 없이 써온 내 칫솔에 대변의 균이 날아와 안착한다는 사실을 알았다. 더구나 현미경으로 보여준 에일리언 뺨치는 무시무시한 화장실 세균 부대는 당신이 이 글을 읽는 순간에도 당신의 칫솔에서 산아제한 없이 가족 구성원을 늘려간다.

해결책: 칫솔 살균기가 필요하다.

전개 방식 4: 시간의 흐름순

어떤 일을 알려줄 때는 시간 순서로 설명하는 것이 가장 자연스럽다. 과거의 사건을 시간순으로 말하면 듣는 이가 특정 상황이 어떻게 일어났는지 쉽게 이해한다. 그렇다고 반드시 발단부터 시간 순서대로 시작해야 하는 것은 아니다. 어떤 때는 그 사건의 가장 극적인 부분에서 시작하는 것이 더 효과적이다. 예를 들어 영화 〈타이타닉〉은 극적인 부분들을 중간에 먼저 소개하고, 나머지 부분은 시간의 흐름대로 나열하는 전개 방식을 썼다.

지금까지 살펴본 것 이외에 한 가지를 부가하자면 '논리에 근거를 동반하라'는 점이다. 자료의 출처와 근거를 들면 내 논리가 강해진다. 가령 '일개미라고 일만 하겠어? 노는 놈도 있겠지'보다는 다음과 같이 그 근거를 함께 인용해 논리력을 높이는 것이 좋다.

"일본 홋카이도대학 연구진에 따르면 일개미 다섯 마리 중 한 마리꼴로 일하지 않고 놀고먹는다. 즉, 20퍼센트는 제 몸을 핥거나 어슬렁거리며 베짱이처럼 군다는 얘기다. 일하기 위해 태어난 일개미조차 그런데 우리 조직에도 베짱이 같은 직원이 있는지 조사해볼 필요가 있다."

논리를 세우려면 다음과 같은 질문을 항상 염두에 두는 것이 좋다.

1. 내가 고객을 만난 목적은 무엇인가?
2. 내가 말하는 각각의 중요 포인트는 최종 목적을 위한 것인가?
3. 듣는 이에게 필요한 것이 무엇인지 고려해 내용을 선택했는가?
4. 하나의 주제에서 다음 주제로 넘어갈 때, 논리의 빈틈이 생기거나 맥이 끊어지지 않는가?

8 | 차별성look better
튀어야 살아남는다

어린 시절에 학교 앞에서 상자에 담겨 바글거리던 노란 병아리를 샀던 기억이 난다. 그때나 지금이나 궁금한 게 도무지 암컷인지 수컷인지 구분이 가지 않는다는 점이다. 아무리 봐도 똑같기만 해서 친구 병아리와 섞이면 내 것을 제대로 찾은 것인지 확인할 길이 없었다. 하긴 그 시절에 어른들에게 물어봐도 돌아온 대답은 신통치 않았다.

당신은 병아리의 암수를 구별할 수 있는가? 아마 쉽지 않을 터다. 사실 병아리 암수 구별은 전문 감별사도 고개를 갸웃거릴 정도로 어려운 일이다. 공작새는 다르다. 공작새의 암수 구별은 애들도 쉽게 할 수 있다. 밋밋한 암컷들 사이에 독보적으로 눈에 띄는 수컷이 홀로 날개를 쫙 펴면 그 화려한 자태가 한눈에 수컷임을 증명한다.

요즘 쇼호스트가 되겠다고 홈쇼핑에 오디션을 보러 오는 사람들을 보면 격세지감을 느낀다. 방송 아카데미에서 똑같은 수업, 똑같은 방식으로 훈련을 받아서 그런지 모두들 대답이 똑같다. 흡사 똑같은 미스코리아 후보의 당선소감을 듣는 듯하다. 그런 자세로는 어림없다. 지금은 남과 차별화하지 않으면 생존에 위협을 받는 시대다. USP (Unique Selling Proposition) 전략에 따르면 경쟁 시장에서 선택받기 위해서는 타 경쟁 상품과 차별적인 독특한 세일즈 제안이 있어야 한다.[10] 차별성은 엄밀히 말해 '남과 구별돼라(different)'가 아니라 '남보다 돋보이라(look better)'는 주문이다.

남보다 돋보인다

하늘 아래 새로운 것은 없다. 그러므로 굳이 세상에 존재하지 않는 것을 찾아내려 애쓸 필요는 없다. 설령 기존에 있던 것일지라도 가치와 속성, 디자인, 접근법을 차별화하면 새롭게 느껴진다. 여기서 일본의 사례를 하나 살펴보자.

2000년 일본의 기린 맥주가 소주와 과일을 섞은 음료(추하이) 제품인 효케츠(永結)를 출시했다. 당시 동종업계에 추하이는 밟힐 정도로 많았다. 그 많은 경쟁제품 중에서 소비자의 눈에 띄려면 어떻게 해야 할 것인가? 기린 맥주는 차별화된 이미지를 부여하고자 알루미늄캔으로는 처음으로 다이아몬드 컷(캔 위의 올록볼록한 다이아몬드 모양)을 시도했고, 그것도 주류에서 보기 드문 메탈 블루 색상을 사용했다. 효케츠는 출시 3년 만에 시장점유율 45퍼센트를 점령하며 1위로 올라선 뒤 줄곧 선두를 고수하고 있다.

한국 하이트 맥주의 맥스(Max)도 그렇다. 뒤늦게 시장에 뛰어든 맥스의 차별화 전략은 가격이 약간 비싼 프리미엄 맥주라는 콘셉트였다. 그 특징에 맞춰 포장 색을 기존 맥주에서 잘 쓰지 않는 흰색과 금색을 사용함으로써 고급 원료를 사용했다는 이미지를 줬다. 또한 프라임이라는 글자는 작게 줄이고 'Max'를 크게 돋보이게 했다. 덕분에 맥스는 출시 2년 만에 시장점유율이 10퍼센트대로 올라갔고 맥주 시장 톱3에 진입했다.

차별화하기 힘든 우유 시장에서도 독특함을 내세우려는 전략이 치열하게 벌어진다. 사실 우유는 어떤 브랜드든 똑같은 젖소에서 짜낸 똑같은 우유 100퍼센트다. 따라서 차별화 요소를 부각시키기가 매우 어렵다. 이런 상황에서 서울우유는 '서울우유에는 만든 날짜가 있다'라는 간단한 차별화 광고를 내세웠다. 기존 우유 브랜드들이 최종 유통기한만 표기한다는 데 착안해 우유마다 만든 날짜를 표기함으로써 타 브랜드와 차별화를 도모한 것이다.

특히 요즘에는 제품의 기능 및 디자인만 강조하는 차별화에서 벗어나 제품을 사용하는 고객이 누리는 가치를 강조하는 콘텐츠 차별화 전략이 주목을 받고 있다. 관건은 제품을 사용할 경우 고객이 어떤 기쁨, 가치, 문화를 누리고 어떻게 삶의 질을 높일 수 있는지 어필하는 데 있다. 따라서 콘텐츠 차별화는 제품을 사용자의 기억에 남을 만한 체험 가치와 사용 가치로 구별한다.

예를 들면 하겐다즈는 단순한 아이스크림이 아니라 '식사 후 즐거움'이라는 콘텐츠 차별화가 주는 가치를 모토로 한다. 100년 이상 스테디셀러의 자리를 지켜온 '크레욜라 크레용'은 단순한 크레용이 아니라 '어린이들의 상상력을 북돋워주는 동반자'로 다가선다. 내가 소개하는 어느 보험은 아프면 돈이 나오는 기계가 아니라, '생명과 건강, 사랑'이라는 이념을 가치로 내세운다. 렌지조리기(전자레인지에 음식을 조리하게 해주는 주방기구)를 소개할 때, 나는 바쁜 현대인의 '아침과 건강한 간식을 챙겨주는 우렁각시'라는 차별적 가치로 직장인의 등을 토닥여주었다.

홈쇼핑 PD나 MD는 자신이 제시하는 상품의 차별화를 가장 크게 고민한다. 늘 상품을 어떻게 꽃단장해야 고객의 눈에 한 방에 꽂힐지 생각하며 머리를 쥐어짜는 것이다.

기대 수준을 뛰어넘는다

우리의 메시지나 접근 방법도 기존의 것과 차별화해야 한다. 포부 수준 이론(level of aspiration theory)에 따르면 기존과 비슷하거나 이전 것을 뛰어넘지 못하는 전략은 성공하기 힘들다. 포부 수준 이론은 과거의 경험에 비춰 '최소한 이 정도 이상은 되어야 한다'는 비교 수준을 뛰어넘어야 비로소 만족하고 감동을 받는다는 이론이다. 한마디로 과거 수준보다 더 강하고 더 높은 만족을 느껴야 사람들이 받아들인다는 사회심리 이론이다.

가령 사람들이 어떤 마케팅 전략에 만족할 경우 다음에는 그 이상을 보여주어야 만족한다. 과거에 장미 100송이를 선물로 받았던 여성에게 프러포즈할 때 비교 기준은 장미 100송이다. 이때 장미 한 송이를 선물로 주며 고백을 하면 그 여성에게서 만족이나 감동을 끌어내긴 어렵다. 만약 한 여자를 차지하기 위해 모든 남성이 장미꽃을 들고 고백할 때 스포츠카라는 나만의 차별성이 있다면 당연히 돋보인다. 이것이 포부 수준 이론이다.

1990년대 말 해외 글로벌 브랜드 마트들이 국내 토종 브랜드를 위협하며 쏙쏙 입점을 늘려갔다. 지금은 국내 어느 마트에서나 시행하고 있지만 당시 한국 월마트가 국내 마트들이 해본 적 없는 생소한 TCTA(take customer to the area) 서비스를 시도했다. 그때까지만 해도 한국 마트에서는 "저기, 포장테이프 어디 있어요?"라고 물으면 매장 직원은 "저기요~"라고 손가락으로 까딱 하거나 입만 쭉 내밀어 방향을 가리킨 후 하던 일에 열중했다. TCTA 서비스에서는 즉각 하던 일을 멈추고 고객을 그 장소까지 직접 데려다준 뒤 돌아와 하던 일을 계속한다. 처음에는 고객들이 그 호사에 미안해서 어쩔 줄 몰라 했다. 기대 수준이 친절하게 대답해줄 것인가 아닌가에 있던 차에 뜻밖에도 감동 서비스를 받았기 때문이다. 감동을 받은 고객은 다시 그 매장을 찾게 마련이다.

마케터들은 고객감동을 이야기할 때 노드스트롬 백화점의 일화를 자주 사례로 든다. 타 백화점에서 구입한 상품을 포장해준 일, 고객이 쇼핑할 동안 주차장에 가서 차에 시동을 걸어 히터를 틀어놓은 일, 심지어 노드스트롬 백화점에서 판매하지 않은 제품을 대신 환불해준 일 등을 사례로 드는 것이다. 월마트 역시 20킬로그램짜리 쌀을 한 줌만 남기고 다 먹은 후 맛없다고 찾아온 고객에게 환불을 해주거나, 생명의 위협을 느낀다며 6개월 이상 사용한 타이어를 가져온 고객에게 환불을 해준 사례가 있다.

고객이 기대하는 그 이상을 해주면 고객은 크게 만족한다.

자기 이미지를 선언한다

방송 아카데미에서 강의를 할 때 몹시 수줍음을 타는 한 여학생을 알게 되었다. 저렇게 수줍음이 많아서 대체 방송 일을 어떻게 할까 싶었는데 얼마 후 그 여학생이 모 방송사 면접에 합격했다는 소식이 들려왔다. 아니, 그 내성적인 성격으로 어떻게 합격을 했을까? 그 결과가 신기하고 궁금해서 일부러 물어보았더니 면접관들 앞에서 치마를 찢고 노래를 부르며 끼를 발산하는 게 대단했다고 한다.

면접관은 무엇으로 판단하는가? 오직 그 짧은 오디션 현장에서 보여주는 외적 모습만으로 그 사람 전체를 평가한다. 그 사람이 살아온 과거의 모습이나 성격은 모른다. 현재 눈앞에서 보여주는 이미지가 전부다.

이미지는 힘이다. 한때 캐논 광고에서 테니스 스타 안드레 아가시(Andre Agassi)가 외쳤던 한마디, "중요한 건 이미지다(Image is everything)!"라는 말처럼 인간은 단어가 아니라 이미지로 사고한다. 이러한 이미지는 페르소나가 결정한다.[11] 특히 지금은 남이 내 이미지를 판단해주기를 바라지 않는다. 스스로 내 이미지를 만드는 시대다. 내가 이미지를 선언하면 사람들은 내 의도에 맞는 이미지를 쉽게 받아들인다.

어느 대학교에서 실험을 위해 자연스런 분위기를 연출한 다음, 한 아마추어 가수에게 두 그룹으로 나뉜 사람들 앞에서 노래를 부르게 했다. 두 그룹 모두 그 사람의 직업이 가수라는 것을 모르는 상태에서 첫 번째 그룹에게는 사전 정보 없이 노래만 들려주었다. 두 번째 그룹에게는 사전에 그 가수가 '저는 심각한 음치입니다'라고 이미지를 선언한 후 노래를 했다. 노래가 끝난 후 두 그룹에게 평가를 부탁했는데, 노래 실력이 똑같았음에도 불구하고 두 번째 그룹은 첫 번째 그룹보다 무려 32퍼센트나 더 노래를 못 한다는 평가를 내렸다.

사실 나는 자주 지각하는 편이다. 문제는 홈쇼핑의 모든 방송이 생방송이라는 데 있다. 늦으면 끝장이다. 하루는 일요일 오후 방송시간을 착각해 생방송 전 정확히 30분까지 집에서 한가롭게 누워 있었다. 그건 도저히 있을 수 없는 일이었지만, 사람들이 나를 너무 믿었는지 아무도 내게 전화하지 않았다. 방송 30분 전, 우연히 편성표를 보고 나서야 눈이 뒤집혔다. 미친 듯이 차를 몰아 가까스로 회사 주차장에 차를 버리고 뛰었는데 생방송 2분 전이었다! 그 2분간 옷을 갈아입고 분장하고 방송 오프닝을 했는데 아직도 그때를 생각하면 아찔하기 그지없다.

그런 일이 곧잘 생기자 어느 날 팀장이 내게 시간관리가 안 되는 것 같다고 충고를 했다. 그 말이 끝나기가 무섭게 나는 강하게 부정하며 "절대 그렇지 않습니다! 저는 시간 개념만큼은 확실한 사람입니다!"라고 대답했다. 놀랍게도 그 말을 믿는 눈치였다.

이미지 선언은 지각쟁이도 모범생으로 만든다. 실제 모습과 상관없이 이미지 공언은 그 사람의 페르소나를 좌우한다. '나는 어떤 사람이다'라고 말하면 사람들은 놀라울 정도로 그것을 믿는다. 기업체 강연을 나가면 나는 먼저 내 이미지를 공언하고 시작한다.

"저는 악어입니다. 한 번 물면 놔주지 않습니다. 조는 분들 얼굴에 물을 뿌릴 이 분무기를 보십시오. 미리 말씀드리는데 나중에 물벼락 맞고 노여워 마십시오. 제가 전달할 내용은 반드시 여러분의 머릿속에 집어넣고 가겠습니다."

그러면 사람들의 집중도가 높아지는 게 눈에 보인다.

작명作名이 반이다

홈쇼핑에서는 상품을 소개하기에 앞서 사전회의를 한다. 이때 가장 먼저 하는 것이 상품의 콘셉트를 정해 이름을 붙이는 일이다. 그것이 얼마나 중요한가는 홈쇼핑 방송을 하는 사람은 죄다 알고 있다.

한번은 일명 '똑딱이 디카'로 불리는 콤팩트 디지털 카메라를 소개해야 했다. 그런데 아무리 뜯어봐도 가격이 이유 없이 비싸고 특장점이 보이지 않았다. 브랜드도 후지필름으로 업계에서 인지도가 낮았다. 밋밋하게 기능만 설명하다가는 매출이 박살나게 생겼다. 고심 끝에 후지필름이라는 브랜드에서 디지털 사진이 아닌 '필름 사진'이라는 콘셉트를 잡았다. 즉, '후지필름은 현상했을 때 필름 사진의 감성이 나온다'가 구체적인 콘셉트였다.

"불과 10년 전만 해도 우리는 필름 사진을 찍었습니다. 그런데 디지털 카메라가 보급되면서 필름 사진은 사라지고 있지요. 만약 고객님이 미니홈피나 블로그를 꾸미고, 컴퓨터에 파일로 저장해 가끔 볼 목적이라면 이 카메라 사지 마십시오. 더 저렴한 카메라들 많습니다. 이 카메라의 목적은 필름 사진을 얻는 데 있습니다. 예전에 우리가 필름 카메라에 넣었던 필름이 후지필름 아닌가요? 후지필름은 말 그대로 필름 사진에 강합니다. 사진첩의 빛바랜 필름 사진은 소중한 추억을 영원히 간직하게 해줍니다. 집들이 손님이 오면 가장 먼저 꺼내 보여주는 소중한 물건이 필름 사진 아닙니까? 현상해서 간직할 멋진 필름 사진이 필요한 분이면 조금 더 비싸도 이 카메라를 선택하십시오.”

똑같은 상품도 콘셉트를 어떻게 잡아 이름을 붙이느냐에 따라 매출에 커다란 차이가 난다. 언젠가 꽃게를 소개했는데 처음에는 ‘서해 바다 꽃게’라고 이름을 붙였다. 고객에게 어떤 특별한 이미지를 전달하지 못했는지 실적이 저조했다. 그런데 똑같은 꽃게에 ‘연평도 꽃게’라는 이름을 붙였더니 매출이 30퍼센트 정도 상승했다. 막연한 서해보다 서해교전으로 사람들에게 강한 인식을 심어준 연평도에서 잡아올린 꽃게라는 말이 보다 강렬하게 다가갔기 때문이다. 홈쇼핑에서의 성공은 ‘상품이 반, 작명이 반(콘셉트의 승리)’이라는 말이 괜히 나온 게 아니다. 홈쇼핑 쇼호스트에게는 말을 잘해서 상품을 살리는 것보다 제품의 콘셉트를 잘 파악해 고객에게 쉽게 다가서는 능력이 더 중요하다.

‘빨간 마후라’ 하면 흔히 공군을 떠올린다. 하지만 공군은 결코 빨

간 마후라를 매지 않는다. 신상옥 감독이 1964년에 공군을 소재로
제작한 영화가 〈빨간 마후라〉였던 까닭에 그런 인식이 남아 있는 것
이다. 이처럼 오랜 시간이 지나도 기억에 남는 것이 바로 제목, 즉 콘
셉트다. 상품 판매에서 그 상품이 담고 있는 이미지 선언과 작명이
중요한 이유가 여기에 있다.

경쟁자들이 웃지 못하게 만든다

언젠가 뉴욕의 브루클린 거리를 지나다가 눈에 띄는 광고를 발견
했는데, 그 짤막한 문장에 비장함이 흘러넘쳤다.

'경쟁자들은 웃지 못한다(The competition's not laughing).'

이처럼 내 메시지에 누구도 흉내 낼 수 없는 크리에이티브한 차별
성을 담아 경쟁자들의 얼굴에서 웃음이 사라지게 만들어야 한다. 크
리에이티브의 사전적 의미는 '창의적'이지만 실질적으로는 여러 가지
의미로 쓰인다. 광고계나 마케팅 쪽에서는 크리에이티브를 다음과 같
이 정의한다.

1. 이전에 관계가 없던 것과 새롭고 의미 있게 관계를 형성하는
   기술
2. 소비자가 그 광고가 아니면 깨닫지 못했을 자신과의 관련성을
   발견하거나 주목하는 것
3. 이전에 하던 방식을 버리고 새로운 방식으로 문제를 해결하는 것
4. 효과적인 놀라움

지난 20여 년간 세계 스포츠 산업을 석권해온 나이키의 비전은 '다르게 생각하기(think different)'다. 남들과 차별화된 아이디어를 뽑아내야 생존할 수 있다는 의미다. 남과 차별화된 좋은 아이디어는 어느 날 갑자기 하늘에서 툭 떨어지는 것이 아니다. 유형도 동향도 없는 인간의 마음에 호소해야 한다는 어려움 때문에 차별화에는 그 어떤 메시지 전달 요소보다 많은 고민과 노력이 필요하다.

9 | 행동 유발 가능성action oriented
움직이게 만들어라

월마트에 근무할 때 전 세계 해외사업을 총괄하는 임원과 악수할 기회가 있었다. 그는 사원들을 독려하며 우수 사원에게 직접 표창을 수여했다. 수상자들이 차례차례 단상으로 올라가 상패를 받고 악수를 하는데 내 순서가 다가오자 무척이나 심장이 뛰었다. 그런데 악수를 하고 자리에 돌아와 앉은 나를 향해 그 임원이 "So wet!" 하고 지적했다. 긴장해서 내 손에 땀이 너무 많았던 것이다. 이어 "Visual contact!"라며 악수할 때 내가 눈을 마주치지 않았음을 지적했다.

마지막으로 그는 "Dead fish"라고 말했다. 그때는 몰라서 어리벙벙했는데 나중에야 서구 비즈니스 사회에서 악수할 때 힘이 없는 악수를 'dead fish shake'라고 부른다는 것을 알게 되었다. 힘없이 슬쩍 잡고 마는 악수는 무성의하게 보일 뿐 아니라 함께 악수하는 사람까지 기운 빠지게 만든다. 영혼과 온기가 느껴지지 않고 자신감과 패기가 전달되지 않아 흡사 축축한 죽은 물고기를 만지는 것 같다고 해서 그런 표현을 쓰는 것이다. 비즈니스 관계에서는 어느 정도 힘을 주는 '굳은 악수'를 해야 한다.

마찬가지로 우리말에도 힘이 있어야 한다. 프레젠터의 목표는 사람들을 내 뜻대로 '움직이게' 하는 데 있다. 말로 사람을 움직이게 하려면 말에 힘이 있어야 한다. 어떻게 하면 내 말로 듣는 사람이 움직이게 할 수 있을까?

힘 있는 동사 위주로 말한다

동사 위주로 말을 하고 도치법을 활용하면 말에 힘을 더할 수 있다. 기업체에서 강연을 할 때 나는 종종 청중을 상대로 간단한 실험을 한다. 우선 들고 있던 볼펜을 주면서 청중 한 명에게 "이것을 잡으십시오"라고 말한다. 그때는 대체로 반응이 없고 그저 뚱한 표정을 지을 뿐이다. 이번엔 그 옆 사람에게 다가가 "잡으세요, 이거!"라고 말한다. 그러면 곧바로 손이 나온다.

글말은 '주어+동사'의 어순을 따른다. 하지만 입말에서는 동사를 앞으로 배치한다. 동사가 우선순위라는 말이다. 조용필의 노래 〈돌아와요 부산항에〉가 '부산항에 돌아와요'였다면 어땠을까? 어딘지 어색하고 약해 보인다. 마찬가지로 우리의 대화에는 동사가 먼저 나오는 경우가 많다. 여기서 중요한 것은 행동 유발을 지향하는 'act(하라)'류의 동사를 사용해야 한다는 점이다.

누군가의 집 앞에서 대문을 두드려본 적이 있는가? 분명 안에 사람이 있는데 도무지 나오지 않는다면 어떨까? 절박한 상황이 아니면 그냥 몇 번 두드리다가 돌아선다. 반면 간절한 상황이라면 나올 때까지 강하게 두드린다. 상대방을 꼭 설득해야 하는 절박한 상황일수록 우리의 말은 become류에서 자연스럽게 act류로 변해간다.

다음은 쇼호스트들이 실제로 쓴 become류의 동사를 act류의 동사로 바꾼 것이다.

	become류	act류
학습지	원하시는 분들이시라면 자녀를 위해 구매하실 수 있습니다.	사 주세요. 우리 아이한테 아이의 미래를 결정짓는 시기에 이 정도 돈을 못 쓰시겠습니까? 시작합시다!
보석	그 찬란한 영롱함에 여러분도 참여할 수 있습니다.	탐나시죠? 어서 착용해보세요. 당신을 더욱 아름답게 만들어줄 겁니다.
이·미용	발림성이 너무나 우수해서 많은 분들이 칭찬해주셨는데요.	바르세요. 즉시 촉촉해집니다.

클로징에 힘을 준다

흔히 마지막으로 한 말이 가장 오래 기억에 남는다. 클로징 화법에서 행동을 독려하는 act류 동사가 중요한 이유가 여기에 있다. 아무리 설명을 잘해도 그 물건을 사주는 사람이 없으면 소용이 없다. 충분한 설명을 끝낸 쇼호스트들은 보통 마지막에 전화기를 들라고 강권한다. act류의 말을 하지 않으면 설명을 듣고 난 후 채널을 돌리거나 구매로 연결되지 않는다는 것을 알기 때문이다.

한번은 잇몸을 튼튼하게 만들어주는 치약을 소개했다. 나는 기능성과 성분을 꼼꼼히 설명한 후 다음과 같이 클로징 멘트를 날렸다.

"길에 아무리 큰돈이 떨어져 있어도 허리를 굽혀 주워야 내 돈입니다. 즉, 큰돈을 얻으려면 허리를 구부리고 손을 내밀어 돈을 줍는 약간의 수고와 노력이 필요합니다. 오복 중 하나인 구강 건강을 위해서도 손을 내밀어 자동주문전화를 직접 누르는 약간의 수고와 노력이 필요합니다."

몸에 이로운 건강식품을 설명하고 난 뒤에는 이런 멘트를 했다.

"거리를 지나가는 예쁜 여자도 바라만 보면 무슨 소용입니까? 말을 걸어야 내 여자가 됩니다. 아무리 좋은 참고서가 있어도 바라만 보면 뭐합니까? 사서 내 머리에 집어넣어야 내 것이 됩니다. 고객님은 고객님의 몸을 이롭게 할 건강식품을 바라만 보고 계십니다. 무슨 소용이 있습니까? 구매하십시오. 고객님 몸 안에 저축하십시오. 통장에 넣어둔 돈은 빼서 쓰면 그만입니다. 고객님의 몸 안에 저축한 건강은 영원히 고객님 것입니다."

물론 지나치게 고압적이고 강요하는 투로 클로징을 해서는 안 된다. 비행기 조종사들에게 가장 중요한 안전 수칙은 '착륙 사고를 피하라'는 것이다. 승객들을 태우고 오랜 시간 잘 운전했어도 목적지에서 착륙 사고가 나면 그동안의 노력은 헛될 뿐이다. 부드러운 착륙처럼 행동을 유발하는 부드러운 클로징이 필요하다. 이 책을 읽고 있는 당신에게도 행동 유발 가능성을 높이는 한마디를 해주고 싶다.

"당신은 무슨 이유로 이 책을 읽고 있는가? 설득에 관한 시야를 더 넓히고 싶기 때문이다. 그렇다면 당신의 집 창문 밖 풍경은 어떤가? 내가 사는 집은 창문을 열면 관악산 정경이 운치 있게 한눈에 들어온다. 하지만 그 멋진 풍경을 바라보려면 언제나 창문을 깨끗이 닦는 수고와 정성이 필요하다. 그래야 내 시야가 넓어진다. 마찬가지로 설득에 관한 시야를 넓히려면 창문을 닦듯 이 책의 스킬들을 실천하려는 노력과 정성이 필요하다."

이번에는 당신에게 또 다른 제안을 해보겠다.

"이 책을 들고 있는 당신의 엄지손가락 손톱을 가만히 들여다보라. 손톱이 자라는 방향으로 세로결이 있지 않은가? 발견했는가? 저런, 노화의 증거다. 아이들에게는 없는 이 결은 대체로 21세 이후 노화가 진행되면서 나타나는 외적 증거라고 한다. 어차피 깎아버릴 손톱 따위가 늙는 건 괜찮다. 하지만 지금 당신의 몸 안에서 죽음을 향해 다가가는 노화는 어떻게 막을 텐가? 하루 한 알 비타민을 먹자. 비타민은 노화를 유발하는 활성산소를 제거하고 아기 같은 탱탱한 피부도 보장한다. 세수하면 씻겨나갈 화장품도 비타민이 든 기능성 화장품을 바르지 않는가. 바르는 비타민 화장품보다 내 몸에 흡수되는 비타민 자체가 더 젊음을 부여한다. 비타민은 먹어도 그만, 먹지 않아도 그만이 아니다. 반드시 먹어야 하는 5대 필수영양소 중 하나다. 어떤 브랜드라도 상관없다. 종합 비타민을 꼭 먹도록 하자."

만약 당신이 이 글을 읽고 비타민을 먹어야겠다고 결심했다면 당신은 행동 유발 가능성 기교의 포로가 된 것이다. 타이 관광청에서 내세운 광고 카피 두 개가 있는데, 공교롭게도 하나는 become류이고 다른 하나는 act류다. 어느 쪽이 더 당신을 움직이게 하는가?

마음을 묶지 않는 2주간(become류) −**타이 관광청**

타이는 젊을 때 가세요(act류) −**타이 관광청**

힘 있는 언어와 힘없는 언어

언어에는 힘 있는 언어(powerful language)와 힘없는 언어(power-less language)가 있다. 연구에 따르면 힘없는 언어는 무직자·비전문직 종사자·저학력자처럼 사회적으로 지위가 낮고 힘이 없는 사람들이 많이 쓰고, 힘 있는 언어는 판사·변호사·의사 같이 사회적으로 지위가 높고 힘 있는 사람들이 많이 사용한다고 한다.[12]

힘없는 언어 유형으로는 우리가 지겹도록 쓰는 '~한 것 같아요', '~하는 것 같다고 생각해요'가 있다. 예를 들면 '맛있는 것 같아요', '좋은 것 같아요' 등이 있다. '어' 같은 군소리나 '있잖아요', '말하자면' 등도 힘없는 언어 유형이다. 반대로 힘 있는 언어는 직접적이고 간명하며 유창하다. 일부 학자는 힘없는 언어 유형으로 '발 빼는 언어'와 멈칫거리며 '주저하는 언어'를 꼽는다.

힘 있는 언어와 힘없는 언어의 유형 비교[13]	
힘 있는 언어	직접적, 간명함, 유창함
힘없는 언어	힘이 없기에 불필요하게 강조하는 언어 예: 너무, 바로, 분명히 등 "이 상품이 정말 좋아요. 분명히 말씀드릴 수 있는 건 오늘 너무 혜택이 좋다는 것이죠."
발 빼는 언어	예: 다소, 제 생각에, 말하자면, ……인 것 같아요 등 "써보니까 좋은 것 같아요", "괜찮은 것 같아요", "배가 고픈 것 같아요"
정식 문법적인 언어	교과서적인 문법 형태를 사용하는 언어 예: ~하는 것입니다 등 "이 원고는 제가 만든 것입니다. 남이 베껴서 책으로 낸 것입니다."
주저하는 언어	예: 어……, 글쎄……, 있잖아요 등 "어…… 그러니까, 음…… 그런 거 있잖아요. 처음엔 맛이 없었는데 익을수록 음…… 김치가 괜찮은 거 그런 거 있잖아요."
말꼬리 의문 언어	서술적 맥락에서 올라가는 의문 억양을 사용하는 언어 "색상은 핑크? 그게 좋겠죠. 그죠? 별로인가. 아닌가요? 블루?"
깍듯한 언어	예: 부디, 감사합니다 등 "선생님 충고에 감사드립니다. 부디 다른 충고도 부탁드립니다."

실험에 따르면 사람들은 힘 있는 언어를 사용할 때 그 사람의 말을 더 신뢰하고 보다 호의적으로 받아들이는 것으로 나타났다.[14] 또한 사람들은 힘없는 언어보다 힘 있는 언어로 제안한 메시지에 더 동의를 잘하는 것으로 밝혀졌다.[15]

한 폭의 그림을 그려준다

갈비집 주인아저씨가 붐비는 손님들 사이를 헤집고 숯불을 들고 들어올 때는 "조심하세요, 숯불이 지나갑니다"라고 하기보다 "엇, 뜨거 뜨거~"라고 외치는 것이 더 효과적이다. 지금 당장 김치를 떠올려보라. 머릿속에 '김'자와 '치'자가 떠오르는가? 천만에! 시원하고 아삭아삭한 빨간 김치가 떠오를 것이다. 어쩌면 계란과 파가 송송 올라간 라면과 함께 시원한 김치가 생각날지도 모른다.

이처럼 우리는 텍스트를 심어주는 것이 아니라 머릿속에 한 폭의 그림을 그려주듯 내용을 전개해야 한다. 이를 위해서는 말에 생기를 불어넣어야 한다. 생동감을 주는 형용사와 흉내 내는 말(의성어, 의태어), 감각적인 동사를 사용하라. 많은 광고 카피가 말에 생기를 주려는 시도를 하고 있다.

'선생님, 뽀드득이 뭐예요?' - 부광약품, 브렌닥스 치약

'탁! 아삭! 펑!(Snap! Crackle! Pop!)' - 켈로그, 라이스 크리스피

'탱탱합니다' - 동원, 게맛살

감각에 와 닿는 단어들을 사용할 경우, 듣는 사람은 당신이 말하는 사물들을 보고 만지듯 혹은 맛보고 냄새를 맡듯 생생하게 느낀다. 생기를 주는 형용사를 사용하면 그 말들이 머릿속에서 그림처럼 펼쳐지기 때문이다. 텍스트를 주지 말고 머릿속에 그림을 그려줘라.

10 │ 회상 가능성recall
기억하고 떠오르게 하라

"따봉~!"

1989년에 등장한 이 말은 한국 TV 광고 역사상 한 획을 긋는 엄청난 유행어가 되었다. 오렌지 농장에서 오렌지를 면밀히 살펴보던 한 남자가 엄지손가락을 치켜세우고 빙그레 웃으며 따봉~ 하고 외치자 주위의 모든 농부가 따봉~ 하며 환호한다. 현지말로 '아주 좋다'는 뜻인데 당시 이 광고의 사회적 파장이 어찌나 엄청났던지 온 국민의 통용어가 될 정도였다. 한때 초등학생의 70퍼센트 이상이 이 말을 표준어로 알고 있었다니 더 이상 말이 필요 없는 것 아닌가.

20년이 지난 지금도 사람들은 최고라는 표현으로 '따봉'을 외친다. 그럼 여기서 잠깐! 당신에게 묻겠다. 그때 그 광고를 한 제품은 델몬트였나? 썬키스트였나? 아마 당신은 모를 것이다. 사실은 나도 잘 모르겠다. 퍼포먼스는 강렬했지만 정작 더 중요한 브랜드는 기억에 남아 있지 않다. 그런 의미에서 이 광고는 실패작이다. 소비자가 머릿속에 브랜드를 떠올리게 해야 한다는 광고의 회상 가능성 관점에서는 그렇다.

오늘도 많은 광고대행사가 강렬하고 신선한 광고를 만들기 위해 노력하고 있다. 마찬가지로 우리의 메시지도 놀랍도록 새로워야 하고 빤하지 않아야 한다. 하지만 여기서 멈추면 더 중요한 포인트를 놓치고 만다. 핵심은 그 메시지가 사람들의 기억 속에 얼마나 오래 남아 있게 하느냐다.

"아이 라이크 아이크(I like Ike, 나는 아이크를 좋아해)."

이 세 단어는 농부의 아들을 미국 대통령으로 만들었다. 짧지만 강렬한 이 말은 가난한 농부의 아들이던 아이젠하워('아이크'는 아이젠하워의 애칭이다)를 미국 최초의 공화당 대통령으로 만들었을 뿐 아니라 8년간이나 대통령의 권좌에 머물게 했다. 그리고 50년이 지난 지금까지도 미국 국민이 가장 좋아하는(like) 대통령으로 꼽게 하는 힘이 되었다.[16]

관건은 시선을 끄는 것이 아니라 사람들의 뇌 속에 시선을 붙잡아 놓는 데 있다. 슈퍼스타를 모델로 내세우거나 무대 및 CG(컴퓨터 그래픽)에 많은 비용을 들여 메시지를 자극적으로 몰고 갈지라도 회상 가능성과는 상관이 없을 수도 있다. 즉, 무조건 돈을 들인다고 해서 회상 가능성이 커지는 것은 아니다. 회상 가능성, 즉 소비자가 계속 기억하도록 하는 방법에는 어떤 것이 있을까?

즉각 떠올리도록 반복한다

주제에 들어 있는 주요 단어를 자주 반복한다. 반복만큼 회상 가능성을 높이는 것도 드물다. 가령 라디오에서 트로트 가요가 흘러나오면 우리는 별다른 어려움 없이 따라 부른다. 연습장에 돈을 써 가며 애써 외운 것도 아닌데 왜 그럴까? 반복적인 선율이 회상 가능성을 높이기 때문이다. 대중음악에서 핵심 선율은 반드시 반복된다. 예를 들어 장윤정이 부른 〈어머나〉에서는 '어머나, 어머나 이러지 마세요' 부분이 핵심 선율이고, 작곡가는 동일한 형식은 아닐지라도 군데군데 이 선율을 반복적으로 짜 넣었다.

메시지의 회상 가능성도 마찬가지다. 음악에서 선율을 반복하는 것처럼 주요 단어를 반복해야 한다. 강조할 메시지의 말을 최대한 짧게 하고, 그 말을 자주 반복하면 머릿속에 쉽게 떠올린다. 대리운전이나 대출회사가 반복적으로 이어지는 전화번호를 쓰는 이유가 여기에 있다.

콘셉트로 사로잡는다

누군가가 당신에게 "당신은 어떤 사람인가요? 당신을 한마디로 표현해보세요"라고 했을 때, "글쎄요"라고 대답하면 곤란하다. 당신을 한마디로 표현하는 핵심 메시지가 없는 셈이니 말이다. 이는 콘셉트가 없다는 의미다. 콘셉트란 남과 나를 구분 짓는 핵심 개념으로 상대방이 기억하는 나에 대한 정의다. 고객이 기억하는 분명하고 쉬운 하나의 콘셉트는 나와 내가 제시하는 브랜드의 생존 및 수익을 보장한다. 더불어 콘셉트는 고객에게 수많은 제품과 서비스 중 그것을 선택해야 하는 이유를 제공한다.

면접 지원자들에게 "당신을 20자 내외로 표현해보십시오"라고 하면 많은 사람이 손가락을 꼽아가며 더듬거린다. 이럴 경우에는 간단하고 쉬운 예를 들어 한 줄로 표현하는 것이 좋다. 예를 들면 '저는 밝고 활달하고 적극적인 성격입니다'보다 '저는 전형적인 O형입니다'가 더 많은 함축적 이미지를 보여준다. 한 지원자는 재치 있는 대답으로 내 기억 속에 오랫동안 남아 있다. 면접관이 "본인을 어떤 사람이라고 생각하세요?"라고 묻자 그는 빙그레 웃으며 대답했다.

"한마디로 저는 담배입니다. 처음에는 거친 외모 때문에 반감을 사기도 하지만 시간이 갈수록 끌리는 중독성 강한 매력이 있습니다. 방송을 한 번 하고 말 사람을 뽑는다면 예쁜 사람 뽑으십시오. 그러나 적어도 10년 이상 함께할 사람을 찾는다면 저에게 주목해주십시오."

무한경쟁 글로벌 시대에 세상 사람들은 당신을 어떻게 기억하고 또 당신은 어떻게 기억되기를 바라는가? 당신 자신의 핵심 역량을 빨리 밝혀라.[17] 자신의 핵심 역량을 전면에 내세우는 것은 전쟁터에서 깃발을 앞세우는 것과 같다. 당신의 과거나 경험의 한계에 얽매이지 마라. 사람들은 당신이 현재 보여주는 모습을 전부라고 생각하며 평가한다.

당신은 운전을 하는가? 만약 운전을 한다면 어느 자동차보험에 가입해 있는가? 그 회사에는 다른 회사와 차별적인 콘셉트가 있는가?

여기서 미국의 사례를 살펴보자. 미국의 자동차보험회사는 한국과 비교도 안 될 만큼 많고 다양하다. 그 많고 많은 회사 중 '프로그레시브'는 경쟁사와 확실히 차별적인 콘셉트를 만들었다.

'우리는 더 이상 보험을 팔지 않는다. 우리는 스피드를 판다.'

이러한 콘셉트에 걸맞게 프로그레시브는 사고가 난 운전자가 신고를 하면 즉각 현장에 출동해 30분 내에 사고를 처리하는 것은 물론, 그 시간 안에 보험금 지급까지 끝낸다. 덕분에 미국인은 '프로그레시브'를 떠올릴 때면 으레 '스피드'라는 콘셉트를 함께 기억한다. 프로그레시브가 미국에서 1위의 자동차보험회사가 된 데는 이러한 콘셉트의 저력이 숨어 있다.

중요한 것은 상품 자체가 콘셉트여야 하고, 콘셉트 자체가 메시지여야 한다는 점이다. 이것이 각각 따로 놀수록 회상 가능성은 작아진다. 다음은 콘셉트를 잘 살려 회상 가능성을 높인 광고 카피 사례다.

집 나가면 개고생이다 -KT, 쿡

이 광고 카피는 집에서 인터넷을 하며 즐기라는 콘셉트 자체가 상품의 의미이자 메시지이기도 하기 때문에 회상 가능성이 매우 크다. 소비자는 상품과 연관 지어 쉽게 떠올릴 수 있다.

여자는 한 달에 한 번 마술에 걸린다 -매직스

여자의 생리를 누구나 '마술'이라고 부르게 만든 유명한 광고 카피다. 여자의 생리를 마술로 연결해 메시지 자체를 콘셉트이자 제품 이름으로 만들었다. 소비자의 회상 가능성을 높이기 위해서다. 소비자가 회상하면 제품에 손이 가고 그 제품의 메시지는 성공한다.

금메달을 향해 나가자! 골드스타!(Go for the Gold! Goldstar!) ─금성

88서울올림픽 때 금성(지금의 LG전자)이 채택한 슬로건이다. 금메달의 Gold와 금성의 Gold를 연계해 콘셉트를 잡은 덕분에 금메달을 떠올리면 금성을 회상하도록 기억도를 높인 광고 카피로 평가받는다.

"내 이야기 좀 들어보세요."

실생활의 경험담만큼 오랫동안 기억에 남는 것도 드물다. 언젠가 암 보험을 소개하면서 나는 1시간 동안 내가 직접 경험한 에피소드를 양념으로 삼았다. 하루는 운전을 하다가 다른 차와 시비가 붙었다. 그때 상대편 남자가 창문을 열고 내게 욕을 하는데, 태어나서 그렇게 심한 욕을 듣기는 처음이었다. 단순히 이 새끼, 저 새끼가 아니었다. 그가 내뱉은 한마디는 "암이나 걸려라!"였다. 재미난 것은 사람들이 내가 방송 내내 귀가 따갑도록 외친 암 보장 설명은 기억하지 못하면서 세상에서 가장 심한 그 욕만은 기억했다는 점이다.

홈쇼핑 방송은 적절한 시점에 고객 체험담이나 사용 후기를 자주 인용한다. 바람직한 자신의 경험담을 들려줘도 좋고 적절히 에피소드를 인용하는 것도 괜찮다. 그만큼 소비자의 회상 가능성이 커지기 때문이다.

당신은 지금 이 책을 몇 번에 나눠서 읽고 있는가? 신기하게도 읽을 때는 숙고해서 읽는데 책을 덮으면 기억나는 부분이 별로 없다. 보험을 방송할 때 나는 가끔 이런 말을 한다.

"지금 저를 보시는 고객님께서 리모컨으로 저를 지우는 건 1초도 걸리지 않습니다. 이렇게 많은 설명을 듣고도 막상 채널이 돌아가면 장문정과 장문정이 했던 말조차 1초도 되지 않아 기억하지 못합니다. 까먹기 전에 전화번호만 남기고 채널을 돌리십시오. 고객님은 까먹어도 상담원은 잊지 않고 다시 전화를 드립니다. 건강 문제는 조금이라도 자극을 받았을 때 번호를 남기는 게 유리합니다."

우리의 기억은 참 휘발성이 강하다. 순식간에 휙 날아가 버리는 것이다. 그런 의미에서 메시지를 전달할 때 회상 가능성은 중요한 문제라고 할 수 있다.

PART 3

이성이 아닌 욕망에 호소하라

고객과의 관계를 탄탄하게 만들어주는 8가지 덕목

사랑

유도

감성

겸손

직관

새로움

착함

진심

"고객은
점점 더 똑똑해진다"

2005년 웹상의 최대 유행어는 '델 석스(Dell sucks)'였다. 여기에는 그만한 사연이 있다. 어느 날 미국의 파워 블로거인 제프 자비스(Jeff Jarvis)가 델 컴퓨터를 샀는데 실망스럽게도 하드웨어에 문제가 발생하고 말았다. 그가 즉시 델에 전화해서 항의하자 델의 직원들은 오히려 짜증을 내며 자비스를 나무랐다. 화가 난 자비스는 인터넷에 '멍청한 델'이라는 글을 올렸고 결국 그 글이 이슈가 되면서 델은 두 손, 두 발을 다 들고 말았다. 이후 '석스 상품' 하면 한마디로 멍청한 상품, 사기 브랜드를 의미하게 되었다.

오늘날 고객은 소비만 하는 것이 아니다. 적극적으로 자신의 권리를 주장하는 것은 물론 문제가 발생하면 온갖 루트를 통해 항의를 한다. 특히 한국의 소비자는 '비평적 성향'이 강하다. 아니, 전 세계에

서 가장 날카로운 고객이 많은 나라가 한국이다.[1]

오늘날의 고객은 정말 똑똑하다. 혹시 플린 효과(Flynn effect)를 아는가? 뉴질랜드 오타고대학의 제임스 플린(James Flynn) 교수는 1984년 미국 군대 지원자의 IQ를 검사한 결과 전체 평균점이 10년마다 3점씩 올라간다는 사실을 발견했다. 이후 다른 20개국에서도 같은 작업을 수행해 5~25점이 증가했다는 결과를 얻었다. 사람들은 지난 100년 동안 4퍼센트씩 지능이 올랐는데 그 누적치를 계산하자 100년 전보다 무려 50~60퍼센트나 똑똑해졌다는 결론이 나왔다.

나 역시 방송을 진행하면서 고객들이 많이 진화했고 점점 똑똑해지고 있음을 깨닫는다. 본품 구성을 조금만 바꾸거나 가격을 약간 변형해도 금방 눈치를 챈다. 할인 행사를 끝내고 본래 가격대로 높여서 환원 방송을 하면 고객들은 그 사실을 기막히게 알고 구매하지 않는다.

한번은 담배회사가 갈수록 진화하는 소비자 행동을 간과하다가 된통 당했다. 사실 담배는 한번 선택하면 웬만해선 바꾸지 않는 충성도 높은 기호품이다. 이 점을 굳게 믿은 BAT코리아는 자사 담배 보그의 가격을 200원 올렸다가 매출이 3분의 1로 곤두박질치고 말았다. 그러자 그들은 슬그머니 가격을 내렸다. 심지어 한번 먹이면 끝까지 그 분유만 먹인다는 분유조차 분유회사에서 가격을 올리자 엄마들의 외면을 받았다. 결국 그 분유회사는 조용히 가격을 내렸다.

나는 신상품을 론칭하면 그 상품의 명줄이 끝날 때까지 판매 스타일을 계속해서 바꿔 나간다. 판매하는 기간 내내 고객들이 학습 효과를 발휘해 점점 더 똑똑해지기 때문이다. 가령 차량용 블랙박스를 처음 론칭할 때만 해도 블랙박스가 무엇인지 한참이나 설명해야 했다. 몇 달 지나자 블랙박스의 필요성만 얘기해도 될 정도로 고객은 성숙했다. 다시 몇 달이 더 지나자 이제 고객의 관심사는 블랙박스의 어떤 기능이 가장 좋은가로 바뀌었다. 그러한 사실은 고객의 질문 수준이 증명해준다.

처음 방송할 때만 해도 고객들은 '블랙박스가 뭡니까'라는 원초적인 질문을 던졌다. 하지만 불과 1년 만에 고객의 질문은 대폭 업그레이드되었다. 2채널 중 후방 카메라는 HD 해상도를 지원하는가? 주차 중 녹화 기능에서 차량 배터리가 방전되지 않는 시스템이 있는가? 이처럼 방송을 하다 보면 고객들의 질문이 깜짝 놀랄 만큼 예리하고 해박한 경우가 많다. 다이어트 식품 방송을 한동안 쉬다가 1년 만에 다시 시도하자 MD가 전에는 고객이 주로 효과에 관심이 있었지만 요즘에는 원료, 성분 표시, 기능성 인정 여부 등 세부적인 것까지 꼼꼼히 따진다고 귀띔했다.

고객이 갈수록 똑똑해지는 이유는 뭘까? 가장 큰 영향을 미친 것은 인터넷이다. 1990년대 이후 인터넷이 보급되면서 많은 사람에게 정보가 공개되었고 이제 사람들은 필요한 정보를 쉽게 손에 넣을 수 있다. 그동안 기업이 쉬쉬 하면서 처리해오던 일조차 대중에게 알려지면서 많은 비밀이 수면 위로 떠오른 상태다.

우리는 가전제품을 방송할 때 싸다는 말을 거의 하지 않는다. 스마트폰으로 모델명만 쳐봐도 전국에서 어느 곳이 가장 싸고 비싼지 한

눈에 알 수 있기 때문이다. 이러한 변화를 고려하지 않고 눈 가리고 아옹 하는 식으로 고객을 대하는 것은 곤란하다. 손바닥으로 하늘을 가리려고 하다가는 오히려 델 사건처럼 소셜네트워크를 통해 문제를 더 키우기 십상이다.

그렇다고 까칠하게 진화하는 고객을 탓할 수는 없다. 물론 개중에는 과도하게 기업에 불만을 제기하는 악질 고객들도 있다. 각 홈쇼핑사에는 악질 고객만 상대하는 전담 상담원이 있을 정도다. 그들이 전화를 하면 기계가 번호를 자동으로 인식해 전담 상담원에게 연결해준다. 사실 기업의 입장에서는 '블랙 컨슈머(black consumer, 보상금 등을 목적으로 기업에 악성 민원을 제기하는 소비자)'를 무작정 제거할 대상으로만 치부할 수도 없다. 그들의 시끄러움 속에서 아이디어를 캐내거나 오히려 기회를 발굴할 수도 있기 때문이다.

예를 들어 CJ오쇼핑은 잦은 반품으로 기업에 손해를 끼쳐 그동안 '블랙 컨슈머'로 분류해온 소비자층을 VIP로 대접하는 역발상에 도전했다. 이는 블랙리스트에 오른 고객들을 대상으로 고객 모임을 운영하고 그들의 불평불만을 경청함으로써 기업에 유용한 전략적 아이디어를 발굴하는 것이다.[2] 진원상 CJ오쇼핑 CS추진 팀장은 "불만 고객은 대부분 고객 등급이 '우수' 이상으로 그만큼 구매 횟수도 많은 열성 고객"이라고 설명했다. 이들이 제출한 '속옷 주문 때 상의와 하의 사이즈를 따로 고를 수 있게 해달라'와 '자주 구입하는 식품과 생활용품이 다 떨어질 때 다시 구입할 수 있도록 방송 시점을 알려 달라'는 의견은 실제 판매 과정에 적용해 고객들의 좋은 반응을 얻고 있다.

나 역시 블로그를 개설한 뒤 많은 것을 느꼈다. 가끔 내가 방송한 상품에 대해 불평불만을 늘어놓는 고객들이 있지만, 사실 그러한 불만도 관심이 있어야 표시하는 것 아닌가. 생각을 뒤집으니 고객의 불만은 오히려 내 성장의 밑거름으로 보였고 지금은 늘 고객의 소리에 귀를 기울이려 노력하고 있다.

내가 1년 넘게 방송한 건강기능식품이 있는데, 나는 그 제품을 소개할 때마다 기능성과 함량만 강조했다. 그런데 블로그의 댓글을 살피자 정작 고객들이 궁금해 하는 건 몇 살부터 먹을 수 있는지, 한 병에 몇 알이 들어 있는지, 언제 복용하면 좋은지 등 기본적인 내용이 아닌가. 나는 곧바로 방송에서 그런 내용을 다뤘고 매출은 눈에 띄게 상승했다.

'기본'을 잃으면 고객은 떠나간다. 그런데 그 기본이라는 것은 늘 자기 자신을 돌아보지 않으면 잃기 십상이다. 그런 의미에서 내가 이번 장에서 말하고자 하는 것은 너무 기본적이라 우리가 간과하기 쉬운 마케터의 기본자세다. 앞으로 고객들은 더욱 똑똑해지고 자기 권리를 더 열심히 챙기려 할 것이다. 진화하는 고객의 눈높이를 맞추지 못하면 세일즈맨은 도태의 나락으로 떨어지고 만다. 무엇보다 고객을 존중하고 고객의 주장에 귀를 기울이는 기본부터 지켜야 한다. 그리고 그것을 판매 방식에 직결할 때 고객과 상품, 서비스 모두 바람직한 방향으로 나아갈 수 있다.

1 | 사랑
넌 머리를 두드려라, 난 가슴을 두드린다

한 골목 안에 두 꽃집이 나란히 있는데, 한 집은 '쪽박집'이고 다른 한 집은 '대박집'이다. 그 이유가 뭘까? 힌트는 식상하게도 '사랑'에 있다. 쪽박집 주인은 그냥 '장미 사세요'라고 외쳤고, 대박집은 '사랑 사세요'라고 외쳤다. 너무 흔해서 때로 길가의 돌멩이보다 못한 대접을 받지만, 사실 '사랑'이라는 메시지는 엄청난 파워를 자랑한다.

2000년 5월 'I LOVE YOU' 바이러스는 적어도 10억 달러 어치의 컴퓨터를 깡통으로 만들었다. 그 바이러스가 기술적으로 대단한 게 아니었음에도 말이다. 단지 제목이 문제였다. 피해자들은 '사랑'이라는 메시지에 꽂혀 헤벌쭉 설레는 마음으로 파일을 클릭했다가 컴퓨터를 멍텅구리로 만들었다. 이성과 합리성이 사랑이라는 단어 앞에서 힘을 못 쓴 셈이다.

과거 114에 전화를 걸면 '사랑합니다, 고객님'이라는 멘트가 가장 먼저 흘러나왔다. 카드회사나 기업의 광고에서도 감초처럼 등장하는 것이 '사랑해요'라는 카피 문구다. 실제로 오늘날의 고객은 그 어느 때보다 사랑을 갈구한다. 그 이유는 외롭기 때문이다. 2012년 통계청에 따르면 한국은 4가구당 1가구꼴로 '나 홀로 가구'라고 한다. 심지어 2020년이면 세계적으로 40퍼센트가 나 홀로 가구로 살아간다고 한다. 두 집 중 한 집은 혼자 사는 시대가 코앞으로 다가온 것이다.

고립, 고독, 외로움이라는 바이러스가 널리 퍼져 나가면 행복은 그만큼 반감될 수밖에 없다. 그래서 그런지 사람들은 사랑만큼, 아니 그보다 더 행복을 갈구한다. 최근에는 외로움에다 경제적 어려움이 더해지면서 '지금보다 벌이가 나아지면 행복할 것'이라고 생각하는 사람이 늘고 있다. 과연 그럴까? 광복 이후 우리나라 국민소득은 243배 증가했고 역사적으로 볼 때 우리는 그 어느 때보다 풍요를 누리고 있다. 그렇다면 행복은? OECD 가입 국가 중 대한민국은 자살률 1위, 자살 증가율 세계 1위다. 안타깝게도 당뇨병으로 숨진 사람보다 스스로 제 목숨을 버린 사람이 훨씬 많다. 이는 삭막하고 외로운 세상의 한 단면이자 슬픈 자화상이다. 지금 당신 앞에 있는 고객도 쓸쓸함과 외로움을 느끼고 있을지도 모른다.

외로움에 진저리를 치는 요즘의 고객들은 쇼핑이나 메시지를 통해 위로를 받고 스스로 자신에게 선물을 하고 싶어 한다. 기업들이 싱글족을 위한 소형 제품이나 소포장 판매에 관심을 기울이는 이유가 여기에 있다. 예를 들면 300그램씩 대형 포장으로 팔던 호두를 120그램의 소포장으로 판매하거나 고등어를 반 마리씩 진공 포장해 방송하는데 인기가 시들지 않고 있다. 1인용 여행상품도 등장해 중국 베이징과 상하이 지역을 2박3일간 돌아보는 30~40만 원대 여행상품이 인기를 끌고 있다. '사랑'이라는 메시지는 특별한 기술이 없어도 유용한 결과를 안겨준다.

사랑의 메시지는 의리를 만든다

스티브 잡스가 살아 있을 때만 해도 애플이 새로운 아이폰, 아이패드를 출시하면 사람들이 밤새 긴 줄을 서는 진풍경을 연출했다. 비록 몸은 춥고 힘이 들어도 그들의 마음속엔 따뜻한 사랑의 위안거리를 만나고 싶은 뜨거운 감정이 있었기 때문이다. 이는 이성만으로는 도저히 바칠 수 없는 충성이다. 기계가 내 사랑을 알아주는 것도 아닌데 어디서 그런 의리가 생겨난 걸까? 그동안 아이폰이나 아이패드와 쌓아온 사랑이 있었기에 가능한 일이었을 거라고 생각한다. 열애 중인 남자가 다른 여자를 만나면 죄의식이 생기듯 사랑은 자발적 의리를 만들어낸다.

여자들은 왜 그토록 '잇 백(It bag)'에 충성을 바치는 걸까? 잇 백이란 '누구나 갖고 싶어 하는 그 가방'이라는 의미다. 프라다의 마케팅 광고 부사장 랜디 카바트(Randy Kabat)는 경기 침체기에도 같은 브랜드의 잇 백을 사기 위해 돈을 쓰는 열정적인 소비자가 판매에서 차지하는 비중이 50퍼센트에 달한다고 밝혔다. 그 가방과 소비자 사이에 마치 애완견과 주인 사이에나 있을 법한 *끈끈한 의리*가 있어서 지갑 열기를 주저하지 않는다는 얘기다.

아쉽게도 홈쇼핑은 의리의 끈을 만드는 데 실패해왔다. 2007 한국 갤럽 조사에 따르면 홈쇼핑의 고객 충성도는 겨우 5.9퍼센트로 매우 낮게 나타났다. 고객과 사랑의 끈으로 맺어지지 못한 것이다. 내 개인적인 생각이지만 그것은 짧은 시간만 지켜보는 시청자를 놓칠까 봐 일방적으로 따발총처럼 정보를 쏟아내서 그런 게 아닐까 싶다. 나도 가끔 열을 올리며 떠들다가 문득 나 자신에게 한탄한다. 감성은 어디다 내팽개쳤는지!

소비재의 75퍼센트는 새로운 고객이 아닌 이미 구매한 사람이 재구매한다고 한다. 기존고객 한 명을 유지하는 데 드는 비용은 새로운 고객 한 명을 유치하는 데 드는 비용의 5분의 1에 불과하다니 이 얼마나 쉽고도 효율적인 타깃팅인가.[3] 결국 고객과 의리를 맺는 것은 쉬운 영업 메커니즘을 형성하는 셈이다. 의리를 끈끈히 다지는 기업은 고객을 브랜드 교주로, 소비자를 광신도로 만든다.

사랑의 메시지는 습관을 만든다

광고회사 사치&사치의 CEO 케빈 로버츠는 비듬 제거 전문 샴푸 '헤드앤숄더'로만 머리를 감는다. 사실 그는 대머리에다 비듬 문제도 없다. 단지 습관이 들었을 뿐이다. CJ오쇼핑의 인기 상품 중 하나인 댕기머리는 재구매율이 30퍼센트를 넘는다. 샴푸가 떨어지면 자연스럽게 또 댕기머리를 주문하는 고객이 그만큼 많다는 얘기다. 이처럼 고객이 제품을 사랑하게 만들면 그다음부터는 영업이든 판매든 손대지 않고 코를 풀 수 있다.

일본에서 '오타쿠'라는 말은 특정 분야에 마니아보다 더 심취한 사람들을 뜻한다. 이들은 충성도가 높고 소비액도 엄청난 고객들이다. 아무리 경기가 불황이어도 마니아 시장은 마니아들이 있기에 흔들리지 않고 존속한다. 특정 상품만 고집하는 마니아들은 평소 생활에서는 저가 상품을 구입할지라도 자신이 습관을 들인 물건은 아무리 비싸도 과감히 구매한다. 이 현상을 두고 일본에서는 '일점호화소비(一点豪華消費)'라 하고 미국에서는 '로케팅(rocketing)'이라고 부른다. 일상용품은 아무거나 값싼 제품을 쓰지만 자신이 습관을 들인 사랑하는 제품 한 개 정도는 최고급품을 구매한다는 뜻이다.

사랑의 메시지는 마음을 움직인다

한 조사에 따르면 미국인은 AT&T를 떠올릴 때 편안한 느낌이 든다고 한다.[4] AT&T의 서비스나 시스템에 만족해서가 아니라, 광고에 등장한 미국의 유명 배우 클리프 로버트슨(Cliff Robertson)의 '따뜻하고 정감 넘치는 목소리와 이미지' 때문이란다. 다음의 두 판매자 이야기 중 당신은 누구의 이야기에 더 끌리는가?

갑: 이 카메라는 최신 기종으로 무려 2,000만 화소, 1만 2,800의 고감도, 3인치 넓은 LCD, 필름 수준을 구현하는 최고 성능의 어쩌구저쩌구…….

을: 누군가가 고객님 자녀의 소중한 성장기 추억을 5만 원 줄 테니까 바꾸자고 하면 바꾸시겠습니까? 아이의 지금 모습은 지나고 나면 두 번 다시 돌아오지 않습니다. 돈으로 환산할 수도 없습니다. 사랑스런 영롱한 눈빛, 뛰어노느라 홍조를 띤 뺨, 까르르 웃는 소리, 안아달라고 두 팔을 벌리고 뛰어오는 모습, 뽀얀 솜털까지도. 돈으로 환산할 수 없는 그 영원한 추억들을 한 달 4만 8,000원과 바꾸십시오.

고객은 돈을 주고 카메라를 사는 게 아니라 오랜 시간이 지나도 잊고 싶지 않은 추억, 사랑하는 가족이나 연인과 함께한 시간, 친구들과의 행복한 기억을 사는 것이다. 삶의 변화와 생활의 활력을 스스로에게 선물하고자 하는 고객에게 무뚝뚝하고 독단적인 방식으로 접근하면 고객은 마음의 문을 닫고 만다.

이성적인 정보는 머리를 자극할 뿐이지만 사랑의 메시지는 가슴에 깊이 남는다. 따뜻한 손 위에 얼음을 올려놓으면 서서히 녹듯, 차가운 소비자의 마음을 녹이는 방법은 사랑한다는 감정을 충분히 전달하는 것으로 족하다.

머리를 두드리면 실패하지만 가슴을 두드리면 지갑이 열린다

TV CF를 보면 비싼 값을 지불한 15초의 광고시간 동안 광고주들은 제품의 기능이나 사양의 우수성을 미친 듯이 설명하기보다 천천히 사랑의 메시지를 기억 속에 던져준다. 광고인들은 사랑의 힘이 상대방을 설득하는 가장 중요한 키워드임을 알고 있다. 가식적인 아첨과 진심어린 칭찬은 누구나 쉽게 구별해낸다. 뭔가 꾸미고 잘 보이려 애쓰지 말자. 인위적이고 기술적인 접근보다는 진심을 다해 그냥 사랑하자. 소비자의 지갑을 여는 것은 결국 사랑이니까.

따듯함을 전한다

사랑을 전하려면 기본적으로 얼굴에 따듯함이 나타나야 한다. 추운 겨울날에는 자연스럽게 장작불 곁으로 모이듯 따듯함으로 사람들이 당신 곁으로 모여들게 해야 한다. 따듯함은 가면을 쓰고 위장할 수 있는 것이 아니며 어디까지나 순수해야 한다. 이것은 기법이 아니라 마음의 특성이다.

사랑을 담아 말하는 것만큼 대화를 성공적으로 이끄는 방법도 드물다. 사랑하는 사람이 원하는 것을 쉽게 저버리지 못하는 것처럼 소비자가 당신의 제품을 사랑하게 만들어라. 우리는 타인에게 사랑을 표현하지도, 관심을 보이고 싶어 하지도 않는 개인주의 시대에 살고 있다. 이러한 현실 속에서 대화에 성공하려면 애써 꾸민 말로 깊은 인상을 주려 하지 말고 따듯한 사랑을 전해야 한다. 백 마디의 헛된 찬사보다 한 번 따듯하게 안아주고 그 사람의 말에 눈시울을 적시는 것이 더 효과적인 대화 방법이다.

가급적 유쾌하게 살자. 영혼이 맑은 사람은 마치 자석처럼 주위의 마음을 끌어당긴다. '좋은 아침!' 같은 기계적인 인사보다 '어제 맞선

잘됐어?', '주말에 친정에 갔었다며, 부모님 건강하셔?', '어제 아이가 열이 나서 일찍 가더니 괜찮아?'처럼 개인적인 관심과 애정이 담긴 인사가 낫다. 여기에 더해 진실하고 따뜻한 미소를 지으며 다정하게 말하면 듣는 사람의 마음을 끌어당긴다.

방송 아카데미 강사들은 보통 방송 지원자들에게 웃으며 말하라고 주문한다. 그러나 상대방의 호감을 노리는 단순한 미소 작전은 단기적인 효과에 머물 뿐이다. 이를 뛰어넘어 내가 진심으로 유쾌하고 기뻐야 그 에너지가 상대방의 가슴속에 스며든다.

언젠가 다른 쇼호스트와 함께 일본 온천 여행 상품을 판매했다. 온천에서 그 뜨끈한 온천물을 온몸으로 느끼고 온 나는 그때의 감정에 흠뻑 도취돼 방송했지만, 직접 여행지를 다녀오지 않은 동료는 감정을 잘 드러내지 못했다. 내가 느낀 진심어린 행복을 고객에게 온전히 전하면 더 이상의 메시지는 필요치 않다.

정신만 설득하는 것이 아니라 마음까지 움직여야 한다. 수년간 방송 아카데미에서 강의를 해온 나는 마지막 시간에 꼭 '화려한 말솜씨를 뽐내기보다 듣는 이를 사랑하며 말하라'고 강조한다. 진정한 사랑을 표현할 때 실패할 확률이 가장 낮다.

2 | 유도
거북이 목은 모닥불 앞에서 자연스레 나온다

　거북이의 목을 빼려면 어떻게 해야 할까? 거북이는 보통 13~18킬로그램으로 온순한 동물이지만 천하장사가 거북이의 목을 억지로 잡아 빼려 해도 결코 쉽지 않다. 그러나 거북이를 살살 달래 따뜻한 모닥불 앞에 데려가면 저절로 목이 쑥 빠져 나온다.

　누군가를 설득하는 일에 종사하다 보니 나는 간혹 '당신을 꼭 설득하고야 말겠어!'라며 강한 의지를 보이는 사람을 만나기도 한다. 이건 많은 사람이 흔히 범하는 실수다. 대놓고 설득하려 하면 오히려 상대방의 방어기제(defense mechanism)[5]가 작동하면서 뇌가 딱딱해진다. 쉽게 말해 상대방은 '저 사람이 나를 설득하려 하는구나. 절대 넘어가지 않을 테다'라고 마음을 다진다. 설득할 때는 정공법보다 자연스럽게 유도하는 것이 고급 기술이다. 그렇다면 상대방을 자연스럽게 유도하기 위해서는 어떻게 해야 할까?

간접어를 쓴다

설득에 성공하는 손쉬운 방법으로 간접어를 사용하는 것이 있다. 간접어란 문장의 의미(문장을 그대로 해석한 의미)와 화자의 의미(말하는 이의 진정한 속뜻)가 다른 언어를 말한다.[6] 간접어의 예를 살펴보자.

간접어	"시간이 벌써 이렇게 되었네."
문장의 의미	시간이 물리적으로 매우 늦은 시간이다.
화자의 의미	지루하고 피곤하니까 그만 일어나. 눈치 없는 놈아.

간접어	"자기야, 저 보석 정말 예쁘지 않아?"
문장의 의미	보석이 정말 예쁘게 생겼다.
화자의 의미	당장 사 줘!

간접어는 듣는 사람이 편안한 마음으로 기분 좋게 움직이도록 만든다. '물 한 잔 줘!'보다는 '목마르지 않아요?', '속이 타네', '그 예쁜 손에 물 한 잔 얻어 마시면 영광이겠어요' 등의 간접어를 사용하는 것은 부드러운 설득의 기교다.

기업체 강연에서는 아무리 말을 잘하는 강사가 앞에 서 있어도 조는 사람이 꼭 있다. 나는 묘안을 짜내 가방 안에 미스트를 갖고 다니며 강연 중에 꾸벅꾸벅 조는 사람의 얼굴에 미스트를 분사했다. 그런데 "비타민이 풍부한 미스트니까 정신이 맑아질 겁니다"라며 미스트를 분사해도 이내 다시 조는 게 아닌가. 어떻게 하면 사람들이 졸지 않을까를 고민하던 나는 강연 도중에 적절히 영상물을 보여주면 훨씬 더 집중도가 높고 조는 사람이 줄어든다는 사실을 발견했다. 청중 중에 남자가 많을 경우에는 섹시하고 아름다운 여성들이 나오는 영상물 위주로, 반대의 경우에는 멋진 복근과 탄탄한 몸매의 남성들이 등장하는 영상물을 보여주었더니 청중의 눈이 반짝였다. 나름 거북이의 목을 빼는 법을 터득한 셈이다.

자연스럽게 유도한다

한번은 지하철 2호선 신촌역 3번 출구에서 빵 터진 적이 있다. 지하철 내에서 이동할 때는 예전과 달리 우측통행을 권하고 있지만 아직 잘 지켜지지 않는다. 흥미롭게도 신촌역 3번 출구는 오른쪽 화살표, 왼쪽 화살표 대신 오른쪽에는 A^+, 왼쪽에는 F를 바닥에 그려 놓았다. 그쪽은 연세대학교로 가는 방향이라 보행자들 중에는 대학생들이 꽤 많았다. 호기심이 많은 나는 그곳에 20분간 서서 마냥 지켜보았다. 신기하게도 대학생들은 어떻게 해서든 F 학점 쪽의 왼쪽 계단이 아닌 A^+ 학점 쪽 계단으로 올라갔다. 100퍼센트 말이다! 자연스럽게 우측통행을 유도한 그 아이디어에 나는 속으로 큰 박수를 보냈다.

자연스럽게 유도하는 설득은 진정한 설득의 고수들만 쓸 수 있는 무기다. 나 역시 하드 세일(강한 설득)보다 소프트 세일(유도 설득)을 곧잘 이용한다. 방송에서 책을 소개할 때는 '아이들에게 이 책을 읽히라'고 말하지 않는다. 단지 거실, 아이 방, 화장실 등 여기저기 눈에 띄는 곳에 놓아두라고 말할 뿐이다. 그러면 아이는 자연스럽게 책과 친해진다. 이러한 기술을 넛지(Nudge) 전략이라고 한다.

당신이 신문을 펼치는 순간 수많은 넛지 전략 속으로 들어가게 된다는 사실을 알고 있는가? 요즘의 신문기사를 보면 기획기사(돈을 받고 써주는 광고성 기사)가 상당 부분을 차지한다. 이런 것을 애드버토리얼(Advertorial), 즉 기사 형식을 띤 기사형 광고라고 한다. 가령 신문에 '요즘 최고 주목받는 그녀'라는 기사가 실렸는데, 생전 처음 보는 배우라면? 신문사가 기획사로부터 돈을 받고 기사처럼 써주는 광고다. 우리는 은연중에 이처럼 부드러운 설득 전략에 당하고 있다. 18세기 후반 독일의 역사가이자 언론인인 아우구스트 폰 슐뢰저(August von Schlözer)[7]는 다음과 같이 말했다.

"신문을 전혀 읽지 않는 사람은 어리석은 사람이다. 신문에 나와 있다고 해서 믿는 사람은 그보다 훨씬 더 어리석은 사람이다(Foolish is the man who never reads a newspaper ; even more foolish is the man who believes what he reads just because it is in the newspaper)."

고객을 설득하려 하지 말자. 어차피 고객은 한번 굳힌 생각을 바꾸지 않는다. 단지 고객이 믿고 싶어 하는 것을 확인하게 하라. 그 믿음을 선택하도록 돕는 것으로 충분하다.

우리가 고객을 설득할 때 미처 생각하지 못하는 또 다른 점은 '고객이 상품을 접할 때 아전인수 격으로 생각한다'는 것이다. 실제보다 더 긍정적으로 자기 믿음을 스스로 합리화하며 해석한다는 말이다. 예를 들어 언제나 나이키 운동화만 고집하는 사람에게 더 저렴하고 질이 좋지만 브랜드가 떨어지는 상품을 소개한다고 가정해보자. 이때 고객의 머릿속에서는 싸고 질이 좋다는 면과 나이키를 배신해야 한다는 부정적인 면이 서로 충돌한다. 대개는 애써 설득하지 않아도 '난 원래 나이키 광팬이지만 이번 기회에 다른 브랜드를 접해보는 것도 나쁘지는 않을 거야'라며 스스로를 설득한다. 소비자는 기존의 고집과 새로운 메시지가 어긋날 때 실제보다 더 긍정적으로 해석하는 경향이 있다. 이를 동화 효과(assimilation effect, 제품의 성능이 자신의 기대에 부합한다고 지각을 조정하는 것)라고 한다.

강압적으로 설득하려 하면 역효과만 난다. 고객은 단지 확인받고 싶을 뿐이다. 드러내지 않고 조용히 물밑에서 설득하는 전략을 로키(low-key) 전략이라고 한다. 쉽게 말해 이것은 몸을 낮추는 전략으로 상대방이 알아채지 못하게 슬그머니 설득하는 방식이다. 예를 들어 남자가 맘에 드는 여자의 손을 잡아보고 싶은 마음이 굴뚝같다고 해보자. 이때 "손 한번 잡아봅시다. 비싸게 굴지 말고!"라며 덥석 손을 잡다간 뺨 맞기 십상이다. 반면 "손이 작고 예쁘시네요. 제 손은 큰데, 우리 손 한번 재볼까요?"라며 가볍게 손을 잡으면 아무런 거부감이 없다. 이처럼 자연스럽게 상대방의 반응을 이끌어내는 것이 로키 전략이다.

언젠가 홈쇼핑 채널에서 사과를 판매했는데, 그때 나는 아침마다 사과를 먹으면 좋다며 바쁘게 등교 준비를 하는 아이들 뒤를 쫓아다니면서 먹이려 하지 말라고 조언했다. 그보다는 식탁 위에 사과를 깎아 포크를 옆에 놔두는 것이 더 낫다고 말이다. 그냥 먹음직스럽게 담아 놓는 것이 훨씬 자연스럽고 효과가 더 좋기 때문이다.

심리학자 조너선 프리드먼(Jonathan Friedman)은 이를 증명하는 실험을 했다. 우선 실험에 참가한 저학년 아이들을 놀이방에 들여보내고 다섯 개의 장난감을 갖고 놀게 했다. 첫 실험에서는 다섯 개의 장난감 중 유독 로봇 장난감을 갖고 놀면 안 된다고 강하게 주의를 줬다. 심지어 "만약 로봇 장난감을 갖고 놀다 걸리면 큰 벌을 받을 줄 알아!"라고 위협했다. 감시자 없이 밖에서 일방 거울로 관찰하자 스물두 명의 아이들 중 단 한 명만 로봇 장난감을 갖고 놀았다. 그로부터 6주일 후, 다시 다섯 개의 장난감이 있는 놀이방에 아이들을 들여보내자 무려 77퍼센트가 로봇 장난감을 갖고 놀았다. 강하게 말하면 아이들은 일시적으로 복종하지만 시간이 지나면서 본래 상태로 돌아간다는 사실이 드러난 것이다. 아이들은 단지 처벌을 피하기 위해 경고에 따랐을 뿐이다.

두 번째 실험에서는 실험에 참가한 새로운 아이들에게 강한 위협 없이 "로봇 장난감은 위험해서 손을 다칠 수 있으니 갖고 놀면 안 돼요"라고 부드럽게 주의를 주고 그 합당한 이유를 설명했다. 역시 일방 거울을 통해 관찰하자 스물두 명 중 한 명만 로봇 장난감을 만졌다. 6주 후 아이들을 다시 놀이방에 들여보내자 33퍼센트만 로봇 장난감을 갖고 놀았다. 부드럽게 주의를 줬음에도 더 효과적이었던 이유는 아이들이 스스로 그것을 만지려 하지 않았고, 아이들에게 내재적 책임감까지 생겼기 때문이다.

사람이 일단 내재적으로 변화하면 그 효과가 오래간다. 나중에는 일부러 힘을 들여 그 변화를 지속하거나 강화하려 애쓸 필요도 없다. 내부에서 생성된 심리적 일관성이 모든 것을 스스로 하도록 만들기 때문이다.

설득하려 하지 말고 확인하게 한다

우리에게는 분명한 사실보다 스스로 믿고 싶어 하는 것을 선택하려는 심리가 있다. 이것을 인지부조화(cognitive dissonance) 이론이라고 한다. 이는 신념과 실제로 보는 것 사이에 불일치나 비일관성이 있을 때, 믿는 것과 실제로 보는 것 간의 차이가 불편하게 느껴지면 자신의 믿음을 선택함으로써 불일치를 제거하는 현상을 말한다.[8]

성형외과에서 상담을 맡은 사람은 가끔 인지부조화를 이용해 환자들의 심리를 자극한다. 보톡스 시술에는 분명 부작용이 따르지만 그들은 '이거 한 방이면 시간을 되돌려 젊음을 찾는다'는 강한 믿음을 따르도록 설득한다. 실제로 한 연구에서는 자동차를 구매한 사람들이 다른 차보다 자신이 구매한 차의 광고를 더 많이 보고 읽는 것으로 나타났다.[9] 사실은 내 차보다 더 뛰어난 차들이 있지만 내 차가 더 낫다고 믿고 싶고, 그 믿음을 확인받고 싶기에 계속해서 광고를 통해 내가 구매한 차의 이미지를 떠올리고 싶어 한다는 얘기다.

이처럼 고객은 설명을 듣고 싶은 것이 아니라 단지 확인받고 싶은 깃뿐이다. '내가 이 상품을 선택한 것이 정말 잘한 일인지' 알고 싶어 한다는 말이다. 이는 마치 여자들이 사랑받고 있음을 알면서도 직접 확인하고 싶어서 "나 사랑해?"라고 묻는 것이나 마찬가지다.

미국 캘리포니아 공대에서 실행한 한 실험도 이러한 사실을 뒷받침한다. 연구진에 따르면 같은 와인을 놓고 100만 원짜리라고 했을 때와 1만 원짜리라고 했을 때, 뇌의 중추에 기쁨과 즐거움이 발생하는 반응 정도가 다르게 나타났다고 한다. 즉, 1만 원짜리로 알고 먹은 실험자보다 100만 원짜리로 알고 먹은 실험자들이 더 활발한 반응을 보였다. 사실은 똑같은 와인이지만 비싸면 뭔가 더 좋은 만족감을 줄 거라는 믿음이 그런 결과를 낳은 셈이다. 스스로의 믿음이 자기 암시를 만드는 법이다.

특히 홈쇼핑 고객들은 자신이 듣고 싶은 말을 미리 정해놓고 그 말이 나오기를 바라며 계속 시청하는 경우가 많다. 그러다가 자신이 듣고 싶은 말이 나오면 그것을 확인받은 것으로 믿고 주저 없이 선택한다. 고객은 구매를 하는 중에도 계속해서 '지금 내 구매행위가 얼마나 잘하는 일인지' 확인받고 싶어 한다. 특이하게도 홈쇼핑 고객은 상품을 구매한 이후에도 한동안 더 시청하는 경향이 있다. 백이면 백 다 그렇다. 확인받고 싶기 때문이다. 선택하길 잘했다는 칭찬이 듣고 싶은 것이다. 홈쇼핑 방송 말미에 쇼호스트들이 '정말 잘하셨다', '지혜로운 선택이다', '좋은 상품 구매하신 것을 축하한다'는 말을 아끼지 않는 이유가 여기에 있다.

마찬가지로 기업은 자사 브랜드를 구매한 소비자의 '구매 후 인지 부조화'를 줄이기 위해 자사 브랜드의 장점을 강조하는 광고를 지속적으로 내보내 믿고 싶어 하는 고객의 기대에 확인 도장을 찍어줘야 한다.

삼성 스마트 3D TV를 방송할 때의 일이다. 3D TV가 처음 출시됐을 때만 해도 다소 생소한 기능 때문에 쇼호스트들은 자세하게 설명을 해주느라 바빴다. 그러다가 한번은 어려운 기능 설명을 줄이고 "저도 이 TV를 몇 개월째 사용하고 있는데 아주 훌륭해요. 괜찮은 TV 맞습니다. 제 말을 믿으셔도 돼요"라고 고객의 안심을 유도하는 멘트로 바꾸자 매출이 월등히 높아졌다.

유통 마케팅에서 수십 년간 일을 하다 보니 나는 버릇처럼 백화점에 시장조사를 하러 간다. 어느 날 명품 코너를 둘러보는데 한 고객이 가방을 만지작거리자 점원이 안심을 주는 멘트를 날렸다.

"안목이 있으시네요. 어쩜 스테디 아이템을 고르셨어요. 정말 잘 사시는 거예요. 좋은 제품 사시는 겁니다. 좋으시겠어요."

그 점원은 고객에게 어떻게 접근해야 하는지 잘 알고 있었다. 고객은 단지 확인을 받아 안심하고 싶을 뿐이다.

인지부조화 이론은 다른 사람의 태도를 바꾸고자 할 때 설득 전략으로 활용할 수 있다. 또한 마케팅 분야에서 '나는 갖고 싶다. 나는 사고 싶다. 나는 원한다'는 믿음을 확인하게 해줌으로써 구매 촉진을 위한 전략으로 사용할 수도 있다.[10]

3 | 감성
귀가 아닌 가슴에 대고 말한다

    소비자는 물건을 살 때 감성적 판단(예쁜데?)과 이성적 판단(얼마야?)을 함께한다. 따라서 판매자는 감성적인 동시에 이성적으로 호소해야 한다. 이성적 호소는 고객이 타산적으로 계산기를 두드려 수치나 금액과 비교하게 만드는 것이다. 반면 감성적 호소는 말 그대로 고객의 감성에 호소하는 접근법이다. 예를 들면 이런 식이다.

    "고객님, 제 상품(혹은 브랜드)을 선택하십시오! 그걸 소비하고 사용하십시오. 그것은 고객님께 행복과 즐거움을 줍니다. 삶에 멋진 변화가 옵니다!"

    다음의 표는 이성적 접근과 감성적 접근의 차이를 보다 명확하게 보여준다.

상품	이성적 접근	감성적 접근
온열 전기매트	온열매트 사용으로 한 달 난방비 10만 원을 한 달 진기료 4,000원(누진세 미적용)으로 줄일 수 있다.	한겨울의 온돌 같은 따뜻함은 돈으로 살 수 없을 만큼 소중하다.
정수기	매달 마트에서 생수를 사다 먹는 돈 2만 원을 정수기에 들이면 월 6,000원으로 물을 맘껏 마실 수 있다.	무겁게 생수 사서 들고 다니는 고생, 물 끓여 먹느라 고생, 얼음 얼려 찬물 만드느라 고생, 정수기로 끝내라.
내비게이션	내비게이션을 이용하면 길을 못 찾고 헤매느라 길에서 기름 값 낭비하는 일 없이 빨리 길을 찾을 수 있다.	시간낭비와 짜증을 돈으로 환산할 수는 없다. 내비게이션으로 끝내라.

이성보다 감성이 승리한다

이성과 감성이 싸우면 감성이 승리한다. 실제로 소비자들에게 상품을 광고하는 메시지를 보여주고 그 반응을 조사한 결과, 감성적 반응이 더 크게 작용하는 것으로 나타났다. 이 감성적 반응을 정서적 반응(emotional response) 혹은 뜨거운 반응(hot response)이라고도 하는데, 이는 상품을 보는 동안 자연스럽게 달아오르는 느낌이나 감정을 말한다. 부정적인 요소를 제외할 경우 소비자들은 '즐거운', '매력적인', '유쾌한', '흥미 있는', '명랑한', '자극적인', '행복한', '희망적인', '편안한', '정서적인' 같은 감성 반응을 보였다.[11] 눈을 씻고 찾아봐도 이성적이고 분석적인 감성은 전혀 보이지 않는다.

예를 들어 TV에서 가을 원피스를 소개하면 소비자는 '예쁘다', '저거 입고 데이트하고 싶다', '저거 입고 예쁜 사진 찍고 싶다', '놀러가고 싶다', '돋보이고 싶다' 등의 감성적 반응을 먼저 보인다. 즉, 디자인, 소재, 가격의 적절함부터 떠올리지 않는다. 더구나 최종적으로는 이성이 아니라 감성의 힘에 지배를 받아 물건을 구매한다.

2002년 미국 공중보건학회지가 청소년 1만 명에게 금연 광고 두 개를 보여주고 그 반응을 살피는 실험을 했다. 하나는 담배에 수백 가지 해로운 성분이 들어 있음을 보여주는 과학적이고 분석적인 내용으로 이성에 호소하는 광고였다. 다른 하나는 아무 말 없이 그저 10대들이 시체를 운반할 때 담는 시신 운반용 포대를 담배회사 사무실 밖에 쌓아 올리는 감성적 광고였다. 놀랍게도 실험 대상자 중 36퍼센트가 이성적 광고를 보고 오히려 담배를 더 피우고 싶다고 했고, 감성적 광고를 보고는 66퍼센트가 담배를 덜 피우겠다고 대답했다.

어린이 보험을 방송할 때의 일이다. 매출이 감소하면서 우리는 보장 내용만 열심히 보여주고 떠들던 기존의 틀을 깨고 새로운 시도를 했다. 즉, 태아가 세상 밖으로 나오는 장면을 편집해 아이의 울음소리, 엄마의 눈물을 잔잔한 음악과 함께 뮤직 비디오 형식으로 방영했다. 그 화면을 방영하는 동안 우리가 중요하게 여기던 보장 내용은 보여줄 수 없었다. 그런데 놀랍게도 소비자의 반응은 폭발적이었다. 한마디로 감성이 승리했다.

소비자가 상품을 그 본질과 속성으로만 보게 해서는 안 된다. 상품 속에 즐거움을 선사하는 능력, 행복을 주는 능력이 숨어 있음을 강조해야 한다.[12] 예를 들어 20G 용량의 플레이어를 소개할 경우 사양과 음질,

화질, 브랜드라는 상품의 속성만 강조하다 보면 고객은 다 떠나간다. 그 20G의 용량으로 소비자의 삶이 어떻게 변화할 수 있는지 강조하는 감성적 접근이 필요하다.

"요즘 어떤 음악 좋아하세요? 보고 싶은 영화는 뭔가요? 20G면 영화도 음악도 문제없이 다 넣고 다니면서 맘껏 즐길 수 있어요. 가을 낙엽을 밟으며, 고궁을 거닐며 음악을 즐길 때의 기분을 느껴보세요. 전망 좋은 한적한 카페에서 내가 좋아하는 영화를 즐기며 마시는 차 한 잔의 여유는 어떤가요? 이 친구를 선택한 대가로 고객님은 그 모든 것을 누릴 수 있습니다. 고객님의 일상이 얼마나 멋지게 달라질지 잠깐 그려보세요."

감성을 터치하면 소비자는 이성의 눈이 아닌 감성의 힘으로 끌려온다. 이처럼 소비자가 제품을 보면서 그것을 사용할 때 얻는 감성적 유익을 생각하며 제품을 선택하는 것을 감성적 관여(affective/emotional involvement)라고 한다. 특히 홈쇼핑은 채널이 순식간에 바뀌는 틈을 이용해 신속히 정보를 전달해야 한다. 다음의 홈쇼핑 자막을 보라. 이성적 정보가 아니라 오로지 감성에 호소하고 있다.

> '이제 초겨울! 따뜻한 커피 한 잔으로 나누는 건 따스한 느낌, 친근한 대화, 미소와 사랑. 향기가 흐르면 시가 흐르고 음악이 감싼다.' -탐앤탐스 커피
>
> '엄마가 차린 밥상에 흐르는 것은 지글지글 굽는 소리와 맛있다는 감탄사!' -안동간고등어

'밥맛이 안 좋다고요? 당신 때문이 아닙니다. 밥솥 때문입니다. 밥
솥을 바꾸면 가족들 표정이 달라집니다.' -쿠쿠 밥솥

홈쇼핑에서는 이런 감성적 문구가 이성적 문구 노출보다 더 높은
매출을 이끌어낼 때가 많다. 우리가 흔히 보는 TV 광고에서 기업들
은 대개 상품의 이성적 속성과 정보를 제공하지 않고 부드러운 감성
에 호소한다. 소비자가 그런 광고에서 더 많은 메시지를 건져 올리기
때문이다. 감성을 자극하는 광고 카피로는 다음과 같은 것이 있다.

'가슴의 반은 늘 열어놓는다. 그리움의 반은 늘 닫아놓는다.' -**동서**
   식품, 맥심
'그녀의 자전거가 내 가슴 속으로 들어왔다.' -빈폴
'초코파이는 정(情)입니다.' -오리온, 초코파이
'여보, 아버님 댁에 보일러 놓아드려야겠어요.' -경동보일러

감성적 메시지 전략이 중요한 이유는 또 있다. 한 번 구입한 물건
을 다 소비하고 또다시 그 물건을 구입할 때, 소비자는 이성을 배제
하고 감성 의존식(affect referral) 상태에 놓인다. 그동안 물건을 사
용하면서 그 물건에 대한 일종의 의리가 생겨 쉽게 배신하지 못한다
는 얘기다. 예를 들어 음료수를 마시고 싶어 슈퍼마켓에 갔는데 그동
안 칠성사이다를 즐겨 마셨다면? 다양한 음료수 앞에서 머릿속은 이
런저런 평가를 하기에 바쁘다. 이때 소비자는 제품의 이성적인 속성

에 의존해 판단하지 않고 머릿속에서 칠성사이다를 마실 때의 즐거웠던 감성적 기억들을 떠올리며 또다시 칠성사이다를 집이 든다. 소비자가 상품을 판단하는 거의 대부분의 평가(overall evaluations)는 이성이 아니라 감성을 따라간다.[13]

홈쇼핑에서 원두커피를 소개할 때 나는 이성이 아닌 감성에 호소했다. 사실 커피는 사도 그만, 사지 않아도 그만인 기호식품이다. 따라서 티백 형태의 장점, 원두의 원산지, 로스팅 기술 등을 말해봐야 구매 욕구를 자극하지 못한다.

"지친 고객님의 일상에서 10분의 티타임은 100분의 휴식과도 같습니다. TV를 끄면 대화가 보입니다. 마찬가지로 커피를 마시면 사랑이 보입니다. 남편과의 대화 매개체로 원두의 그윽한 향을 나누며 사랑을 다지세요. 또한 커피를 마시는 시간은 고된 하루 일과를 정리하고 마음의 여유를, 마음의 안정을 찾게 해줍니다. 그걸 돈과 바꿀 수 있겠습니까? 네, 저는 단지 4만 원에 바꾸라고 말하고 있습니다."

감성을 자극하는 콘셉트로 다가서자 소비자의 반응이 상당히 좋았다.

지금은 감성 마케팅 시대다

그렇다고 무조건 감성적으로 덤벼야 승리한다는 말은 아니다. 최근의 한 실험 결과에 따르면 인쇄한 글로 전달할 때는 감성보다 이성 소구가 더 효과적이라고 한다.[14] 그런 의미에서 감성과 이성은 적절히 조화를 이뤄야 하지만, 퍼블리시스의 CEO 모리스 레비(Maurice

Levy)는 "이성적으로 물건을 사는 사람은 없다"고 단호히 말했다. 아마도 감성의 중요성을 강조한 말일 것이다. 미국의 여성 의류 브랜드 '앤스로폴로지(anthropologie)'의 옷에는 라벨마다 감성적 문구가 쓰여 있다.

겨울 스웨터 → '눈밭에 누워(Lying on the snow)'
화사한 색상의 꽃무늬가 수놓인 카디건 → '봄의 메들리(Spring medley)'
과감한 블랙 드레스 → '긴긴 밤(Longest night)'

옷에 감성적 문구를 넣으면 고객은 옷을 입을 때마다 그 옷이 주는 감성적 메시지를 느낀다. 한번은 여사원들이 깃털 달린 볼펜을 쓰기에 호기심이 동해 나도 써 봤다. 어찌나 불편하던지. 여사원들 역시 불편함을 느꼈지만 그보다는 예쁘고 하늘거리는 깃털을 보면 기분이 밝아지는 걸 더 소중하게 여겼다.

미래학자 롤프 옌센(Rolf Jensen)은 "다가올 미래 사회(Dream Society)에서는 고객의 머리보다 마음을 자극하는 상품이 더 중요할 것"이라고 내다봤다. 메시지의 효과를 말할 때 감성을 배제하고는 얘기가 안 된다. 우리는 상품이 아니라 가치를 파는 것이며 또한 테마를 제공한다. 고객은 돈을 주고 물건을 사는 게 아니다. 고객은 삶의 변화를 사고 행복에 투자한다. 고객에게 상품이 주어졌을 때의 첫 설렘을 알려라. 얼마만큼의 희열과 즐거움 그리고 어떤 변화가 올 것인가에 대해 그림을 그려주어라. 나는 방송 아카데미에서 강의할 때 귀를 향해 말하지 말고 가슴을 향해 말하라고 강권한다. 감성은 당신의 메시지가 성공하도록 힘을 보태준다.

4 | 겸손
고객을 향해 5도 고개를 숙여라

시골에서 자란 나는 학교를 마치고 집으로 돌아갈 때면 손바닥을 쫙 펴서 길가의 강아지풀을 툭툭 건드렸다. 그러다가 애꿎은 강아지풀을 꺾는 일도 숱하게 있었다. 이때 주로 어떤 놈이 꺾이는 줄 아는가? 내 손에 잡혀 꺾이는 강아지풀은 영락없이 키 크고 빳빳한 놈이다. 거만하고 뻣뻣한 놈은 꺾이기 십상이다.

CS(고객만족)에서 말하는 '5도의 법칙'을 아는가? 고객을(혹은 카메라를) 바라볼 때 몸을 5도 뒤로 젖히면 눈을 내리깔고 사람을 바라보기 때문에 상대방을 경시하는 표정을 지을 수밖에 없다. 반면 몸을 앞으로 5도 숙이면 사람을 올려보게 되므로 겸손함이 묻어난다. 뉴스 앵커들이 약간 몸을 앞으로 숙이고 진행하는 이유도 여기에서 기인한다.

시종 겸허와 겸손을 잃지 않기

겸허와 겸손에는 큰 차이가 있다. 겸허(modesty)란 자신의 한계를 아는 것, 즉 사람이 순박하거나 순수한 것이다. 반면 겸손(humility)은 '자기를 낮추는 정신 태도'로 교만하거나 자만하지 않는 것, 마음 깊이 공손하게 존경심을 나타내는 것을 말한다. 다시 말해 겸허는 본인의 능력에 한계가 있음을 깨닫고 낮추는 것이며, 겸손은 능력이 있음에도 스스로 자신을 낮추는 것이다.

당신에게는 어느 쪽이 더 어려운가? 요즘은 겸손하고 싶어도 겸손하기 어려운 세상이다. 없는 능력도 있는 척해야 하는 시대니 말이다. 특히 마케팅 세계에서는 '내 상품이 최고'라고 말해야 하고, 온갖 수단과 방법으로 이목을 끄는 것은 물론 돋보이게 만들어야 살아남는다. 그렇다면 이 시대에 겸손은 약함과 못남의 표시인가? 결코 그렇지 않다. 전문가들은 겸손의 미덕을 적극적으로 주장한다.

첫째, 겸손은 낯선 사람에게 쉽게 접근하는 데 큰 도움을 준다.

둘째, 겸손은 상대방에게 내 주장이 일방적이고 강하다는 느낌을 주지 않는다.

셋째, 겸손은 고객을 소중히 여기고 있음을 표현하는 습관을 들이게 한다.

넷째, 겸손은 '이 대화의 목적' 혹은 '이 마케팅 전략의 목표'는 고객을 주인공으로 만드는 것이라는 인상을 심어준다.

겸손을 표현하는 세 가지 방법

1. 존경심을 담아 접근하기(Respectful Approach)

아무리 좋은 상품을 판매해도, 아무리 좋은 서비스를 제공해도 고객이 무시당한다고 느끼면 끝장이다. 가장 중요한 것은 고객을 존중 및 존경하는 자세로 접근해야 한다는 점이다. 고객에게는 간단한 인사를 하거나 미소를 지으며 혹은 손을 가지런히 모으고 우호적인 표정으로 접근하는 것이 좋다. 본척만척하거나 별로 신경 쓰지 않는 듯한 느낌을 주면 안 된다.

2. 존경심을 담아 인정해주기(Respectful Acknowledgement)

흔히 나와 의견이 맞지 않으면 무시하는 투로 말하기 십상이다. 특히 가전제품이나 자동차 같은 고관여 상품을 찾는 고객에게 '이것도 몰라요?', '잘 모르시는 말씀만 하시는데요, 요즘은 그렇지 않아요'라는 식으로 말해서는 안 된다. 당신이 판매하는 상품에 대해 고객이 당신보다 모르는 것은 당연하다. 아무리 답답한 소리를 해도 고객을 무시해서는 안 된다. 결국 지갑에서 돈을 꺼내는 사람은 고객이다. 고객이 '존중받고 있다'는 기분을 느끼게 하라. 고객은 자신을 적극 인정해주는 사람 앞에서 지갑을 연다.

3. 존경심을 담아 전달하기(Respectful Delivery)

그렇다고 고객에게 아양 떨고 아첨하라는 게 아니라 고객을 극진하게 대하고 존경심을 담아 말하라는 것이다. 특히 프레젠테이션을 할 때는 여러분(you)이라는 인칭대명사보다 우리(we)라는 표현을 써서 '나와 당신은 함께한다'는 느낌을 주는 것이 중요하다. 가령 '여러분은 이렇게 해야 합니다'보다 '우리는 이렇게 해야 합니다'가 훨씬 설교적이지 않고 나와 청중이 하나라는 느낌을 준다. 존경심을 담아 말하는 것과 그것을 염두에 두지 않고 말하는 것은 듣는 이의 마음속에 전달되는 깊이가 다르다.

아니다 싶으면 재빨리 사과한다

가끔은 영업 현장에서 불리한 상황에 놓일 때가 있다. 이때 대개는 꾸역꾸역 변명하거나 상황을 바꿔보려 애쓴다. 그러다가 상황만 더 나빠지는 경우가 부지기수다. 상황이 더 나빠지는 것을 막으려면 빨리 인정하는 것이 낫다. 홈쇼핑은 상업 채널이라 심의규정이 매우 까다롭다. 만약 쇼호스트가 생방송 중에 말실수를 했다면 방법은 딱 하나밖에 없다. 정색을 하고 "정정합니다. 방금 제가 한 말은 분명 잘못된 것이라 정정합니다"라고 해야 한다. 아니다 싶으면 빨리 사과하는 게 고객의 노여움을 줄이는 지름길이다.

2000년 6월, 사과 한마디가 늦어 지구촌 두 곳을 떠들썩하게 만든 사건이 있었다.

2000년 6월, 오사카(大阪)에 있는 눈표(유키지루시, 雪印) 우유 때문에 일본 열도에 난리가 났다. 일본 우유 시장의 30퍼센트를 점유하던 이 우유는 사과가 늦은 관계로 한순간에 추락하고 말았다. 그 파장은 엄청났고 일본 식품 사고 역사상 최악의 사건으로 남아 있다. 당시 이 회사의 우유를 먹고 사람들이 설사를 하고 배탈이 나는 일이 발생했다. 첫날, 수십 명이 복통을 호소했지만 회사의 반응은 냉담했다.

"뭔 소리야, 우유 먹고 탈 한 번 나지 않은 사람도 있나?"

이튿째가 되자 환자는 수백, 수천 명으로 늘어났고 셋째 날에는 급기야 환자가 1만 5,000명으로 늘었다. 일본의 모든 매스컴이 일제히 우유 회사의 꼿꼿한 태도에 대대적인 공격을 퍼부었다. 뒤늦게 회사 대표가 사과를 하고 진상 조사에 나서면서 기계에 불순물이 들어 있었음이 밝혀졌다. 일본 정부는 우유 공장 자체를 폐쇄하는 한편 제품을 회수했고, 우유 회사는 주가 하락과 함께 사장 및 임원들이 사직하는 사태를 겪었다.[15]

설령 대책을 세우지 못했어도 24시간 내 CEO가 현장에 나타나 기자회견을 하고 "모든 것을 조사하고 해결책을 찾는 데 최선을 다하겠다. 물의를 빚어 죄송하다"는 사과를 했더라면, 계속해서 며칠에 걸쳐 만 명 이상이 불량 우유를 사 먹지는 않았을 터다.

역시 2000년 6월, 벨기에와 프랑스 전역에서 코카콜라를 마시고 어린이들이 배탈이 나고 현기증과 두통이 일어나는 사건이 발생했다. 이때도 CEO가 즉시 현장에 나타나 사태를 수습하고 사과했어야 마땅했지만, 일 처리를 차일피일 미루다가 언론의 집중적인 비판을 받았다.[16]

홈쇼핑에서는 대본 없는 방송을 하기 때문에 애드립이 난무하고 그로 인해 말실수가 잦다. 이럴 경우에는 재고의 여지없이 무조건 빨리 사과해야 한다. 홈쇼핑 방송을 보다 보면 간혹 쇼호스트들이 "조금 전 제가 한 OOO 멘트를 정정합니다. 죄송합니다"라고 하는 말을 듣는다. 쇼호스트의 매뉴얼에 말실수나 정보 전달을 잘못했을 경우, 신속하게 정정하고 사과하도록 되어 있기 때문이다. 물론 신속한 사과가 문제를 완전히 해결해주는 것은 아니지만 최소한 상황이 더 악화되지는 않는다.

마케팅 시장에서도 마찬가지다. 명백한 잘못이 드러나면 속히 사과하는 것이 가장 좋다. 아무리 노력하고 포장해도 거짓말과 변명이 진실로 바뀌는 것은 아니다.

5 | 직관
깜깜할 땐 감感을 따르라

홈쇼핑에서는 관련이 있는 사람들이 늘 머리를 맞대고 아이디어를 짜낸다. 기업에서 아이디어를 낼 때는 크게 네 가지를 토대로 한다.

1. 개인적 경험
2. 기록한 자료
3. 기존에 시행한 결과
4. 예감

나는 개인적으로 예감을 가장 중요시한다. 그런데 웬일인지 갈수록 '감'이 사라지고 매뉴얼대로만 움직이는 경우가 늘고 있다. 가령 가보지 않은 길은 인터넷으로 사전 조사하고 내비게이션 모의주행을 돌려 예상 길을 정하고 떠난다. 그러다 보니 무작정 떠나는 여행에 대한 동경은 사라졌다. 소개팅을 할 때도 상대방의 홈페이지와 블로그를 이 잡듯 뒤져 신상을 털고 나간다. '오늘 소개팅은 감이 좋아'라는 설렘은 없다.

우리는 더 이상 감을 믿지 않는다. 그보다는 시뮬레이션을 돌려보고 시행 변수를 파악하며 과거의 데이터를 분석해 미래를 예측하고 시작한다. 그렇지만 미래학자 앨빈 토플러는 "과거의 경험은 쓰레기"라고 말했다. 과거의 경험은 보이지 않는 선으로 한계를 그어 스스로 그 선을 넘지 못하게 만들기 때문이다. 자기 자신에게 제약을 가한다는 얘기다.

실제로 우리는 선입견이라는 도장을 머릿속에 찍어놓으면 일할 때마다 얼마나 많은 제약이 따르는지 잘 알고 있다. 독설가로 유명한 《블랙 스완(Black Swan)》의 저자 나심 탈레브(Nassim Taleb) 교수는 "1,000일 동안 매일 맛있는 먹이를 받아먹고 안심한 칠면조가 1,001일째 목이 날아가는 게 이 세상"이라고 말했다. 푸줏간 주인이 1,000일 동안 매일 맛있는 먹이를 주면 칠면조는 항상 같은 시간, 같은 장소에 나타나 먹이를 먹으며 안심한다. 칠면조에게 다른 시도와 도전은 있을 수 없다. 그러다가 살이 통통하게 오른 어느 날 한 방에 목이 날아간다. 나심 교수는 대수의 법칙에 연연하는 전문가들에게 "과거의 데이터로 미래를 예측한다고? 제발 착각하지 마라!"라고 강조한다. 우리도 과거의 경험과 데이터에만 안주하다 보면 칠면조 신세가 될 수 있다! 변수로 가득한 변화무쌍한 21세기에 과거의 잣대로 미래를 예측하는 것은 코웃음 칠 일이다.

한때 내 주된 업무 중 하나는 시장 보고서를 만드는 것이었다. 사실 나는 지금 시장 보고서를 믿지 않는다. 시장조사는 기업이 뚜렷한 목적 아래 행하는 의식적인 활동인데 반해, 소비자의 구매행동은 대개 무의식적인 마음의 작용이기 때문이다. 시장조사 질문이 예리하고 소비자들이 성실하게 답할지라도 소비자 자신이 미래에 행할 소비 행위를 예언하듯 대답할 재간은 없다.[17] 또한 시장조사는 소비자의 잠재된 진정한 욕망을 읽기보다 기본적인 취향 및 구매패턴에 관해 답하라는 식이라 시험지 풀듯 응답할 뿐이다. 그런데 기업은 그런 시장조사 결과를 믿고 의지하는 경향이 강하다.

당신은 당신의 감을 얼마나 믿는가? 당신의 육감(instinct)과 예감(hunch)을 믿는가? 나에게 감을 중요시하는 직업 중 최고를 꼽으라면 당장 자동차 디자이너에 한 표를 주겠다. 자동차 디자인은 과자봉지처럼 쉽게 디자인 시안을 바꿀 수 있는 게 아니다. 일단 디자인을 채택하면 좋든 싫든 그 모습 그대로 도로를 달려야 한다. 과거 아반떼의 미등은 눈 꼬리가 치켜 올라간 모습이라 조롱을 샀고 마티즈의 미등은 흡사 동태눈 같았다. 그래도 그 디자인은 쉽게 바뀌지 않았다. 소비자는 과연 이런 디자인을 좋아할까? 그건 알 수 없다. 메르세데스 벤츠의 디자인을 총괄하는 고든 바그너는 "급변하는 젊은 소비자에게 부응하는 디자인은 어떻게 탄생하는가"라는 질문에 한마디로 간단히 대답했다.

"그건 감이죠!"[18]

미국의 온라인 쇼핑몰 재포스는 인터넷과 전화로 주문을 받는다. 따라서 전화 응대가 무엇보다 중요하지만 놀랍게도 이 회사에는 고객 응대 매뉴얼이 없다. 직원들은 사전에 미리 작성한 대본을 앵무새처럼 반복하지 않는다. 그저 자기 기분대로, 개성대로, 고객 성향에 맞춰 자기 느낌을 살리며 응대할 뿐이다.

나는 보험회사 콜센터로 자주 강연을 나가는데, 그들의 전화 응대 대본을 보면 한숨부터 나온다. 이럴 바엔 녹음을 해서 틀어주는 게 낫겠다 싶을 정도다. 실제로 고객 상담 내용을 들어 보면 안타까울 때가 많다. 상대방의 기분은 생각지 않고 그냥 정해진 대본대로 읽기 때문이다. 그러니 홈쇼핑 보험 방송을 보고 상담 예약을 남긴 고객 중 아무리 훌륭한 보험 상품도 열에 다섯은 계약을 체결하지 못하는 것도 무리는 아니다.

당신은 매뉴얼을 중시하는가, 아니면 감을 중시하는가? 우리가 매뉴얼대로 하면 성공을 보장받을까? 단언하건대 그렇지 않다! 예를 들어 표준화의 전설로 불리는 맥도날드를 생각해보자. 기업들이 매뉴얼을 잘 갖추지 않던 그 시절에도 맥도날드는 요리하는 법, 청소하는 법 그리고 직원들이 몇 시간마다 손을 씻어야 하는지까지 거의 모든 것에 관해 세세한 기준을 만들었다. 그 결과는 어떠한가? 지난 몇 년간 미국에서 패스트푸드 산업 부문 고객만족도가 거의 바닥권에서 헤엄치고 있다. 고객의 불만은 네 가지로 나타나고 있다.

1. 직원이 불친절하다. 대충 말하고 대충 준다.

2. 서비스가 느리다.

3. 매장이 더럽다.

4. 툭하면 주문한 음식과 다른 음식을 내민다.

결국 정해진 매뉴얼은 정답이 아닌 셈이다. 버거킹의 캐치프레이즈는 '네 맘대로 하라(Have it your way)'다. 고객이 원하는 대로 햄버거를 즐기라는 말이다. 버거킹 매장은 기존의 정해진 틀을 깨고 햄버거 패티, 양상추, 치즈 등을 자신이 원하는 대로 넣고 뺄 수 있도록 해서 높은 매출을 올리고 있다. 라면을 끓일 때 우리가 언제 라면 봉지에 적힌 매뉴얼대로 물의 양을 맞추고 시간 재면서 끓이던가. 그냥 보글보글 끓는 면발을 보고 적당히 감을 잡아 끓여 먹을 뿐이다.

1년 전, 나는 호주의 건강기능식품 1위 브랜드인 블랙모어스 제품을 론칭했다. 당시 건강식품 담당 MD가 무작정 호주로 건너가 아시아 담당 이사 피터를 만났다. MD는 피터에게 블랙모어스 브랜드를 한국의 홈쇼핑에서 론칭할 테니 믿고 독점으로 공급해달라고 부탁했다. 사실 호주에는 홈쇼핑에 대한 개념이 없다. 물론 홈쇼핑이 있긴 하지만 케이블에서 프로그램 사이사이에 잠깐 나오는 유사 홈쇼핑(인포모셜[Informercial, 구체적인 정보를 제공하는 상업광고]) 형태가 전부다. 그런 탓에 매출이 미진하다. 그런데 한국 시장 전체의 독점권을 홈쇼핑 업체 하나가 달라고 하니 솔직히 우스웠을 것이다.

아무런 자료도 없는 백지 상태였지만 피터는 내용을 숙고하고 나서 CEO인 크리스틴에게 보고했다. 크리스틴은 금발의 50대 미혼여성으로 결단력이 대단한 사람이었다. 크리스틴은 피터에게 당신의 생각은 어떠냐고 물었다. 피터는 "해보지 않아 뭐라 말할 수는 없지만 감이 좋다"며 해보고 싶다는 강한 의지를 피력했다. 크리스틴은 "당신은 지금 스포츠카를 타고 있다. 아마 무섭게 달릴 것이다. 나는 당신의 감을 믿는다"라며 승낙했다. 그 결과는 어땠을까? 불과 1년 만에 블랙모어스의 비타민, 오메가3, 글루코사민, 어린이 건강식품, 다이어트 제품 등은 매출 300억을 돌파하며 전 홈쇼핑에서 건강식품 분야 매출 1위 자리를 꿰찼다.

최근에 이스라엘 텔아비브대학 심리학과의 마리우스 어셔(Marius Usher) 교수가 여러 숫자를 아주 잠깐 보여주고 숫자의 평균값이 높은 것을 순전히 직감으로 고르게 하는 실험을 했다. 그 결과 인간의 직감은 90퍼센트의 확률로 적중했다고 한다.[19]

홈쇼핑은 온몸으로 뛰는 동시에 아이디어가 퐁퐁 솟아야 하는 곳이다. 이 글을 쓰고 있는 지금도 나는 론칭할 상품을 책상 위에 잔뜩 쌓아놓고 있다. 저건 어떻게 팔아야 할까? 잘 팔릴까? 고객이 좋아할까? 한 번도 판매해본 적 없는 상품을 소개해야 할 때면 감을 믿는 것이 어두운 길을 비추는 손전등 같은 느낌을 주기도 한다. 직원들과 론칭 미팅을 할 때 누구도 입을 열지 않아도 뭔가 와 닿는 느낌이 있다. 어떤 경우에는 상품을 만져보고 써보면 '이건 대박이다',

'이건 망한다' 싶은 느낌이 온다. 나는 그런 느낌을 자연스럽게 따라 간다. 깜깜할 땐 감을 따르는 것이 유일한 방법일 수도 있음을 기억 해야 한다.

6 | 새로움
때로는 정상이 아니어야 한다

젊은 행동은 젊은 생각을 이끌어낸다

분위기는 엄숙했고 공기조차 침울했다. 1986년 미국 우주 왕복선 챌린저호가 발사 직후 폭발하자 충격에 빠져 사고 원인을 조사하던 긴급위원회의 모습이 그랬다. 단 한 명만 빼고 말이다. 아인슈타인 이후 최고의 천재 물리학자로 추앙받는 리처드 파인먼(Richard Feyman) 박사는 그 상황에서 혼자 낄낄거리며 양파링 과자를 물 컵에 집어넣었다 꺼냈다 하며 장난을 치고 있었다. 주변에서 온갖 비난이 쏟아졌지만 그는 아랑곳하지 않았다. 사실 그는 쓸데없이 장난을 친 것이 아니었다. 나중에 챌린저호는 양파링처럼 생긴 오(O)링이 찬 기온으로 얼어 터지는 바람에 연료가 누출돼 사고가 난 것으로 밝혀졌다. 파인먼의 장난 같은 창조적 시도는 해답을 찾아가는 과정이었던 것이다.

창조적인 천재들은 비난받는 바보짓이나 남들이 손가락질하는 엉뚱한 시도를 많이 한다. 실제로 리처드 파인먼 교수는 지루한 물리학 강의를 할 때 학생들 앞에서 드럼을 치는 장난꾸러기였다.

또한 천재들은 아이처럼 굴 때가 많다. 제법 또라이 짓을 잘하는 버진 그룹의 리처드 브랜슨을 보라. 60세가 다 된 나이에도 그는 어린 아이처럼 행동하곤 했다. 예를 들면 결혼 서비스 회사 버진 브라이드(Virgin Bride)의 개업식 때 그는 웨딩드레스를 입고 나타났다. 미국 내 첫 메가스토어 개업식에서는 웃통을 벗고 상점 100피트 상공에서 밧줄을 타고 내려왔다. 정상적인 지구인들이 봤을 때는 명백한 또라이다.

왜 성공한 마케터 혹은 창조적인 천재 중에는 또라이들이 많을까? 사회과학 분야에서 천재로 꼽히는 스탠퍼드대 경영대학원의 제임스 마치(James March) 교수는 그 이유를 〈바보스러움의 기술〉이라는 논문에서 명확히 밝히고 있다. 논문의 내용을 간략히 살펴보자.

"일반적으로 인간은 어떤 목적을 추구(goal-pursuing)하고자 의사결정을 한다. 그것은 보통 이성의 영역(realm of reason)에서 이뤄진다. 그러나 단순히 어떤 목적을 추구하는 것보다 더 중요한 것은 무언가를 발견하는 목적 발견형(goal-finding)이다. 새로운 것을 발견하는 의사결정은 장난과 유희의 영역(realm of play)이다. 과거에 존재하지 않던 혁신을 발견하려면 심각하고 딱딱하게 책상머리를 지키며 계산이나 분석만 해서는 안 된다. 처음 보는 신기한 장난감을 갖고 노는 어린아이처럼 열린 마음으로 자유분방하게 다양한 실험과 시도를 해야 한다. 그래서 천재들은 장난과 유희를 통해 새로운 것을 발견하곤 한다."[20]

의사결정의 유형

1. 목적 추구형(goal-pursuing) → 이성의 영역(realm of reason)
2. 목적 발견형(goal-finding) → 장난과 유희의 영역(realm of play)

비겁하면 안전하긴 하지만 창조는 없다

나는 어렸을 때 숨바꼭질을 잘하는 아이였다. 술래에게 잡힌 같은 편을 술래 몰래 달려가 몸을 쳐주면 이기는데 나는 늘 마지막 아군이 잡힐 때까지 꽁꽁 숨어 있었다. 잡혀 있는 아군에게 다가가는 모험은 절대 하지 않았고 덕분에 언제나 안전했다.

홈쇼핑 업체가 판매를 위한 접근법과 설득 기법을 찾을 때, 가장 안전하다고 판단하는 것은 기존 방법의 답습이다. 적어도 중간은 가니 말이다. 실제로 홈쇼핑은 따라쟁이다. 어느 채널을 돌려도 같은 포맷, 한정된 스타일, 비슷한 말투 일색이다. 그들이 새로운 시도를 하지 않는 이유는 그것이 실패로 끝났을 때 후폭풍이 두렵기 때문이다. 여기에는 설령 방송 후에 매출이 망가져도 방송 시간대나 상품 문제로 책임을 돌릴 수 있다는 비겁함도 숨어 있다.

상품을 론칭할 때도 마찬가지다. 매일 수많은 업체가 새로운 상품을 들고 홈쇼핑을 찾아온다. 하지만 아무리 좋은 상품을 갖고 와도 MD들은 콧방귀부터 뀐다. 신상품을 발굴해 시장을 선점하는 개척자가 되려고 하지 않는 경향이 강하기 때문이다. 대개는 기존 상품에 안주하거나 탐색전을 벌인다. 먼저 시도한 타 홈쇼핑이 잘해내는지 일단 지켜본다는 말이다. 잘된다 싶으면 그제야 안심하고 똑같이 판매를 진행한다.

고객의 입장에서 홈쇼핑 상품을 보면 짜증이 날 수도 있다. 허구한 날 여기저기에서 똑같은 상품만 죽어라고 나오기 때문이다. 여기에서 잘된다 싶으면 저기에서도 매일 나오니 그럴 만하다. 한때 족욕기가 선풍적인 인기를 끌자 모두들 발을 내놓고 수건으로 양머리를 한 채 방송을 진행했다. BB크림이 유행일 때는 홈쇼핑마다 얼굴에 바르느라 난리도 아니었다. 러닝머신이 잘되니까 너도 나도 땀 흘리며 뛰었다. 이처럼 홈쇼핑은 타 회사가 해서 된다 싶으면 안심하고 시도한다.

현실 안주형 인재들은 남이 만들어놓은 창조적 해법을 뒤에서 열심히 주워 먹으며 살기 바쁘다. 그들은 새로운 시도를 두려워한다. 과거의 표준을 따라가는 것이 가장 안전하다고 생각하면서 중간이나마 유지하는 걸 다행으로 안다. 그들에게 창조적 상상력은 먼 나라의 얘기다.

아이러니하게도 최신 트렌드와 싸워야 할 홈쇼핑의 영업 최전방에서도 창조적 시도와 노력보다 검증된 상품이나 소구만 추종하는 매출 지향주의가 판을 친다. 그것은 편안한 소파에 앉아 서서히 늙어가는 꼴이다. 창조적 긴장이 필요하다. '창조적 긴장'은 우리의 안일한 생각을 안전지대(comfort zone) 밖으로 내몰게 한다.

파리와 꿀벌의 대결

파리와 꿀벌이 일정 공간에 갇히면 누가 먼저 탈출할까? 고든(Goden)의 실험에서는 영리한 꿀벌과 우둔한 파리 중 우둔한 파리가 생존에 성공한다.[21] 일단 어두운 상자 안에 꿀벌과 파리를 풀어놓은 다음 상자 위쪽에 빛을 주고 아래쪽에 출구를 뚫어놓는다. 이때 영리한 꿀벌은 빛이 있는 곳에 출구가 있다는 과거의 고정관념에 갇혀 계속 위를 향해 부딪치며 출구를 찾다가 죽고 만다. 반면 우둔한 파리는 고정관념을 파괴하고 이리저리 마음껏 돌아다니며 탈출을 시도하다 결국 아래로 탈출한다.

파리에게 과거의 경험은 중요하지 않다. 새로운 시도가 성공할지 실패할지 의심하지도 않는다. 그저 쉼 없이 도전하면서 새로운 생존의 길을 개척할 뿐이다. 과거의 경험을 파괴하는 일이 얼마나 중요한가는 하찮은 미물을 통해서도 알 수 있다. 마찬가지로 새로운 인재를 선발할 때, 사고가 굳은 사람보다 탄력적이고 유연한 사람이 들어오길 바란다. 기업은 창조적 전략으로 무장한 사람을 원하는 것이다.

사고가 유연한 사람 flexible	사고가 완고한 사람 stubborn
발전적 변화 추구	기존 방식의 답습과 패러디
지치지 않는 새로운 시도	매뉴얼에 충실
창조적 기획 중심	안정적 방식과 성과 중심
틀에 매이지 않는 다양한 솔루션 제공	해법 없는 냉소적 비판 제시
도전적, 능동적	형식적, 수동적

양손보다는 머리로!

2007년 10월, 나는 충격적인 기사를 접했다. 내가 근무하던 세계 1위 기업, 월마트를 구글이 시장가치 면에서 제쳐버렸다는 기사였다. 아니, 어떻게 매출 220억 달러에 종업원이 2만 명인 구글이, 매출 4,000억 달러에 200만 명의 종업원을 거느린 월마트보다 더 시장가치가 높을 수 있을까? 매출 면에서 20배, 인적자원 면에서 100배나 차이가 나는데 어떻게 그럴 수 있을까?

여기에는 깊은 의미가 담겨 있다. 이것은 이제 눈에 보이는 땅, 건물, 자금보다 눈에 보이지 않는 창의적 혹은 창조적 사고가 더 중요한 시대가 되었음을 보여주는 증거다.

새로운 시대의 성공 방정식을 이해하려면 창조적 사고와 전략을 알아야 한다. 창조적 전략이란 무엇을 말하는 것일까? 1980년 찰스 프레이저(Charles Frazer)는 "창조적 전략이란 메시지의 속성과 특성을 구체화하는 하나의 정책 혹은 지침이 되는 원칙"이라고 정의했다. 그렇다고 창조적 전략이라는 것이 매번 번뜩이는 성공적 아이디어를 내야 한다는 의미는 아니다. 그게 어디 쉬운 일인가? 홈쇼핑이든 광고대행사든 아니면 여타 다른 마케팅 부서에서 일하든 상품 아이디어 회의 때의 그 인고의 과정은 경험해본 사람이면 누구나 알 것이다. 핵심은 해보지도 않고 '아니오'라고 깝죽거리는 인간들 틈바구니에서 또라이 소리를 들을 정도로 다양한 창조적 시도를 해봐야 한다는 점이다.

가장 나쁜 직원은 '까라면 까는' 직원이다. 그런 사람은 명령을 하면 마치 로봇처럼 행동한다. 명령과 통제에 따라 일사불란하게 잘 움직인 한국 월마트가 왜 망했는지 곰곰이 생각해봐야 한다. 매일 야근하며 열심히 일하는 사람(work harder)이 아닌 지혜롭게 일하는 사람(work smarter)이 필요하다. 창조적 시도와 도전으로 무장한 지적(知的) 인재가 육적(肉的) 인재보다 백 배는 낫다. 우리는 창조적 긴장으로 혁신적이고 '의미 있는 또라이(sensible foolishness)'가 되어야 한다.

7 | 착함
소비자들을 선한 사람으로 만들어라

착한 소비 나쁜 소비

1996년 6월, 단 한 장의 사진으로 인해 나이키 본사가 발칵 뒤집혔다. 미국의 시사주간지 〈라이프〉가 나이키의 수제 축구공을 만드는 어느 파키스탄 소년 노동자의 사진과 함께 '1시간에 6센트'라는 제목으로 기사를 실었던 것이다.

"채 10세도 안 된 아이들이 아침에 눈을 뜨면 그날 눈을 감을 때까지 13시간 동안 중노동을 하며 바느질을 한다. 공 하나를 만들기위해 고사리 같은 손으로 1,620회나 힘겹게 한 땀 한 땀 바느질을 한다. 꼼짝없이 8시간을 꿰매야 겨우 두 개를 만든다. 그들은 하루 종일 붙박이처럼 일해서 단 1달러도 벌지 못한다."

나이키가 아웃소싱한 파키스탄의 시알코트 공장에서 이처럼 비윤리적인 착취를 자행하고 있음이 알려지자 나이키의 주가는 바닥을 모르고 추락했다. 어린 소년의 노동력 착취를 기억하는 한 어느 누구도 사회적 양심으로부터 자유로울 수 없다. 누가 절대적 약자의 피땀으로 응결된 눈물의 산물을 유쾌한 기분으로 쇼핑할 수 있겠는가?

또 다른 사례로 피의 다이아몬드(blood diamond)가 있다. 아프리카의 분쟁 지역인 시에라리온, 앙골라 등지에서는 무기를 구입하기 위해 다이아몬드를 둘러싼 혈투가 벌어지고 있다. 매년 수백 명의 죄 없는 아이들과 부녀자들이 희생당하고 있다. 다이아몬드 채굴로 벌어들이는 노동자의 임금은 하루에 1달러에 불과하지만 팔려 나가는 다이아몬드의 값은 90배 이상이다. 어쩌면 지금 당신이 끼고 있는 다이아몬드 반지도 어린아이와 부녀자들의 피의 산물일지도 모른다.

트렌드세터(trend-setter, 유행 선도자)들의 겨울철 필수 아이템인 모피는 어떠한가? 동물보호주의 단체 '모피 없는 웨스트할리우드'의 섀넌 키스(Shannon Keith)는 "사람들이 허영심을 충족하려 동물을 이용하고 있다"면서 "모피는 동물들이 잔인하게 죽어야 얻을 수 있는 것"이라고 말했다.

사람들은 물건을 살 때 돈을 소비하는 것에 대해 기본적으로 죄책감을 느낀다. '내가 힘들게 번 돈을 이 물건을 사는 데 쉽게 써버려도 되는 것일까?' 하는 기초적인 의구심을 떨치지 못한 채 지갑을 연다. 그 죄책감이 강할수록 지갑에서 꺼내는 돈의 무게는 무거워진다. 또한 소비자는 나에게 즐거운 쇼핑이 어쩌면 골 빈 허영심의 간접적 쟁

취이자 약자의 피를 빨아먹는 못된 약탈일 수도 있다고 생각한다. 이때 판매자는 재치 있는 순발력으로 그것이 나쁜 소비가 아닌 착한 소비라는 것을 어필해야 한다. 그래야 고객은 돈 쓰는 죄책감에서 벗어나 만족스런 소비를 한다.

소비에 윤리를 담는다

착한 소비를 다른 말로 윤리적 소비라고도 한다. 직거래 농산물을 사 먹으면 탐욕적인 중간도매상과 소매업자의 배를 불리지 않고 농민에게 직접 이익이 돌아가는 방식이 전형적이다. 리바이스 청바지는 운이 좋아 대박이 난 게 아니다. 리바이스를 만든 리바이 스트라우스(Levi Strauss)는 평생 독신으로 살았고 자기 재산을 고아원, 양로원, 자선단체에 기부한 뒤 세상을 떠났다. 그리고 그 선행은 리바이스 브랜드를 구매하는 사람들에게 착한 소비를 한다고 느끼게 만들었다.

공정무역 커피도 착한 소비를 유도한다. 하루 종일 땡볕에서 원두커피를 재배하는 제3세계 농민들은 원두 1킬로그램을 팔아봐야 10센트도 남기지 못한다. 나머지 99퍼센트는 커피회사와 수출입업자, 유통업자 들이 나눠먹는다. 따라서 공정무역 커피를 마시는 것은 이러한 강도질에 호응하지 않고 착한 소비를 하는 셈이다.

윤리적 소비운동을 주도하는 영국 잡지 〈에티컬 컨슈머(Ethical Consumer)〉는 쇼핑할 때마다 투표하는 것처럼 여기라고 권한다. 공정무역 제품을 살 때는 좋은 인권을 만드는 데 투표하는 것이고, 연비가 나쁜 4륜구동차를 살 때는 나빠지는 기후 변화에 투표하는 것으로 여기라는 의미다.

홈쇼핑에서도 간혹 고객이 사는 물건 값의 일부를 선한 곳에 기부하는 행사를 한다. 더러는 유통회사가 왜 마진을 깎아먹으면서 그런 행사를 하는지 의아할 수도 있다. 그건 모르는 소리다. 물론 고객은 필요해서 물건을 사는 것이지만 그 소비에 선한 일을 한다는 합리화가 더해지면 돈을 쓰는 죄책감을 떨쳐내기 때문에 결과적으로 더 높은 매출을 기대할 수 있다. 가령 로또 구매자들은 로또 수익금의 일부가 불우이웃을 위해 쓰인다는 사실에 자신이 일확천금을 노리며 사리사욕을 챙긴다는 죄책감에서 벗어난다.

소비 메시지를 캠페인으로 만든다

CJ의 새로운 이동통신사 헬로 모바일은 별정통신사를 통해 기존 이동통신사 시장에 뛰어들었다. 후발주자인 탓에 전략은 기존 통신사보다 요금제를 싸게 해서 출시하는 수밖에 없었다. 이들은 '통신비를 절약합시다'라는 슬로건을 내세웠고, '고객님의 가계부에서 통신비만큼은 아껴드립니다'라는 공익성 캠페인으로 시장에서 착한 소비를 이끌어냈다. 이처럼 소비 메시지를 캠페인으로 바꾸는 전략도 착한 소비로 포장하는 좋은 방법이다.

알고 있다시피 기업은행은 방송인 송해 씨를 앞세워 '기업은행에 예금하면 기업을 살립니다. 기업이 살아야 일자리가 늘어납니다'라는 캠페인성 광고를 진행했다. 사실 이윤을 추구하는 것은 다른 은행과 마찬가지였지만 바람직한 캠페인을 만들자 착한 소비가 일어났고, 결국 이 광고

후 기업은행의 매출이 1,000억 가까이 올랐다. 2009년 신종플루 공포가 확산되자 데톨은 질병 예방의 일환으로 '데톨이 지켜줍니다'라는 카피와 함께 손 씻기 캠페인을 벌여 바람직한 소비를 일으켰다.

홈쇼핑에서도 캠페인성 전략을 많이 사용한다. 한번은 여름에 고가의 '인도네시아 발리' 여행상품을 판매했다. 자칫 사치스러운 호화 여행을 부추긴다는 오해를 살 수 있다는 생각에 나는 방송 내내 캠페인성 분위기를 조성했다.

"그동안 고생하신 고객님! 고객님에겐 이런 호화를 누릴 충분한 자격이 있습니다. 앞만 보며 쉼 없이 달려온 고객님! 자신에게 하는 작은 선물이라고 생각하세요."

돈 쓰는 죄책감을 덜어주자 매출은 폭발했다.

착해야 오래 산다

'욕먹어야 오래 산다'는 말의 참뜻은 욕먹을 만큼 나쁜 짓을 해도 무방하다는 것이 아니다. 사람은 누구나 본인의 의도와 달리 욕을 먹는다. 그때 받는 억울함이나 분노를 지혜롭게 다스리라는 뜻으로 건네는 사고 전환의 덕담이다. 그런데 어리석은 사람은 이 속설의 피상적 어휘만 생각하고 욕먹을 짓만 골라서 한다. 사실은 착해야 오래 산다.

기업도 착한 기업이 오래간다. 당신은 어느 회사에 근무하는가? 그 회사는 설립한 지 얼마나 되었나? 한국 기업의 평균 수명은 10년이다. 미국의 경제지 〈포춘〉이 2011년에 세계에서 가장 존경받는

50개 기업을 조사한 결과, 평균 나이가 94세였다고 한다. 존경받는 회사는 거의 100년은 존속했다는 의미다. 장수하는 기업에는 하나같이 공통점이 있다. 그들은 술·담배·무기를 만드는 사업이나 환경 혹은 기업에 유해한 사업, 비윤리적인 사업에는 투자하지 않는다.

착해야 오래가는 법이다. 고객이 물건을 구매할 때 '잘 사셨어요', '잘 쓰세요'라기보다 '좋은 일 하시는 거예요', '이 물건 값의 일부는 유익한 곳에 쓰입니다'라고 말해보라. 소비자들은 착한 소비를 했다며 스스로 뿌듯해한다.

처음 책을 출간하고 나서 기업체에 강연을 다닐 때 간혹 좋은 책을 추천해달라는 사람들을 만나기도 했다. 사실은 내 책을 권하고 싶었지만 그게 참 머쓱했다. 얼마 지나지 않아 나는 책의 수익금을 저소득층을 돕는 성금으로 쓰겠다는 결심을 했다. 그러고 나자 자신감이 생겼고 나는 누군가가 책 추천을 부탁하면 거리낌 없이 얘기했다.

"여러분이 이 책을 사면 훌륭한 일을 하는 셈입니다. 이 책의 수익금은 전액 불우한 사람들을 위해 쓰이고 있습니다. 지난번에 판매한 책값은 모두 그렇게 쓰였습니다."

이어 저소득층 아이들이 사는 곳에 놓인 세탁기, TV, 학용품들을 보여주었다. 책 판매 수익금으로 내가 구매해 증정한 것들이었다. 놀랍게도 책 판매량이 이전보다 늘어났다. 착한 소비의 힘이다. 지금 이 책을 읽는 당신도 구매해서 보는 것이라면 큰 선행을 베푼 셈이다. 이 책의 수익금 역시 저소득층 가정을 위해 사용할 것이기 때문이다.

8 | 진심
단골은 우리의 마음부터 본다

얼마 전까지만 해도 나는 '레알'이 무슨 말인지 알지 못했다. 레알은 '정말, 진짜, 사실'이라는 리얼(real)을 그대로 발음한 청소년들의 은어다. '레알이냐?'라고 물으면 '진심이냐? 진정 사실이냐?'라는 뜻이다. 그런데 어찌된 노릇인지 지금은 '진심 실종 시대'라고 해도 좋을 정도로 진심이 우리 곁을 떠나버렸다. 사랑한다고 해도 계속 진심이냐고 묻는 사람이 얼마나 많은가.

홈쇼핑을 보면 엄청난 부사어가 넘쳐난다. 굉장히, 진짜, 너무, 되게, 정말, 아주 등의 부사가 오염 수준이라고 할 만큼 떠다닌다. 아무리 강조를 해도, 그야말로 지나칠 정도로 떠들어도 사람들이 잘 믿지 않기 때문이다. 어떻게 해야 진심을 보여줄 수 있을까? 어떻게 하면 떠벌리지 않고도 고객이 우리의 마음을 알아보게 할 수 있을까?

진심 실종 시대의 근시안적 태도

홈쇼핑은 쉴 새 없이 떠든다. 고객은 지갑을 열라는 그 목소리에 마냥 피곤하다. 홈쇼핑의 소음이 들끓을수록 고객의 진심은 한없이 멀어져간다. 우리는 침묵의 힘을 박물관에 처박은 지 오래다. 주자(朱子)는 '반일정좌(半日靜坐), 반일독서(半日讀書)하라'고 했다. 즉, 하루의 절반은 고요히 앉아서 마음을 기르고, 나머지 절반은 조용히 책을 읽으라는 말이다. 중국 청나라 때의 문인 주석수(朱錫綬)는 "조용히 앉아 있어 보지 않고는 바쁨이 우리의 정신을 얼마나 갉아먹는지 알지 못한다"고 말했다.

홈쇼핑은 '원시 환자'인 탓에 멀리 못 본다. 오늘 옆 동네 홈쇼핑이 강한 프로모션으로 물건을 후려치면 당장 시뻘게진 눈으로 맞대응해 제 살 깎아먹기를 하기 일쑤다. 어느 날 타사가 5퍼센트 카드 할인 행사를 하자 우리 회사는 9퍼센트 카드 할인 행사로 대응했다. 그러자 타사는 즉각 카드 할인 행사에 더해 사은품 행사를 진행했다. 우리 회사는 카드 행사, 사은품 행사, 무료 체험 행사로 다시 맞대응했다.

이처럼 눈앞의 매출만 쫓는 일은 비일비재하게 일어난다. 마치 목적지를 향해 길을 떠날 때 발만 보며 걷는 격이다. 그러니 낭떠러지로 가고 있는지 알게 뭔가? 진심이 사라진 세상에서 코앞만 바라보면 단골고객을 만들지 못하는 우를 범하고 만다.

대학원에 다닐 때 나는 홈쇼핑 관련 논문을 준비하면서 쇼호스트들이 가장 많이 쓰는 단어를 조사해봤다. 10개 정도의 프로그램을 모니터했는데 재밌게도 홈쇼핑 쇼호스트들이 가장 많이 쓰는 단어는 '정말'이었다.

"정말 저도 이 구성 보고 정말 믿기 힘들었는데 정말 사실이거든요, 사실 정말 이 가격은 나오기 힘든 건데 정말, 정말 어렵게 나온 가격이에요. 정말로."

'정말' 놀라웠다. 홈쇼핑뿐 아니라 연예, 오락 프로그램을 봐도 출연자들 속에서 '정말'은 넘쳐난다. 무슨 말만 하면 진행자는 '정말이냐?'며 재차 묻고 게스트는 '정말'이라고 다시 한 번 확답한다. '정말'을 쓰지 않으면 정말로 말이 안 되는 '정말' 이상한 세상이 되어버렸다. 하긴 진심 실종 시대이니 만큼 이해는 간다. 시류(時流)를 반영하는 거울이 언어라고 할 때, 어쩌면 우리는 이미 정상적인 말로는 뜻을 전달하기 어려운 언어 과잉 시대에 살고 있는지도 모른다.[22] 정말을 허투루 내뱉는 세상에서 마음은 경피증에 걸린 것처럼 딱딱해지고 온전한 진심은 점점 빛을 잃고 있다.

'오늘만의 프로모션'에 담긴 함정

과거에 인디언들은 겨울 식량으로 들소를 잡아먹었다. 들소는 힘이 무척 세지만 잡는 방법은 아주 간단하다. 들소는 달릴 때 무조건 앞 들소의 엉덩이만 보며 따라 달리는 습성이 있다. 이러한 습성을 잘 알고 있던 인디언들은 들소를 낭떠러지로 유인해 쉽게 겨울 식량을 확보했다.

당장의 매출에만 매달려 멀리 못 보는 기업 전략은 고객의 진심을 낭떠러지로 떨어뜨린다. 홈쇼핑에서 지긋지긋할 정도로 자주 하는 말 중 하나가 '이 구성, 이 조건으로 마지막 행사입니다'다. 사실 이것만큼 약발 강한 프로모션도 없다. 하지만 다음 날이면 오히려 더 좋은 구성과 조건으로 여전히 방송을 한다. 그렇다고 뭐 거짓말은 아니다. 그때 그 덜 좋은 구성은 마지막이 확실했으니 말이다.

극지방의 이누이트는 독특한 방법으로 늑대를 사냥한다. 그들은 칼 한 자루만 있으면 어려움 없이 늑대를 잡는다. 우선 늑대가 지나다니는 길에 칼날이 하늘로 향하도록 칼을 꽂아두고 짐승의 피를 발라둔다. 어둠이 짙어지면 늑대는 피 냄새를 맡고 칼 근처를 맴돌며 킁킁거리다가 칼날을 혀로 핥는다. 그 피 맛에 혀가 베이고 자신의 피 맛에 또 계속해서 핥다 서서히 죽어간다. 결국 이누이트는 늑대의 몸에 상처 하나 내지 않고 완벽한 고기와 가죽을 얻는다.

'오늘만의 프로모션'을 외쳐댈 때, 나는 가끔 칼날의 피를 핥다가 죽어가는 늑대의 심정을 느낀다. 근래에 보험 방송이 어려움을 겪자 프로모션에 들어갔다. 처음에는 상담 예약만 남기면 추첨을 통해 밥 주걱을 주었다. 그러던 것이 프로모션에 더욱더 의존하면서 결국 보험 상담 예약을 남기면 상품권에 냉장고, TV, 명품 가방까지 프로모션의 강도가 세졌다. 이제 프로모션 없이 방송할 경우 누가 호응을 해줄까? 한마디로 서서히 죽어가는 늑대의 몰골이다.

톡 까놓고 당신은 홈쇼핑 쇼호스트의 말을 믿는가? 아마 그렇지 않을 것이다. 이해한다. 사실 나도 홈쇼핑에서 쇼호스트들이 외치는 말을 잘 믿지 않는다.

진정한 레알로 승부한다

세상에 꿀만큼 진품임을 믿기 힘든 상품이 또 있을까? 그런 꿀을 홈쇼핑에서 팔면 과연 팔릴까? 한번은 지리산 토종꿀을 방송했는데 당시 우리는 고객에게 세 가지 사실을 확실히 전달하기로 했다. 첫째, 농협에서 품질을 100퍼센트 보증한다. 둘째, 꿀을 채취한 지역을 큰 지도에 표시해 언제 어디에서 채취한 것인지 상세히 알려준다. 셋째, 꿀을 생산한 각 농가의 주인 이름과 주소 그리고 사진까지 보여주고 믿음을 심어준다. 특히 우리는 꿀 채취자를 보여주며 꿀 병마다 주민등록번호처럼 고유번호가 있어서 그 번호만으로도 생산자를 추적할 수 있으니 안심하고 먹으라고 강조했다. 그 레알은 통했을까? 물론이다.

난생처음 화장품 매장에서 수분크림을 구입한 어느 날, 나는 집에 돌아와 포장을 뜯어보고 깜짝 놀랐다. 그 크고 통통한 포장을 열고 뚜껑을 여니 내용물이 그야말로 콩알만큼 들어 있는 게 아닌가. 욕이라도 한 바가지 퍼붓고 싶었다. 매일 밤 그 크림을 찍어 바르며 두 번 다시 그 회사의 제품을 사지 않겠노라 다짐했다.

일본에서 대단한 인기를 끌고 있는 무인양품(無印良品, MUJI)은 '우리는 브랜드가 아닙니다. 우리는 유행이나 거품을 만들지 않습니다'라며 심플한 디자인, 생산 과정 최소화, 포장 최소화로 승부한다. 화장품 브랜드 키엘(Kiehl) 역시 케이스가 수수하다. 대신 제품 라벨에 깨알 같은 글씨로 상세한 정보를 적어 장인 정신을 강조하고 신뢰를 심어준다. 케이스와 홍보에 무관심한 듯한 태도에 오히려 소비자들은 그 진심을 믿는다.

무농약, 유기 농산물 전문업체인 한살림은 일정 회비만 내면 소비자가 조합원이 되어 생산자와 직거래를 할 수 있다. 소비자는 먹을거리를 생산자에게 직접 조달받는다는 생각으로 품질과 가격을 더욱 신뢰한다. 코웨이는 정수기만 대여 및 판매하는 게 아니다. 식수난과 수질 오염으로 고생하는 캄보디아에 우물을 파주고 그 물을 정수해준다. 그런다고 그 못사는 나라에서 정수기 한 대 사 주는 것도 아닌데 말이다. 한마디로 레알 마케팅이다.

일본의 아사히 맥주는 숲을 매입해 '아사히의 숲'이란 브랜드를 붙이고 산림을 가꾼다. 물론 그 산에서 수익이 나는 것은 아니다. 반대로 한국의 한 지자체는 녹색 산업을 지원한답시고 산을 홀랑 밀어버리고 그곳에 태양전지 설비를 설치했다. 레알 마케팅을 가장한 엉터리 마케팅이다.

방송 아카데미에서 본 꽤 인상 깊은 남학생이 있었는데, 수줍음이 많던 그는 나중에 프리랜서 방송 활동을 접고 모 외국계 제약회사의 영업사원으로 들어갔다. 그런데 놀랍게도 몇 달 만에 그 회사 영업실적 1위 자리를 계속해서 차지하는 게 아닌가. 더욱 놀라운 건 몇 달동안 몸을 관리하느라 술과 기름진 음식을 입에 대지 않았다는 사실이다. 즉, 의사들과 단 한 번도 술자리나 식사조차 하지 않고 실적을 올렸다는 얘기다.

그의 영업 전략은 한마디로 레알이었다. 처음 의사를 만나면 명함 대신 본인의 이력서와 자기소개서를 전했다. 이력서에는 주민번호, 학력, 가족사항 등이 빼곡히 들어갔고 자기소개서에는 어떻게 정직한 영업을 할 것인지 진심을 담았다. 그리고 의사에게 "모든 것을 숨김없이 보여드리고 시작할 겁니다. 저에겐 거짓도 과장도 없습니다. 진심뿐입니다"라고 말했다. 또한 그는 자기 제품이 최고라고 말하지 않았다. 그는 주변 약국에서 더 쉽게 구할 수 있는 타사 제품의 리스트까지 함께 정리해서 알려주었다. 그 친절함이 의사들의 마음을 움직였던 것이다.

고객의 마음에 진심을 짓는다

서울대 경영대 김상훈 교수는 진정성으로 승부하려면 감성적 접근이 필요하다고 말한다.[23]

언젠가 일본의 다카시마야 백화점에서 있었던 일이다. 어느 어머니가 백혈병을 앓고 있는 딸이 포도를 먹고 싶어 하자 죽어가는 딸의 마지막 소원을 들어주고 싶어 했다. 하지만 돈이 부족해 값비싼 포도 앞에서 쩔쩔 매고 있었다. 점원이 다가와 필요한 것이 있느냐고 묻자 그녀는 어렵게 사연을 털어놓았다. 점원은 그 딸이 배부르게 포도를 먹고 싶은 게 아니라 단지 포도라는 걸 먹고 싶어 한다는 것을 깨닫고 포도 20알을 정성스럽게 포장해주었다. 나중에 그 얘기가 널리 퍼져 나가면서 다카시마야 백화점의 명성은 하늘 높은 줄 모르고 올라갔다.

어느 날 한 여성이 미국의 온라인 쇼핑몰 재포스에 남편에게 선물할 부츠를 주문했다. 그런데 주문한 신발이 도착하기도 전에 남편이 교통사고로 사망하고 말았다. 이 소식을 들은 재포스의 서비스 담당 직원은 다음 날 부인에게 조화(弔花)를 보냈다. 그녀는 주변 사람들에게 자신의 경험을 이야기했고 이것은 커다란 이슈가 되었다.

사실 재포스는 사람 냄새 나는 기업으로 유명하다. 만약 당신이 내가 근무하는 홈쇼핑 회사로 전화를 걸면 가장 먼저 기계음이 당신을 반긴다. 어느 홈쇼핑이나 마찬가지다. 하지만 재포스의 콜센터로 전화를 걸면 365일 사람이 바로 받는다. 미국의 한 호텔에 투숙한 어떤 고객은 재포스로 전화를 걸면 사람이 받는다는 것을 기억하고, 무턱대고 전화를 해서 자신이 묵고 있는 호텔 근처에 늦게까지 여는 피자집을 알려달라고 했다. 그때 상담원은 그 시간대에 영업하는 피자집 전화번호 다섯 개를 찾아 일일이 불러줬다. 이처럼 레알 마케팅을 펼친 재포스는 설립 이듬해 18억이던 매출이 10년 만에 1조 3,000억까지 상승했다. 그야말로 진심의 승리였다.

물론 어떤 방식을 두고 레알이다, 아니다라고 피자 조각 자르듯 딱 잘라 말할 수는 없다. 그렇지만 소비자의 마음을 터치하는 방법은 있다. 진정성을 높이는 마케팅 전략에는 다음과 같은 것이 있다.

1. 공감(共感) 메시지를 개발한다.
충분히 납득하고 공감할 만한 논리적 메시지를 개발 및 전달한다.

2. 지속적인 경험으로 확증하게 한다.
논리적 설득과 감성적 경험은 진정성의 뿌리지만 그 진정성에 대한 신뢰는 반복적인 경험을 먹고 자란다.

3. 양방향 소통(two-way traffic)을 한다.

소비자를 능동적으로 만들고 판매자와 소비자 사이의 우정 및 의리를 토대로 해야 상품의 PLC(product life cycle)가 지속된다.

나 역시 방송을 하면서 정말로 진심을 다하면 카메라 너머의 고객이 알까 하는 생각을 할 때가 있었다. 그런 생각은 할 필요가 없다. 사람이 사람의 진심을 모르면 누가 알겠는가.

진정으로 온 마음을 다해 방송할 경우 고객은 대개 매출로 보답해준다. 혼신을 다한 진심은 카메라 너머 수백 킬로미터 떨어진 고객의 마음에도 불을 지피게 마련이다. '진심이 짓는다'는 대림 e편한세상의 광고 카피처럼 진심이 있어야 고객의 마음속에 마케터가 원하는 모든 것을 지을 수 있다. 진심으로 고객의 마음에 진심을 지어보라.

PART 4

안심하는 순간, 고객은 떠난다

고객에게 부족한 2%를 채워주는 7가지 능력

여성심리 마케팅
기억과 욕망
최적의 메모 활용
불안 극복 비법
사고 대처 능력
말의 힘
몸의 언어를 읽는 법

"고객용
안테나를 뽑아라!"

내가 근무하는 홈쇼핑 회사를 비롯해 이젠 거의 모든 기업이 서비스에 목을 맨다. 단지 그 회사에서 서비스의 비중이 큰가 작은가의 차이만 있을 뿐이다. 이러한 변화가 일어난 데는 두 가지 이유가 있다. 첫째, 제조한 상품 및 서비스 간의 경계가 무너졌다. 예를 들어 스마트폰은 앱스토어라는 서비스와 분리할 수 없다. 둘째, 제조한 상품의 사양 및 가격의 격차가 무너졌다. 당신은 50인치 삼성 TV와 50인치 LG TV의 사양 및 가격 차이를 구별할 수 있는가? 아마 쉽지 않을 것이다. 그러니 기업에게 남은 승부수는 서비스밖에 없다.

아이러니하게도 기업은 서비스에 목을 매지만 고객은 늘 서비스에 만족하지 못한다. 왜 그럴까? 혹시 고객을 향한 안테나를 덜 뽑아서 그런 건 아닐까?

당신이 근무하는 회사의 임원은 주로 어디에서 지내는가? 내가 전에 근무한 월마트의 임원들은 미국 아칸소 주의 벤톤빌이라는 작은 도시에서 지냈다. 월마트는 전용 비행기와 전용 인공위성까지 보유한 엄청난 규모의 회사다. 벤톤빌 근처에는 공항이 있는데 매주 월요일이면 이 공항에서 월마트의 전용 비행기 5~6대가 전 세계로 날아간다. 비행기 안에는 월마트의 임원들이 타고 있다. 이들은 마치 암행어사처럼 미국 전역과 전 세계를 돌아다니며 점포를 깜짝 방문한다. 물론 자신이 월마트의 임원이라는 사실을 속이고 말이다. 이처럼 그들은 매장을 직접 돌아다니며 직원들과 고객을 만나는 것은 물론 매장을 샅샅이 조사한다.

그들은 월, 화, 수요일을 현장에서 보낸 뒤 수요일 저녁에 다시 벤톤빌 본사로 돌아간다. 목요일에는 모든 임원이 본사에 출근해 업무를 처리하고 금요일에는 함께 모여 출장을 통해 보고 들은 것을 논의한다. '옆의 경쟁사 매장에는 잘나가는 손톱깎이가 있는데 왜 우리 매장에는 없는 거야?' 같은 구체적인 회의를 하는 것이다. 이 논의를 바탕으로 토요일에는 자신이 방문한 매장 책임자와 위성전화로 문제점과 해결책을 논의한다. 그리고 일요일을 가족과 보낸 후 다시 월요일에 전세기를 탄다.

이런 식으로 월마트 임원들은 전체 시간의 70퍼센트를 현장에서 보낸다. 매출만 4,000억 달러(약 430조 원)에 이르는 회사가 동네 슈퍼마켓을 조사하듯 샅샅이 훑으며 돌아다니는 것이다. 그것도 임원들이 직접 말이다. 한 임원은 직원들에게 늘 이렇게 말한다.

"현장에서 어떤 일이 벌어지는지 직접 눈으로 확인하라."

스위스의 명품 브랜드인 발리(Bally)의 CEO 번트 옵콘(Berndt Hauptkorn)은 1년에 200일 이상을 현장에서 보내고, 심지어 매장에서 허리를 숙이며 고객들에게 신발을 판다. 직접 나서서 직원과 고객 모두를 향해 안테나를 뽑는 셈이다.

미국 최대 가전 유통업체인 베스트 바이(Best Buy)는 특별한 방법으로 안테나를 뽑는다. 직원들에게 트위터 활동을 적극 권장하고 팔로어를 많이 거느린 직원에게는 훈장처럼 파란 배지를 수여하는 것이다. 이제 직원들은 자기 일만 처리하는 것이 아니라 수만 명의 팔로어가 트위터에 문의글과 불만글을 적으면 평균 12분 안에 답변하는 일대일 고객 상담원 역할도 하고 있다. 제아무리 고객서비스가 좋을지라도 이처럼 빠르고 신속하게 고객과 소통하는 기업은 거의 없다.

최근에 나는 고객으로부터 강한 클레임을 받았다. 삼성 TV를 방송에서 소개했는데 그때 업체 말만 믿고 백화점에서도 파는 모델이라고 자신 있게 말했다. 그런데 한 고객이 백화점이란 백화점은 죄다 돌아다니며 일일이 모델을 확인한 것이 아닌가. 얄궂게도 그 모델은 할인점, 양판점 판매 모델이었고 백화점에서는 판매하지 않았다. 어찌나 그 클레임의 충격이 컸던지 이후 나는 업체의 말을 곧이곧대로 믿지 않는다. 내가 직접 매장에 나가 확인한 후에야 비로소 믿는다. 그 과정에서 어떤 상품은 업체의 말과 달리 내가 판매하는 가격보다 더 싸게 파는 매장을 발견하기도 했다. 덕분에 다음 번 미팅 때 시정

안심하는 순간, **고객**은 떠난다

305

을 요구해 바로잡을 수 있었다.

홈쇼핑에서 휴대전화 방송을 앞두고 있으면 나는 반드시 휴대전화 매장을 적어도 세 군데 이상 다녀본다. 내가 판매하는 조건이 정말로 옳은지 확인해서 확신할 수 있어야 자신 있게 방송할 수 있기 때문이다.

어떤 방식으로든 고객을 향해 안테나를 뽑아야 한다. 안테나를 뽑지 않으면 고객보다 정보력이 떨어지고, 결과적으로 고객이 2% 부족하다고 생각했던 서비스를 제공할 수 없다. 이 장에서는 고객을 향해 어떻게 안테나를 뽑아야 하는지, 어떤 마인드로 보다 윤택한 서비스를 제공할 수 있는지 알아보겠다.

1 | 여성심리 마케팅
맘Mom의 맘心을 잡아라

미국 드라마 〈섹스 앤 더 시티〉를 보면 레스토랑에서 여성이 자리에 앉을 때 남성이 벌떡 일어나 의자를 밀어 넣어준다. 이것을 단순한 시각으로 바라보면 '좋겠다'로 끝나겠지만, 사실 여성이 그만한 대접을 받기까지는 숱한 인고의 세월이 있었다. 태곳적 허구한 날 사냥에 실패해 여성보다 아래로 대접받던 남성은 힘을 필요로 하는 시절이 오면서 막강 권력을 휘두른다. 불과 100년 전만 해도 미국 내여성의 위치는 발바닥 수준이었다. 오하이오 주 옥스퍼드 시의 법에는 여성이 남자 앞에서 옷을 벗지 못하는 규정이 있었다. 심지어 남자 사진 앞에서도 옷을 벗지 못했고 옷을 벗으려면 사진을 돌려놓아야 했다. 켄터키 주에서는 여자가 모자를 살 때 반드시 남자가 먼저 써 본 후에야 살 수 있었다. 오클라호마 주에서 아내는 법적으로 남편의 소유였다. 아칸소 주에서 남자는 아내를 합법적으로 때릴 수 있으나 한 달에 한 번 이상 때리는 것은 위법이었다. 미시건 주에서는 여자가 남편 허락 없이 머리를 자르면 위법이었고 몬태나에서는 미혼 여성이 혼자 낚시하는 것이 위법이었다. 이것이 겨우 100년 전 미국 여성 인권의 현주소였다.

하지만 여성들이여, 억울해하지 마시라. 이제 힘을 필요로 하는 산업 시대는 갔다. 지금은 분명 지식정보화 시대이고 여성은 서서히 제자리를 찾아가고 있다.

구매는 여성이 한다

이제는 세계 경제가 여성에게 달려 있다고 해도 과언이 아니다. 최근에 〈뉴스위크〉는 "세계 경제의 이머징 마켓으로 기업들이 주목해야 할 곳은 중국, 인도가 아닌 바로 여성"이라고 보도했다. 여심을 모르고 마케팅을 논한다는 건 상상할 수도 없는 일이다. 보스턴 컨설팅 그룹(BCG)에 따르면 2009년 전 세계 여성이 벌어들인 소득은 10조 달러라고 한다! 이것은 2008년 중국(4조 4,000억 달러)과 인도(1조 2,000억 달러)의 국내총생산(GDP)을 합친 것의 약 두 배에 해당하는 엄청난 규모다. 〈뉴스위크〉는 앞으로 5년 내에 전 세계 여성의 소득은 15조 달러까지 올라갈 것이라고 전했다.

여성의 소득이 늘어나는 것과 별개로 가정에서 무엇을 구입할 것인가를 결정할 때 여성이 불어넣는 입김의 힘은 막강하다. 2008년 현재 전 세계 소비 규모는 18조 4,000억 달러다. 이중에서 여성이 구매한 지출은 12조 달러에 달하는 것으로 추산한다. 전 세계 소비의 3분의 2 이상을 여성이 하고 있는 셈이다!

한마디로 구매는 여성이 한다! 이것은 세계적인 현상이다. 이제 물건을 살지 말지를 결정하는 권한은 여성에게 넘어갔다. 〈뉴스위크〉에 따르면 구매결정권자가 여성인 비율이 미국 73퍼센트, 일본 63퍼센트, 중국 50퍼센트다. 중국에서 물건을 구입하는 비율은 남성과 여성이 똑같다. 하긴 중국은 오래전부터 여성이 남성 못지않게 권리를 누려온 것으로 유명하다. 여성의 역할에 족쇄를 채우려 드는 고리타분한 유교적 사상은 중국에서 태동했지만 그것이 내 것인 양 더 열심히 목매는 나라는 한국이다. 심지어 여성의 사회활동이 제한적인 사우디아라비아에서도 여성의 구매결정권 비율은 33퍼센트다.

골드만삭스는 2009년 8월 〈지갑의 영향력(The power of purse)〉이라는 보고서에서 "여성은 미래 경제성장의 동력"이라고 진단했다. 보스턴 컨설팅 그룹의 부대표 마이클 J. 실버스타인도 "여성의 마음을 움직이느냐 그렇지 못하느냐가 불황 이후 기업의 성공을 결정할 것"이라고 했다.

세일즈맨이여, 애처가가 돼라

여심을 모르면 물건을 팔 수 없다. 과거 남성의 전유물이던 가전업계는 이미 여성 마케팅이 주류를 이루고 있고, 회색 노트북이 핑크빛으로 바뀐 지도 벌써 오래전의 일이다. 오스트리아의 생수 업체 푀스라우어(Vöslauer)는 용기를 부드러운 곡선 형태로 바꾸는 것만으로도 여성 고객 시장점유율을 획기적으로 올렸다. 여심을 사로잡은 결과다.

백화점에서 마트, 인터넷 쇼핑몰, 홈쇼핑까지 어떤 유통 채널에서든 신용카드를 들고 있는 손은 바로 여성의 손이다. 시간대와 상품군별 차이는 있지만 홈쇼핑에서 여성 구매 비율은 평균 80퍼센트를 훌쩍 넘는다. 결국 쇼호스트도 여성의 심리를 모르고는 세일즈에서 성공할 수 없다.

예를 들어 디지털 카메라 방송을 하면 남자는 '저걸로 누구를 어떻게 찍어줄까'를 생각한다. 반대로 여자는 '저걸로 나를 찍으면 얼마나 예쁘게 나올까'를 생각한다. 남자가 카메라의 기능에 열광하고 여자가 카메라의 이미지 해상도에 목숨을 거는 이유가 여기에 있다. 치약을 소개하면 남자는 충치 예방 가능성을 의심하고, 여자는 미백 효과가 있을지 의심한다.

동일한 제품을 소개해도 남자와 여자가 제품을 바라보는 시각은 전혀 다르다. 트레이닝 세트를 판매하면 남자는 '입으면 편할까'를 상

남성과 여성의 구매 접근 비교

	남성의 뇌	여성의 뇌
호르몬	테스토스테론	에스트로겐
구매 탐색	지배적, 분석적	상호 교감적, 직관적
디자인 선호	직선적, 실용적	부드러움, 따뜻함, 감각적
구매 형태	이성적	감성적

상하고 여자는 '입었을 때 내 몸매가 얼마나 날씬해 보일까'를 상상한다.

한국 여성은 특별하다

다양한 세계 여성들 가운데 한국 여성들의 소비 심리는 어떠할까? 물론 모든 한국 여성을 일반화하면 통계적 오류가 발생할 수 있지만, 어디까지나 '일반화'라는 걸 염두에 두고 살펴보기 바란다. '이 강은 수심이 평균 1미터로 안전하다'고 하면 낮은 곳은 30센티미터, 깊은 곳은 2미터 이상이라 안전하지 않을 수 있듯 모두를 싸잡아 정의할 생각은 없다. 여기에 내린 결론은 단도직입적이지만 논리의 근거는 매우 다양하다.

1. 한국 여성은 충동적이다

역사상 가장 뛰어난 확률 전문가로 꼽히는 레너드 새비지(Leonard Savage)는 합리적 선택에 대한 공리를 개발해 명성을 얻었다. 이는 '인간은 합리성을 따른다'는 원칙으로 인간이 모든 가능성을 알고 그 중 가장 적합한 것을 따져 행동한다는 이론이다. 하지만 인간이 새비지의 합리성 이론에 항상 부합하는 것은 아님을 보여주는 사례는 차고 넘친다. 특히 한국의 여성은 새비지의 합리성 이론에 충실하지 않다. 미국 홈쇼핑 QVC 평균 반품률보다 한국 홈쇼핑의 반품률이 높은 것만 봐도 한국 여성이 야성적 충동(animal spirits) 구매를 많이 한다는 것을 알 수 있다.

판매시간이 얼마 남지 않았다는 타임 마케팅을 강조할 때 여성들의 구매가 급증하는 충동 형태도 무시할 수 없는 특징이다. 또한 한 해외 유통 채널의 조사에 따르면 목적성 접근 구매보다 구매 의도가 없는 상황에서 발생하는 비계획 구매(unplanned purchasing)와 통제할 수 없는 강한 구매 욕구에서 발생하는 강박 구매(compulsive buying) 비율이 비교적 높은 것으로 나타났다. 백화점에서 세일을 하면 여성들은 꼭 구입할 물건이 없어도 간다. 지금 당장 필요한 물건이 아니어도 점원이 세일 비율이 높고 다시없는 기회라고 말하면 사고 본다. 또 '30만 원 이상, 50만 원 이상, 70만 원 이상, 100만 원 이상 구매하시는 고객님께'라는 행사를 하고 사은품을 주면 그 가격에 맞추려 계획에 없던 물건을 더 산다. 온라인에서 쇼핑할 때도 10만 원 이상일 때 '배송비 무료'라면 9만 5,000원짜리 원피스를 사고 계획에 없던 5,000원짜리 스타킹이라도 하나 더 산다.

2010년 트렌드모니터 조사 결과가 이런 현상을 잘 뒷받침한다. 조사에 따르면 홈쇼핑 구매자들(대부분 여성)의 89.9%는 충동구매를 해본 적이 있다고 답했다. 즉, 열에 아홉은 안 사도 되는 물건을 홈쇼핑은 충동적으로 구매하게 만든다는 것이다.

2. 한국 여성은 기대 효과가 높은 편이다

한국 여성은 막연한 기대 효과를 바라고 모호함을 쫓는다. 한국 여성들만큼 화장품에 '기능성'이라는 단어가 보이면 눈을 반짝거리는 여성들도 없는 것 같다. 이에 따라 화장품 업체들은 기능성을 인정받지 못할 경우 하다못해 '브라이트닝'처럼 기능성 인정과 상관없는 문구라도 넣으려고 기를 쓴다. 그래야 매출이 상승하기 때문이다.

여성들은 홈쇼핑에서 3만 9,900원에 고등어를 주문해도 사이즈에 불만, 마리 수에 불만이다. 더 크고 풍성해야 한다고 여기는 탓이다. 포장은 백화점 선물처럼 고급스럽지 못하다고 신경질을 낸다. 나아가 택배기사에게는 호텔 로비 직원 수준을 요구한다. 한마디로 홈쇼핑에서 3만 원대 고등어를 사면서도 대우는 백화점 VIP처럼 받고 싶어 한다!

홈쇼핑에서 5종 면 티를 3만 9,900원에 사면 장당 7,980원짜리를 다섯 장 산 셈인데, 제품의 질은 10만 원짜리이길 바란다. 세분화한 사이즈와 우수한 신축성을 기대하며 빨아도 절대 늘어나지 않기를 원한다. 싸다고 세탁기에 마구 돌리면서 말이다.

3. 한국 여성은 체면을 중시한다

한국인의 체면은 체신, 인품, 품위, 역량, 성숙이라는 다섯 가지 요소로 구성되어 있다.[1] 외국에는 그런 말 자체가 존재하지 않아 영어로 표현하기 힘든 '체면'은 우리의 고유문화다. 김밥천국에서 1,500원짜리 김밥 한 줄로 끼니를 때우고 커피는 5,800원짜리 카라멜 마끼아또를 사서 들고 다니는 여대생들을 외국인에게 어떻게 설명해줄텐가? 평생 눈을 본 적 없는 대만 사람에게 하늘에서 펑펑 눈이 내린다고 할 때의 '펑펑'이라는 말을 설명해주기 힘든 것처럼, 구매를 자극할 때 요긴하게 쓰는 한국 여성의 체면은 설명하기가 어렵다. 어느 외국인 기자는 한국 여성들이 동네 슈퍼에 갈 때도 하이힐을 신는 체면 문화, 명품에 열광하는 과시 문화를 꼬집었다.

나는 냉장고를 판매할 때 기능 설명에 치중하기보다, 손님이 왔을 때 냉장고가 주방에서 가장 먼저 눈길이 가는 주방의 얼굴이자 인테리어 효과를 낸다는 점을 강조한다. 체면을 이용한 그 방법이 여성에게 더 크게 어필한다는 것을 알기 때문이다.

2006년에 발생한 '빈센트 앤 코(Vincent & Co.)' 시계 사건을 기억하는가? 당시 그들은 국내에서 대충 만든 싸구려 손목시계를 값비싼 해외 명품시계로 소개했다. 많은 여성 연예인과 부유층 여성들이 그저 명품이라니까 그런 브랜드가 있나 보다 하고 수백 배 비싼 값을 치르며 구매에 나섰다가 지탄을 받았다.

학교 행사에 참여한 엄마들의 가방 가운데 명품이 아닌 것을 찾기란 결코 쉬운 일이 아니다. 우리나라에서 코치와 MCM이 국민 브랜드가 된 이유를 여기서도 단박에 알 수 있다. 중형급 자동차가 아니면 학교 근처에 주차하지도 않는다. 흥미롭게도 아이가 학교에 입학하면 아빠는 차를 바꾸고 엄마는 가방을 바꾼다. 물론 여기에 부정적인 요소만 있는 것은 아니겠지만 이것은 지난 수십 년간 여러 나라의 유통 채널과 한국 홈쇼핑에서 매일 수천, 수십만의 고객을 상대해본 경험자의 기고다.[2]

경기가 나빠도 여성은 쓴다

백화점마다 1층에 화장품 매장을 배치하는 이유를 아는가? 경기가 최악이어도 여성 소비의 핵심인 화장품 매출은 좀처럼 줄어들지 않기 때문이다. 세계적인 장기 불황으로 한국 역시 소비 위축이라는 홍역을 앓았지만 여심(女心) 관련 소비 품목은 여전히 선방했다. 기획재정부와 관세청의 조사 자료를 보면 한창 불황의 중심기를 지나던 2008년 남성 품목으로 분류되는 자동차와 주류 수입이 반 토막 난 상황에서도 백화점 화장품 매출은 꾸준히 상승했다. 이는 불황이어도 여성들이 자신을 꾸미고 가꾸는 투자를 줄이지 않는다는 증거다.

현재 홈쇼핑의 주요 고객층은 초중등 자녀를 둔 30~40대 주부가 핵심이다. 즉, 그들을 놓치면 홈쇼핑은 끝장이다. 바야흐로 21세기는 3F, 즉 감성(Feeling), 가상(Fiction), 여성(Feminine)의 시대라고 한다. 그만큼 여성이 중요해졌다는 얘기다. 여성은 막강한 소비성향과 구매력을 함께 갖춘 주요 소비 주체다.[3]

미국의 마케팅 컨설턴트인 페이스 팝콘(Faith Popcorn)은 이러한 현상을 일컬어 '이브올루션(EVEolution)'이라고 표현했다. '여성(EVE)'이 막강한 소비 세력으로 '진화(evolution)'하고 있다는 의미다. 여심을 잡아라. 여성이 지갑을 열게 하라. 이제 소비 시장의 화두는 '여성'이다.

2 | 기억과 욕망
특별하지 않으면 가치는 희석된다

기억, 눈으로 담는다

하얀 콜라를 본 적 있는가? 비운의 하얀 코카콜라는 출시한 지 한 달 만에 시장에서 사라졌다. 2011년 12월 크리스마스를 맞아 코카콜라가 출시한 하얀색 캔의 콜라는 한 달 만에 쫄딱 망했고 캔은 다시 빨간색으로 돌아갔다. 콜라를 눈으로 마시는 것도 아니면서 겨우 캔 색깔을 바꿨을 뿐인데 소비자들은 맛이 달라졌다고 생각했다. 어쩌면 소비자들은 빨간색을 마시는지도 모른다. 붉은 열정의 이미지를 즐긴다는 얘기다. 지난 40년간 펩시나 코카 모두 색상과 패키지를 바꾸려고 엄청나게 시도했지만 모두 실패했다. 색에 대한 소비자의 장벽은 그만큼 높았다.

어느 일요일 삼성전자 특집전을 끝내고 이어 LG전자 특집전을 준비할 때였다. LG전자 직원들이 우리를 찾아오더니 아주 강하게 당부를 했다.

"생방송 중에 그 어떤 상황에서도 파란색이 들어가면 안 됩니다. 삼성전자의 파란색을 연상할 수 있으니까요. 무대나 세트에서도 파란색은 전부 빼주시고 대신 LG의 상징인 붉은색만 넣어주세요. 또한 방송 중 자막과 글씨에서도 파란색은 전부 빼주시고 붉은색으로 대체해주세요. 쇼호스트의 옷도 파란색 말고 붉은색으로 준비해주시면 감사하겠습니다."

좀 어이가 없었다. 그 파란색 알레르기 반응을 보며 내가 물었다.

"그러면 LG TV의 전원 단자 불빛은 파란색인데 어쩌실 겁니까?"

LG 담당자는 두 번 생각해볼 것도 없이 대답했다.

"조만간 모든 LG TV의 전원 단자 불빛을 푸른색에서 붉은색으로 교체할 겁니다."

우리의 기억에 눈이 얼마나 강한 영향을 미치는가를 보여주는 대목이다. 당신은 스마트폰 제조사들이 폰의 색깔을 왜 순차적으로 출시하는지 아는가? 사실 폰의 케이스 색상을 다양하게 출시하는 건 일도 아니다. 단순히 껍데기에 다른 색깔만 입히면 그만이다. 하지만 순차적으로 색깔만 바꿔도 제품을 구입하는 고객은 놀라서 묻는다.

"언제 출시됐어요?"

1월에 블랙, 3월에 화이트, 5월에 핑크 하는 식으로 제품은 똑같은데 폰 케이스의 색상만 다르게 해서 천천히 출시하면 계속해서 신제품을 출시하는 듯한 인상을 준다. 덕분에 나는 1월에 출시한 스마트폰을 들고 5월에도 이렇게 말할 수 있다.

"이 핑크 스마트폰은 이달에 갓 출시한 따끈따끈한 신제품입니다."

당신이 모르는 또 다른 비밀도 있다. 그것은 홈쇼핑에서 쏟아내는 조명의 힘이다. 조명을 어떻게 비추느냐에 따라 사람이 달라 보이고 상품은 더욱 빛나 보인다. 가령 CJ오쇼핑의 임재훈 조명감독은 패션 방송을 할 경우 스폿 조명(Spot lighting, 특정하게 좁은 범위에만 빛을 내는 조명 방식)으로 더욱 또렷하고 세련된 이미지를 연출한다. 유아 도서를 방송할 때는 여러 가지 원색을 섞어 부드럽고 따뜻한 분위기를 자아낸다. 식품 방송은 식감을 자극하도록 최대한 주방의 느낌을 표현하고자 노력한다.

출연자들 역시 화장뿐 아니라 조명 연출에 따라 달라질 수 있다. 조명의 위치나 색깔, 조명의 종류에 따라 모습이 완전히 달라지는 것이다. 말 그대로 조명발이다.

이처럼 눈이 전달한 기억은 우리에게 큰 영향을 미친다.

기억, 눈보다 코가 세다

애플의 CEO였던 스티브 잡스가 한번은 친구의 어린 딸에게 최신형 매킨토시 노트북을 선물했다. 디자인이 혁신적인 그 노트북을 건네며 잡스가 물었다.

"어떠냐? 내 선물이 마음에 드니?"

아이의 대답은 의외였다.

"눈으로 보이기에는 예쁜데요. 방귀 냄새가 나서 싫어요."

당황한 잡스가 조사를 해보니 놀랍게도 아이가 맡은 방귀 냄새는 유황 냄새였다. 컴퓨터 케이스의 플라스틱 생산 과정에서 유황 처리를 하는데 그것이 채 마르기도 전에 포장한 탓에 덜 마른 유황 냄새가 났던 것이다. 당시 그 방귀 노트북이 대대적으로 팔려 나갔다면 망신살이 제대로 뻗쳤을지도 모를 일이다.

아이가 혁신적인 디자인보다 냄새에 더 집중했다는 사실은 많은 것을 말해준다. 아마 아이는 그 노트북을 볼 때마다 디자인보다 냄새를 먼저 떠올릴 것이다. 기억은 눈의 영향도 받지만 그보다 더 강한 영향을 받는 것은 코다.

나사(NASA)의 수석 엔지니어를 역임한 마크 폭스(Mark L. Fox)는 "사람의 감정적 행동 중 75퍼센트는 후각에서 나온다"고 말했다. 감정의 75퍼센트가 후각에 달려 있다는 말이다. 그는 "그런데도 제품은 늘 디자인을 우선시하고 후각은 언제나 무시한다"고 지적했다.

밀워드브라운(Millward Brown) 연구소에서 이 점을 뒷받침하는 실험을 했다. 같은 테니스화 두 켤레를 각각 다른 장소에 전시한 다음 소비자들에게 선택하게 하자, 똑같은 디자인임에도 불구하고 소비자의 84퍼센트가 향기 나는 곳의 신발을 선택했고 심지어 신발 값도 10달러나 더 높게 매겼다. 당신은 비즈니스를 위해 누군가를 만날 때 적절한 향수와 깔끔한 냄새로 무장을 하고 나가는가? 당신이 상대하는 사람의 감정은 대부분 후각에 달려 있다는 것을 잊지 마라.

최근에 포스코 그룹의 임원들을 상대로 기업 PT 코칭을 한 적이 있다. 그중 한 임원에게 PT 분위기를 누그러뜨리는 향수 작전을 짜

주었는데, 이는 발표 직전 적절히 향수를 분사해 분위기를 부드럽게 만들려는 의도였다. 그 임원은 세 번에 걸쳐 각기 다른 향을 분사했고 그 의미까지 PT 내용에 되새기며 효과를 높였다. 시간이 지나면 그 PT의 주제는 떠올리지 못해도 비슷한 향을 맡을 때 그 향을 되새기긴 쉬울 것이다. 기억에서 코는 눈보다 세다.

기억, 눈에 남길까 귀에 남길까

우리 집은 지하철역을 벗어나면 비를 맞지 않고 집까지 들어올 수 있을 정도로 초역세권에 위치해 있다. 몇 해 전 지방선거가 있었는데 지하철역 유동인구가 많다 보니 후보자들은 하나같이 선거용 트럭을 지하철 입구에 세워두고 하루 종일 고래고래 유세를 했다. 그들이 틀어놓은 것은 주로 기억하기 쉬운 동요나 가요였다. 하필 지하철역이 코앞이라 창문만 열면 반복해서 들려오는 그 노랫말 때문에 귀에 딱지가 앉을 정도였다. 2년이 지난 지금도 난 그 후보자의 이름을 생생하게 기억한다.

이 책을 읽고 있는 당신이나 내가 바라는 간절한 목표는 상품이 오랫동안 소비자의 기억에 남는 것이다. 어떻게 하면 보다 강하게 어필해 기억에 남도록 할 수 있을까? 눈, 코, 귀 중에서 어느 것이 가장 강하게 기억을 자극할까? 바로 귀다.

예를 들어 '토종'이라는 글씨를 보면 눈으로는 토종을 보지만 머릿속으로는 토종이라는 소리로 기억한다. 따라서 소리로 떠올리지 못하는 브랜드는 실패한다. 우리는 어렸을 때 글자가 아니라 소리로 말을 배운다. 같은 논리로 브랜드는 눈이 아니라 귀로 기억해야 성공한다. 당신은 와인의 이름을 몇 가지나 알고 있는가? 사실 와인을 하나 입에 올리려면 혀가 꼬부라지는 듯해 제대로 기억하기가 힘들다.

요즘에는 아파트 이름조차 참 어렵게 짓는다. 농담 삼아 시어머니가 찾아오지 못하도록 일부러 어렵게 지었다는 말이 있을 정도다. 포스코 건설이 지은 아파트 이름은 'the #(더 샵)'이다. 삶의 질을 반올림한다는 의미에서 음악 부호 샵(#)을 썼다. 하지만 일반인의 인지도에서 포스코의 더 샵은 아파트 브랜드 중 7위로 꼴찌 수준이다. 그이유는 사람들이 'the #'을 어떻게 읽어야 할지 어려워하기 때문이다. 심지어 택시를 타도 "더 샵으로 가 주세요" 하면 택시기사가 "뭐요?"라고 되받아치기 일쑤란다.

내가 사는 주상복합아파트는 이름이 일곱 글자에 이른다. 탓에 나는 이사 와서 몇 달이 되도록 주소를 잘 기억하지 못했다. 반면 내어머니가 사는 아파트는 이름이 '크로바다. 눈으로 봐도 한눈에 들어오고 머릿속에서 소리로 읽어도 잘 기억나며 청각적으로도 저장돼기억이 오래간다.

지금은 제네시스로 이름을 날리고 있지만 1986년 현대자동차가미국 시장에 처음 진출할 때만 해도 미국인에게 현대는 생소했다. 더구나 현대라는 이름은 발음하기가 어려웠다. 첫 광고에서 현대는 자동차의 성능을 내세우기보다 발음부터 정리했다. 광고 카피를 보자.

"HYUNDAI의 발음은 선데이(Sunday)와 같습니다."

아마 현대는 미국인이 '현다이'로 발음해 '죽는다(다이)'를 연상하지 않기를 바랐을 것이다. 하지만 아직도 많은 미국인이 'HYUNDAI'를 '히연다이'로 발음한다. 2012년 현대는 또다시 고민에 빠졌다. 현대기아차의 K9을 미국에 수출하려는데 소리 나는 대로 '케이나인'으로 발음하면 미국말로 개(케이나인, canine)가 되는 까닭이다. 자동차 회사가 이름을 지을 때 5만 달러 넘게 쏟아 부으며 최소한 1년 이상 고민하는 이유가 여기에 있다.

일본은 어떨까? 도요타, 소니처럼 받침이 없어 발음이 쉽다. 일본의 닷선(Datsun)자동차는 미국 시장 개척 초기에 발음이 어렵다는 이유로 회사명을 아예 닛산(Nissan)으로 바꿔버렸다. 선경(Sunkyong)도 'Sunk-young'으로 발음하면 초기에 침몰한다는 뜻이라 SK로 바꾼 케이스다.

홈쇼핑에서는 쇼호스트의 멘트가 반이라면 나머지 반은 배경음악이다. 유영열 GS숍 음악담당 차장은 "홈쇼핑 방송에서 배경음악은 또 한 명의 쇼호스트와 같다"며 "상품을 가장 돋보이게 할 배경음악을 선곡하기 위해 치열하게 고민한다"고 말했다. 홈쇼핑에서는 음악을 아무렇게나 기분에 따라 틀어주지 않는다. 사전에 철저히 음악을 분류한다. 즉 상품군별, 나이대별, 상품 가격대별로 음악을 분류하는 것이다. CJ오쇼핑의 신영재 음악감독은 홈쇼핑 음악의 놀라운 비밀을 알려주었다. 표는 그와 인터뷰한 내용을 간략히 정리한 것이다.

홈쇼핑 음악감독들은 고된 하루하루를 보낸다. 보통 대여섯 명이

	홈쇼핑 배경음악의 비밀
상품군별 분류	패션 상품은 비트가 강한 팝을 튼다. 패션 방송에서 가요는 틀지 않는다. 가요는 가사 전달력이 강하기 때문이다. 패션은 의류 특성상 영상이 중요한데 가사 전달력이 패션과 맞지 않으면 느낌이 동떨어진다. 특히 패션모델의 워킹 속도에 맞는 비트 음악을 틀어주는 것이 중요하다. 그러면 소비자의 눈과 귀는 하나가 된다. 보험 방송은 건강과 안전의 느낌을 심어줘야 하기에 보통 잔잔하고 애잔하면서 편안함을 주는 음악을 내보낸다. 식품은 구수한 느낌이 나는 트로트 분위기의 음악을 많이 내보낸다. 특히 고등어를 구울 때는 지글거리는 소리, 찌개가 끓을 때는 보글거리는 소리를 넣어 식감을 자극한다. 여행 상품은 바쁜 삶 속에서 자기 자신을 돌아보도록 설렘과 흥분을 자아내는 음악을 주로 튼다. 예를 들어 조용필의 〈여행을 떠나요〉처럼 자신에게 선물하는 시간을 만들라고 호소하는 음악이 주류다. 화장품은 최신 가요를 튼다. 요즘 이슈와 트렌드를 선도하는 제품이라는 인식을 심어줘야 하기 때문이다.
나이대별 분류	20대부터 60대까지 분류한다. 평일 낮 시간의 보험 방송은 40·50대 중장년층의 향수를 불러일으키는 올드 팝을 틀지만, 어린이 보험이라면 동요나 어린이가 있는 집에서 주로 듣는 음악을 틀어 친근감을 높인다.
시간대별 분류	평일 새벽 시간에는 활기차고 생기발랄한 음악을 선곡한다. 평일 오후 시간에는 느슨하고 무료해지지 않도록 흥얼거리며 따라 부를 수 있을 정도로 귀에 익은 곡을 선정해 채널을 고정하게 유도한다. 야간 방송에는 시끄러운 곡은 피한다. 귀가 쉽게 피로해져 채널이 금세 돌아가기 때문이다. 하루를 정리하도록 조용하고 편안한 곡 위주가 많다. 주말 오후 시간대는 최신 음악을 많이 선택한다. 일주일 동안 생활하며 들었음직한 노래에 시청자는 자신도 모르게 귀를 기울이기 때문이다.
가격대별 분류	200~300만 원이 넘는 귀금속과 대형 TV 방송이라면 웅장하고 장중하면서도 무게감 있는 음악을 틀어 상품 가치가 가볍지 않음을 알린다. 반면 3만 원대 육포나 고등어, 빨래건조대 같은 물건은 가볍고 방방 뜨는 음악을 틀어 쉽게 빨리 주문하고 나갈 수 있도록 유도한다.

달려들어 음악 작업만 한 달씩 진행하기도 한다. 밤을 새우며 음악을 듣기도 하고 생방송 전에 담당 PD와 심도 있게 음악 선곡에 따른 사전 미팅을 거친다. 당신이 홈쇼핑에서 물건을 사는 사이에 이처럼 뒤에서는 수많은 작업이 이뤄지고 있다. 음악의 영향은 음악에 따라 식사 속도가 달라진다는 것을 입증한 실험 결과가 잘 보여준다. 한 식당에서 보통 식사시간이 45분이었는데, 느린 음악을 틀자 식사시간이 56분으로 느려졌다. 반면 빠르고 강한 음악을 틀어주자 씹는 속도가 30퍼센트나 증가했다.[4]

내 욕망에 불을 붙여줘

미국의 화장품 회사 레블론(Revlon)의 본사 입구에 가보면 '우리는 희망을 팝니다'라는 문구가 크게 쓰여 있다. '화장품을 팝니다'라거나 그보다 조금 앞서가서 '아름다움을 팝니다'라고 할 수도 있겠지만, 이 회사는 여자의 마음을 제대로 읽은 셈이다. 사실 화장품을 구매하는 여성은 화학제품이나 아름다움을 구매하는 게 아니라, 예뻐지고 젊어지겠다는 '희망과 기대'를 구매한다. 한마디로 레블론은 여자의 욕망(desire)을 건드린 것이다.

마찬가지로 기업은 영화를 팔지만 고객은 즐거움을 산다. 기업은 옷을 팔지만 고객은 매력적이고 경쟁력 있는 외모를 산다. 기업은 장난감을 팔지만 고객은 기쁨과 재미를 산다. 이것이 바로 고객의 욕망이다. 그러므로 상품 판매에서는 물건 자체에 집중하기보다 고객의 욕망을 건드리는 것이 더 바람직하다. 삼성 스마트 TV를 방송하면서 나는 계속 고객의 욕망을 건드렸다.

"이 TV가 집에 도착한 날 저녁을 상상해보세요. 가족이 함께 모이는 시간은 밥 먹는 때 말고는 TV 앞에 있을 때뿐 아닙니까? 이 TV로 온 가족이 함께 영화를 고르고, TV 어플로 볼링과 야구 게임을 하고 인터넷 쇼핑몰을 검색하고 요가를 배우고 노래방 어플로 주말 밤을 신나게 보내는 것을 상상해보세요. 그 상상을 이 TV가 실현해드릴 겁니다. 고객님은 TV라는 기계를 사는 것이 아니라 가족과 함께하는 행복, 나누는 즐거움을 사는 겁니다."

2007년 캘리포니아대학의 울리케 맬멘디어(Ulrike Malmendier)라는 경제학자가 이베이 고객들을 연구했다. 그 결과 '즉시 구매' 버튼과 '경매' 버튼 중에서 고객은 보다 손쉬운 즉시 구매 버튼을 무시하고, 더 많은 돈을 지불하면서 경매를 통해 물건을 구입한다는 사실이 드러났다. 이는 고객에게 단순히 물건을 사는 행위보다 경매라는 짜릿한 게임을 하고 싶은 욕망이 있음을 의미한다.

다른 한편으로 고객은 '나만 소유할 수 있다', '나만 사용할 수 있다'는 희소성 욕망이 강하다. 10년 전만 해도 미국에서 크리스피 크림 도넛은 아는 사람만 사 먹는 브랜드였다. 어느 순간 그 기업은 시장을 넓히기 위해 가격을 낮추고 편의점까지 진출해 도넛을 팔기 시작했다. 그렇게 가격을 내리고 매장을 더 확보한 뒤 매출이 늘었을까? 아이러니하게도 사람들은 예전보다 그 도넛을 즐기지 않았다. 나만 사 먹는다는 희소성 욕망이 사라져버렸기 때문이다.

2010년 3월 11일 법정 스님이 입적하기 전 "내 모든 출판물을 더이상 출간하지 말기를 부탁한다"고 하자 절판을 우려한 독자들이 앞다투어 스님의 책을 사들였다. 그의 저서 《무소유》가 인터넷 오픈마켓에서 중고책 한 권에 21만 원까지 올라가는 해프닝도 있었다. 현재 《무소유》는 절판 상태고 초판 인쇄본은 열 배 이상의 가격으로 팔리고 있다.

고객에게는 특별해지고 싶은 욕망도 있다.

2008년 뉴욕의 유명 레스토랑 프로방스(Provence)에 내로라하는 파스타 애호가들이 모였다.[5] 파스타라면 자다가도 냄새만으로 구별해낼 정도의 식도락가들이었다. 이들이 모인 이유는 그곳에서 특별한 파스타를 시식하기 위해서였다. 시식 후 파스타 마니아들은 예상대로 극찬을 쏟아냈다. '대단한 맛이다', '훌륭하다 못해 기가 막히다' 등의 찬사가 이어졌다. 그러나 놀랍게도 그날의 요리는 피자헛에서 최저임금을 받는 그저 그런 요리사가 보통 재료로 대충 만든 것이었다. 그들은 어디까지나 실험 대상자였을 뿐이다. 입맛이 뛰어난 식도락가들이 '유명 고급 레스토랑'에서 '특별한' 요리를 준비했다는 말에 기대치를 한껏 높여 감성이 이성을 지배해버린 것이다. 특별함을 맛보고자 하는 그들의 욕망을 제대로 건드린 셈이었다.

홈쇼핑에는 없는 물건이 없다는 말을 증명하듯 방송에서 자동차도 판매한다. 한번은 방송 중에 디자인과 사양을 열심히 설명하기보다 차 문을 열고 화면 뒤의 고객을 초대하듯 손짓을 하면서 "타고 싶으시죠? 몰아보고 싶으시죠? 지금 번호만 남기면 시승 기회를 드립니다"라고 욕망을 자극했더니 매출이 급상승했다. 욕망을 건드려보라. 세일즈에서의 성공은 의외로 허술하다.

3 | 최적의 메모 활용
머리 써? 서머리summary를 써!

홈쇼핑에 처음 입사했을 때 나는 쇼호스트들을 보며 한 가지 궁금한 게 있었다. 어떻게 정해진 대본도 없이 저렇게 계속 떠들 수 있지? 사실이었다. 그들은 원고도 없이 큐시트 한 장 달랑 들고 몇 시간을 떠든다. 처음에는 그게 마냥 신기했다.

대중 앞에서 발표나 연설을 할 때 가장 어려운 것은 종이에 기록한 스토리텔링을 어떻게 암기하고 풀어 나가는가 하는 점이다. 자신감이 없을 경우 대개는 글을 원고 형태로 작성하고 대통령 담화문처럼 줄줄 읽거나, 아예 암기해서 앵무새처럼 읊어댄다. 그런데 곰곰이 생각해보면 우리는 날마다 가족과 친구 앞에서 원고 없이 자연스럽게 말을 한다. 준비한 원고를 외우면 말하고자 하는 것을 꽤 괜찮은 표현으로 정확하게 전달할 수는 있다. 그러나 정작 중요한 것, 즉 상대방이 감동하게 하는 데는 한계가 있다. 또 외워서 프레젠테이션을 하면 평소의 자연스런 대화나 말의 속도와 달리 어색한 억양을 사용하게 돼 듣는 사람에게 안정감을 주지 못한다.

단어words가 아닌 핵심 내용ideas에 집중한다

그렇다고 아예 원고를 작성하지 말라는 얘기가 아니다. 단지 토씨 하나하나까지 자세하게 작성하면 정밀한 표현에 지나치게 신경 쓰다가 자연스러움을 떨어뜨린다는 점을 지적하고 싶을 뿐이다. 즉, 말투가 형식적이고 딱딱해진다. 마음 안에서 우러나오는 호소력 깊은 말을 전달하려면 자연스러워야 한다. 가식적 혹은 인위적으로 들려서는 안 된다. 그러나 기록한 원고를 그대로 외워서 말하면 그렇게 될 수밖에 없다.

나는 주로 키워드만 챙겨서 방송을 진행한다. 예를 들어 글루코사민이라는 관절 건강기능식품을 방송할 경우 '연골은 소모품', '식약청 인정', '비만자 공략'이라는 키워드를 떠올리며 핵심 내용에 집중한다. 그리고 여기에 마인드맵을 적용해 키워드들을 완전한 문장으로 풀어낸다.

서머리는 세 가지가 적당하다

방에 3단 서랍장이 있는데 1단에는 속옷, 2단에는 겉옷, 3단에는 액세서리를 넣었다고 해보자. 이 경우 나는 친구와 그 서랍장에 대해 1시간도 떠들 수 있다. 머릿속으로 정리한 서랍장을 떠올리면서 1단을 열어 속옷 이야기를 한참 하다가 3단의 액세서리로 수다를 떨 수 있다. 이처럼 머릿속에 핵심 소구점을 세 가지로 입력해놓고 대화를 전개하면 알차고 산만하지 않게 이야기를 진행할 수 있다.

내가 세 가지라고 딱 짚어서 말하는 이유는 내 경험상 두 가지는 설득력이 빈약하고, 세 가지가 넘어가면 쉽게 산만해지기 때문이다. 머릿속에 집어넣기 힘들다면 발표 자료나 수첩에 말하고자 하는 내용의 핵심 단어를 기입해두는 것도 한 방법이다. 순서를 정해 색깔로 표시하거나 글자체를 달리하거나 밑줄을 치면 중요한 강조점이 한눈에 들어온다.

서머리 사용 방법

1	말하기 전에 요점이나 핵심 내용을 순서대로 정리한다.
2	한눈에 읽을 수 있도록 간단히 메모한다.
3	단어를 외우지 말고 간단히 단어화한 요점을 암기한다.
4	글자체를 달리하거나 밑줄을 치거나 색깔로 표시해서 잘 보이게 한다.
5	문장을 그대로 암기하거나 자세하게 써서 읽지 말고, 발표 전에 골자를 복습해 그것이 머릿속에서 순서대로 잘 돌아가면 그때 비로소 대중 앞에 나선다.

서머리를 사용하면 발표에 자신감이 생긴다는 이점이 있다. 잊지 마라. 생각을 정리하고 메모하는 습관은 성공적인 스토리텔링의 필수적인 요소다. 식사에 초대를 받아 갔는데 차려놓은 것이 달랑 밥과 김치뿐이라면 얼마나 실망이 크겠는가. 군침이 돌게 하려면 음식이 풍성해야 한다. 마찬가지로 좋은 스토리텔링을 만들려면 콘텐츠가 풍부

해야 한다. 청중이 오백 명이든 고작 열 명이든 그들이 내 얘기로 머릿속을 가득 채웠다는 포만감을 느낄 정도로 주는 게 있어야 한다.

일상 회화에서 당신이 사용하는 단어의 수는 얼마나 되는가? 참고로 국어사전에 수록된 단어는 약 50만 개다. 놀랍게도 오늘날 교육 수준이 높은 사람도 일상 회화에서 4,000단어 이상을 사용하는 경우가 드물다고 한다. 17세기의 영국 시인 존 밀턴이 작품을 쓰면서 구사한 어휘는 약 8,000단어다. 권위 있는 한 자료에 따르면 윌리엄 셰익스피어가 구사한 어휘는 자그마치 2만 1,000단어라고 한다. 당신은 얼마나 다채로운 어휘와 말할 내용을 갖추고 있는가?

내가 그동안 미국과 국내에서 수집한 마케팅 관련 자료는 A4 용지로 사과 상자 스무 개 분량이다. 그것은 내 지적 자산의 근거다. 언어 구사 능력을 키우려면 어휘든 자료든 일단 좋은 재료를 많이 구비해야 한다. 나는 개인 자료철을 만들어 꾸준히 유지 및 관리한다. 고객과 말하거나 상담할 때 사용할 만한 흥밋거리를 놓치지 않기 위해서다. 뉴스, 통계, 실례 등 신문이나 잡지에서 접하는 자료는 오리거나 복사한다. 이때 인용 근거, 날짜, 출처를 기입한다. 좋은 예가 떠오를 경우에는 그때그때 메모하고 보관 및 정리한다. 급하면 스마트폰으로 찍어놓고 인터넷 기사는 다운받아 엑셀 형식으로 저장한다. 그 모든 자료가 자산이다. 성공적인 마케팅, 설득, 스토리텔링을 원한다면 이러한 자산을 많이 마련하는 것이 좋다. 당신은 말할 거리가 넘쳐나는 사람인가?

4 | 불안 극복 비법
나 떨고 있니? 긴장을 극복하라!

쇼호스트 공채 면접을 볼 때 면접관은 으레 묻는다.

"왜 쇼호스트가 되려고 하세요?"

흥미롭게도 다들 작당이나 한 듯 답변이 똑같다. '어려서부터 말을 잘했습니다', '남을 설득하는 것을 좋아합니다', '사람들에게 뭔가를 설명해주는 것이 즐겁습니다', '사람들 앞이나 대중 앞에서 말하는 것을 좋아합니다', '주목받는 것을 좋아합니다' 등 그야말로 청산유수다.

모두 새빨간 거짓말이다. 특히 대중 앞에서 말하는 것을 좋아한다는 말은 거짓말일 가능성이 아주 크다. 사람은 선천적으로 누군가를 설득하고 싶어 하지 않는다. 오히려 청중 앞에서 모두의 주목을 받으며 말하는 것을 피하고 싶어 한다. 멀리 갈 것 없이 학창시절을 떠올려보라. 친구들 앞에서 발표할 때 마음이 편했는가? 두렵고 떨리지 않았는가? 그건 설렘이나 즐거운 기분과는 거리가 먼 느낌이다. 실제로 한 조사에 따르면 발표를 할 때 학생들의 82퍼센트는 수줍어하고 심지어 심각한 공포를 느낀다고 한다.[6] 또 다른 조사기관은 인간의 공포심을 유발하는 행위 중 1위는 비행기에서 낙하산을 메고 뛰어내리는 것, 2위는 대중 앞에서 연설하는 것, 3위는 죽는 것이라고 한다.[7] 때로는 죽음보다 더 큰 공포를 안겨주는 것이 대중 앞에 서는 일이다.

우리가 불안에 떠는 이유

긴장을 극복하고 스피치 불안증을 떨쳐내는 훌륭한 출발은 '내가 왜 긴장하는지' 그 이유를 이해하는 일이다. 요소별로 쪼개 생각하면서 문제의 원인을 찾으면 자신을 보다 정확히 파악할 수 있고, 나아가 해결의 열쇠를 찾기도 쉽다.

환경에 대한 두려움

면접장이 두려운 이유는 내 앞의 문을 열고 들어가면 어떤 장면이 펼쳐질지, 어떤 사람들이 앉아 있을지, 어떤 질문이 날아올지 도무지 알 수 없기 때문이다. 의자가 놓여 있을지, 서서 말하는 상황인지, 사람들이 공격적인지, 나를 당혹스럽게 만들지 않을지 등 상황을 예측할 수 없는 경우 두려움이 생긴다. 롤러코스터 탈 때를 생각해보라. 덜덜거리며 오르막을 올라가는 순간부터 두려움이 시작되긴 하지만 밝은 곳에서 뚝 떨어질 때보다 어두운 동굴 같은 곳으로 내려갈 때가 더 두렵다. 다음 상황이 어떻게 전개될지 몰라 염려하는 탓에 더 두려운 것이다.

변수에 대한 두려움

어떤 발표를 할 때 미리 준비한 시나리오대로만 끝나주면 더 바랄 게 없지만, 대개는 뜻하지 않은 순간에 변수가 발생한다. 음향 시설이 불안정해 뒷자리의 청중이 내 말을 듣지 못하고 술렁이거나 딴짓을 할 수 있다. 슬라이드가 잘 넘어가지 않을 수도 있다. 심지어 강당의 공기가 너무 더워 얼굴이 달아오르고 숨이 찰 수도 있다. 예상치 못한 변수를 만나면 우리는 순식간에 불안감에 휩싸인다.

중학교 시절에 교내 대표로 전국 영어 말하기 대회에 나간 적이 있다. 주제는 '헬러윈 데이'였는데 나름대로 펌프킨 랜턴(pumpkin lantern, 호박을 파서 눈·코·입을 만들고 안에 촛불을 넣은 헬러윈 호박귀신)도 만들고 제법 준비를 잘해서 나갔다. 교내에서 1등을 할 때만해도 모든 선생님의 기대를 한 몸에 받으며 전국대회에 당당히 출전했는데 전국대회는 수준이 달랐다. 어린아이가 감당하기엔 청중이 너무 많았다. 당시 기분으로는 마치 백만 대군이 온 듯했다. 더구나 생각지도 못한 변수를 만났는데 마이크가 자꾸만 넘어지는 것이었다. 결국 발표 내내 마이크 세우기를 수없이 반복하느라 우물쭈물하다가 입도 제대로 열지 못했다. 얼굴은 불타는 고구마가 됐고 그때 받은 충격이 너무 커서 이후로 성인이 되어서도 사람들이 많은 곳에 가면 얼굴이 금세 붉어지는 병이 생겼다.

주목에 대한 두려움

주목받지 못하고 살던 사람일수록 한꺼번에 쏟아지는 많은 사람의 시선에 두려움을 느낀다. 청중이 내 말에 별로 호응하지 않고 집중도 하지 않으면 오히려 편한 느낌을 받는다. 반면 너무 뚫어져라 바라볼 경우 그 시선에 짓눌린다. 주목을 받으면 부담감 때문에 스트레스가 쌓이고 청중이 속으로 내 이야기를 비웃는 것처럼 느낀다.

대학시절 20~30명의 같은 과 사람들이 운동장 벤치에 앉아 있는데 멀리서 선배 한 명이 지나갔다. 우리가 일제히 그 선배의 이름을 부르며 걸어오는 모습에 주목하자, 선배가 갑자기 우리를 의식하기 시작했다. 걸음걸이마저 어색해졌다. 급기야 선배는 그 넓은 운동장 한복판에서 공사하다 놔둔 철골 골재에 얼굴을 부딪치며 털썩 주저 앉는 묘기까지 보여줬다. 주목받는 일이 얼마나 부담스러운지 보여주는 일화다.

준비 부족에 대한 두려움

두려움을 불러일으키는 가장 중요한 원인이다. 무엇보다 믿어야 할 존재는 자기 자신이다. 하지만 사전에 철저히 준비하지 않으면 자신을 믿지 못한다. 더구나 자꾸만 다른 사람과 자신을 비교하게 된다. 하필 앞 사람이 자신보다 더 잘한다고 느끼는 순간, 두려움은 불안 장애를 유발한다. 또한 확실한 준비로 자신의 틀을 구축하지 못하면

앞의 발표자가 하는 방식에 맞추고자 하는 의식이 생긴다. 만약 그 틀에서 벗어날 경우 규칙을 어기고 있다는 생각에 스스로 당황한다. 철저한 준비가 없으면 우리는 타인에게 끌려 다닐 뿐이다. 준비 부족은 자신에게 태만한 자세다.

불안 극복 방법

현장에 익숙해져라

현장 분위기는 사전에 익히는 것이 좋다. 기업체 강연을 나가면 나는 반드시 청중이 강연장에 들어오기 전에 도착해서 준비를 한다. 강연자는 항상 먼저 도착해 강연 전체를 연습해보는 자세를 갖춰야 한다. PPT도 사전에 시뮬레이션해서 문제가 없는지 확인하고 보여줄 영상물이 있으면 오디오와 영상이 문제없이 돌아가는지 확인한다. 또한 슬라이드 사진을 순서대로 배치했는지 살펴본다. 그래야 리스크를 최대한 줄일 수 있다.

특히 오디오 테스트는 아주 중요한 일이다. 스피커에서 흘러나오는 자신의 목소리를 직접 들어보고 마이크 음량이 청중의 맨 뒷줄까지 잘 들리는지 확인한다. 에코 수준도 편안하게 들을 수 있을 정도로 세팅한다. 일반적으로 마이크와 입 사이의 거리는 10~15센티미터가 적당하다. 마이크가 너무 가까우면 말소리가 일그러질 수 있고 너무 멀면 목소리가 명료하지 않아 오디오맨이 음량을 증폭하므로 말이 뭉개진다. 일반적으로 청중 앞에서는 일상 대화보다 조금 더 큰 음량과 강도로 말해야 한다. 음량이 너무 크거나 일부 단어에서 퍽퍽 하는 파열음이 나면 마이크에서 입을 떼 3~5센티미터 거리를 둔다.

청중석 여기저기에 앉아보는 것도 필수적이다. 좌석에서 내가 이야기할 때 그 자리에 앉아 있을 사람들의 상태를 예상해본다. 어떤 사람들이 내 이야기를 들으러 올까 하고 청중을 머릿속에 그려보는 습관을 들이는 것도 좋다.

철저하게 준비하라

프레젠터의 가장 중요한 무기는 자신감이다. 준비하는 데 아낌없이 시간을 투자하라. 철저한 준비는 자신감을 준다. 말할 내용에 대해서는 어떠한 참석자보다 더 잘 알고 있어야 한다. 한번은 보험설계사들을 대상으로 강연을 했는데 그 자리에는 몸값 높은 설계사들이 잔뜩 앉아 있었다. 나는 인사담당자를 통해 그들이 판매하는 상품 기술서를 일주일 전쯤 미리 받아 밤을 새워가며 공부했다. 일단 강의 서두에서 그들 중 가장 연봉이 높은 설계사를 단상 앞으로 불러내 그와 화술에 대해 설전을 벌였다. 그가 전문으로 판매하는 상품에 내가 적절한 비유와 설명을 곁들이며 맞대응하자 이후 청중의 집중도가 말할 수 없이 좋아졌다. 청중의 기를 누르려면 철저한 준비 외에 방법이 없다.

실전처럼 연습하라

연습은 반드시 소리를 내서 해야 한다. 입으로 내뱉지 않은 말은 내 것이 아니다. 머릿속에 정리만 해놓으면 헛일이다. 말로 뱉어봐야 자신감으로 이어진다. 또한 연습은 슬렁슬렁 가볍게 해보는 것이 아니라 실제와 똑같이 해야 한다. 내가 강의하는 방송 아카데미의 학생들은 실제로 오디션에 갈 때와 똑같은 의상에 헤어 세팅을 하고 연습한다. 그렇게 연습해야 실전에서도 불안감 없이 표현해낼 수 있다.

긴장도 어느 정도는 도움을 준다

어느 정도의 긴장감은 유익하다는 사실을 기억해야 한다. 적당한 긴장감은 과신(overconfidence)하지 않고 겸손한 태도를 보이게 한다. 간혹 방송 오디션에서는 너무 잘해서 면접에 떨어지는 사람들도 있다. 전혀 신선하지 않고 심지어 건방져 보이기 때문이다. 또한 긴장을 하면 불안감으로 아드레날린이 증가하고, 그 아드레날린의 소용돌이가 말하는 에너지를 높여준다. 심장이 뛰고 혈액순환이 빨라지는 것은 지금 내 몸이 에너지를 높여 어려운 상황을 이겨내도록 도우려 애쓴다는 증거다.

전문가의 조언

나는 긴장을 극복하는 데 도움을 얻기 위해 몇몇 유명 전문가에게 도움을 청했다. 직접 이메일로 인터뷰를 해서 답변을 얻은 것이다.

스트레스 전문가이자 프레젠터인 모턴 C. 오먼 박사는 이렇게 말했다.

"꼭 특출하거나 완벽해야만 발표에 성공하는 것은 아니다. 발표의 핵심은 청중에게 가치 있는 무언가를 주는 것이고 프레젠터는 이것에 집중해야 한다.”

발표하는 자기 자신이나 불안감을 아예 생각하지 말고 전달하려는 내용에 집중하고 몰두하라는 조언이다. 당신 스스로 내 발표가 중요하다고 생각할수록 청중 역시 그 발표에 집중한다. 자신이 믿는 중요한 내용을 전달하는 일에만 초점을 맞추면 긴장감은 어느 정도 사라진다. 설령 마음속에 불안감이 남아 있을지라도 청중은 눈치 채지 못한다. 오먼 박사의 말처럼 불안을 떨쳐버릴 걱정보다 '내 말이 얼마나 가치 있는가'에 몰두하라.

스피치 트레이너이자 프레젠터인 론 사토프는 이메일 인터뷰에서 중요한 조언을 해줬다.

“발표를 공연이라고 생각하지 마라. 발표를 대화로 여겨라. 군중이 아니라 개개인과 일상적인 대화를 나눌 때처럼 청중과 자연스럽게 이야기하려고 노력하라.”

접근 방식이 대화체에 가까울수록 덜 긴장한다. 듣는 귀는 각자 한 쌍씩이다. 많은 사람에게 이야기한다고 생각하지 말고 단 한 사람과 정겹게 대화한다고 생각하고 말하라. 나는 방송할 때 '연설'이 아니라 '대화'가 되기를 바란다. 그래서 생방송 카메라 뒤에 단 한 명의 고객이 앉아 있다고 생각하고 말을 한다.

스피치 트레이너이자 프레젠터로 활동하는 레니 라스코프스키는 다음과 같이 조언했다.

"청중은 발표하는 당신이 실패하기를 바라는 것이 아니라 성공하기를 바란다. 청중은 긍정적인 마음으로 자리에 앉아 발표 내용을 들으려 한다는 사실을 깨닫고 시작해야 한다. 즉, 당신을 적이 아니라 친구로 보고 있음을 인식해야 한다."

청중은 도움을 받기 위해 그 자리에 앉아 있는 것이다. '저놈이 얼마나 잘하나 보자'는 완고한 마음으로 강연장까지 들어온 게 아니다. 특히 권위의 법칙에 따라 연단 앞에 서 있으면 청중은 그를 전문가로 여긴다. 그러므로 청중과 보다 우호적으로 교류하는 것이 중요하다. 필요하다면 맨 앞줄의 몇몇 사람과 가볍게 악수를 해도 좋다. 강연장에 일찍 도착한 사람들과 가벼운 담소를 나누면서 얼굴을 익히는 것도 도움을 준다.

5 | 사고 대처 능력
애드립으로 변수에 대처하라

홈쇼핑은 통상 아침 6시부터 이튿날 새벽 2시까지 하루 20시간 생방송을 365일 내내 진행한다. 365일 중에 재방송을 하는 날은 설날과 추석 당일 오전뿐이다. 그러다 보니 크고 작은 방송 사고가 매일 일어나다시피 한다. 군밤을 까먹다가 손을 데이거나 김밥을 썰다가 손가락을 베인 일도 있다. 수족관에 살아 있는 장어를 풀어놓고 맨손으로 잡다가 장어에게 물린 적도 있다. 방송 중 조명이 터진 적도 있고 뒤에 서 있던 책장이 와르르 무너지기도 했다.

한번은 침대 방송을 해야 하는데 생방송 30분 전이 되어도 업체가 오지 않았다. 뒤늦게 부랴부랴 침대를 트럭에서 내려 미친 듯이 조립하는데 방송 2분 전까지도 침대를 제대로 설치하지 못했다. 결국 엉성하게 맞춰놓고 방송에 들어갔다. 생방송 중 침대 매트리스 쪽을 보여주는데 아나나 다를까 침대가 쿵 하고 주저앉는 게 아닌가. 전국을 상대로 하는 방송에서 말이다. 그 순간 주문 콜은 제로였다.

쇼호스트만 변수를 만나는 건 아니다. 홈쇼핑 화면 자막을 쓰는 PD들도 마찬가지다. 사은품으로 '물먹는 하마 증정'을 '먹는 하마 증정'으로 내보낸 적도 있고 꿀을 사면 '꿀통 증정'을 '꼴통 증정'이라고 내보낸 사고도 있었다.

CJ오쇼핑 최고의 황당 사고는 '세척 수삼' 방송이었다. 인삼을 세척해서 수삼 상태로 판매하는 방송이었는데, 모 쇼호스트 왈 "수삼의 머리 부분을 '귀두'라고 합니다. 이 '귀두' 부분은 먹으면 열이 날 수 있으니까 이 '귀두' 부분만 제거하시고 드시길 바랍니다"라고 했다. 한참이나 지나서야 본인이 어떤 엄청난 발언을 했는지 깨닫고 "죄송합니다. '귀두'는 '뇌두'로 정정합니다"라고 말했다.

수천 시간을 홈쇼핑에서 생방송을 진행한 내게도 최악의 황당 사고가 있다.

게스트와 함께 한창 부모님 이야기를 나누고 있던 중이었다. 부모님들은 마음은 청춘이어도 몸이 따라주지 않는다는 이야기를 하면서, 마음은 자유로워도 몸은 상징적인 '감옥'에 갇혀 있는 게 아니냐는 말을 할 참이었다. 그 이야기를 하기 위해 뜬금없이 게스트에게 "혹시 감옥에 갔다 오신 적 있으세요?"라고 말을 던졌는데 아니, 이 양반이 갑자기 고개를 푹 숙이더니 "네, 교도소에서 복역한 적이 있습니다"라고 대답하는 것이 아닌가! 그 순간 세상이 멈춰버린 느낌이었다. 그다음에 무슨 말로 상황을 이끌어갈지 앞이 캄캄했다. 나중에 알고 보니 게스트가 미국 유학시절 미숫가루를 갖고 있다가 마약 사범으로 오인을 받아 잠깐 유치장에 갇혔었는데, 생방송 중 갑자기 묻자 놀라서 그걸 실토한 것이다.

변수로 가득한 생방송을 다년간 진행한 쇼호스트들만큼 애드립이 강한 집단도 드물다. 애드립에 강하려면 즉흥적인 상황에서 주저하면 안 된다. 또한 순발력이 있고 표현도 용의주도해야 한다. 사람들과의 접촉도 빠르고 자신의 선택을 후회하는 타입이면 곤란하다. 여기에다 판단력이 강해야 한다. 내 판단 하나가 한 시간에 수억 원의 매출을 좌우할 수 있기 때문이다. 특히 상업 채널의 특성상 방송심의가 까다로워 말을 함부로 내뱉으면 안 된다. 실수했을 때는 빠르게 정정하고 사과하는 프로 정신도 필요하다. 한마디로 최고를 지향하되 최악을 대비해야 한다.

내 직업이 쇼호스트라는 것을 알게 된 사람들이 가끔 묻는다.

"방송하면 떨리지 않으세요?"

거의 매일 생방송을 하는데 그때마다 떨린다면 아마 스트레스를 받아 이 직업을 견뎌낼 수 없을 것이다. 쇼호스트는 동시에 많은 일을 수행한다. 말을 하면서 진행 순서를 생각하고, 시연을 하면서 게스트의 말을 들으며 응대한다. 또한 이어피스로 부조정실 PD의 사인을 실시간으로 듣고 그 주문에 맞게 진행한다. 여기에다 매출 상황이 나오는 전산 주문 그래프를 보며 고객이 무엇을 좋아할까 생각한다. 현재 진행 중인 타 공중파 프로그램을 지켜보면서 그 시청자들의 상황을 고려하기도 한다.

쇼호스트는 생방송 중에 이 모든 것을 동시다발적으로 수행한다. 그만큼 긴장에 익숙하다. 즉, 적어도 긴장감 때문에 준비한 만큼 실력을 발휘하지 못하고 내려오는 일은 없다. 물론 긴장하지 않고 유연한 태도를 보인다고 해서 유능한 사람으로 평가받는 것은 아니다. 그것은 과신일 수도 있다.

진정으로 유능한 프레젠터는 떨지 않고 유창하게 말하는 사람이다. '유창하다(fluently)'란 막힘이 없고(flawless) 결점, 흠집 따위를 말하는 플로(flow)도 없다는 뜻이다. 유창한 사람은 다음과 같은 특징을 보인다.

침착하며 차분함을 유지한다(A poised speaker is one who is composed)

자세가 자연스럽고 경우에 맞다(His posture is natural and appropriate to the occasion)

손동작에 의미가 있다(Movement of his hands is meaningful)

목소리를 조절할 줄 알고 표현력이 있다(His voice is expressive and controlled)

태연자약하게 상황에 대처한다(in a calm and dignified manner)

처음부터 떨지 않고 말을 잘하는 사람은 거의 없다. 전문가들이 하나같이 '경험을 쌓으라(Acquire experience!)'고 조언하는 이유가 여기에 있다. 불과 망치질이라는 고난을 거친 철이 강해지듯 어렵고 힘든 상황을 많이 접해봐야 유능함이 몸에 밴다. 산전수전, 공중전을 겪은 프레젠터는 능숙이라는 면에서 뭐가 달라도 다르다.

방송 오디션을 보러 다니는 학생들에게 나는 시험에서 탈락해도 슬퍼하지 말고 그 자체를 연습 과정으로 생각하라고 조언한다. 실전 면접은 최고의 연습 기회일 수도 있다. 그것을 더 좋은 곳에, 더 좋은 성적으로 합격하기 위해 치르는 통과 의례라고 생각하라. 좌절 금지! 설득의 달인도 첫술에 배부르지 않았다! 꾸준히 경험을 쌓아보라. 그러면 고대 이사야(32 : 4)의 말처럼, "어눌한 자의 혀가 민첩해져서 분명히 훌륭한 말을 하게 될 것이다."

6 | 말의 힘
연습만이 완벽을 만든다

말하는 데 가장 큰 장애는 난독증(難讀症, dyslexia)이다. 언어학자들은 입을 모아 배우기 가장 어렵고 발음하기 어려운 언어가 타밀어라고 한다. 그렇다면 난독증이 있는 사람이 타밀어를 구사한다면 어떨까? 그건 불가능한 일이라고 생각할지도 모른다.

난독증은 '읽기나 말하기를 제대로 못 하는 것'으로 이 증상이 있는 사람은 평생 그 문제를 껴안고 살아간다. 지능은 멀쩡한데 글자를 읽으려면 문장이 너울거리고 단어들이 춤을 추며 걸어 다니는 것이 주요 증상이다.

그런데 미카엘 헨보르라는 덴마크의 한 남자는 이 증세를 이겨냈다. 그는 난독증이 있었음에도 모국어뿐 아니라 영어 심지어 세상에서 가장 배우기도, 발음하기도 어렵다는 타밀어까지 유창하게 구사한다. 그것이 어떻게 가능했는지 무척이나 궁금했던 나는 어렵사리 연락한 끝에 그와 이메일로 인터뷰를 했다. 혹시 특별한 방법으로 화술을 연습했거나 그만의 비법, 노하우가 있지 않을까? 그걸 알아내고야 말겠다는 불타는 의지로 그에게 접근했는데 그가 알려준 놀라운 비법은 의외로 간단했다.

"연습(practice)!"

허무할 정도로 이 단순한 해법이 그에게는 불가능을 가능으로 만들어준 무림의 비법이었다. 그의 성공은 끊임없는 연습의 결과였다. 하긴 이 세상에 연습만큼 좋은 해결책이 어디 있던가.

당신의 문제는 무엇인가?

혀 짧은 소리를 내는가? 허스키한 소리를 내는가? 말을 더듬는가? 목소리가 작은가? 청중 앞에만 서면 얼굴이 불타는 고구마가 되고 할 말을 잊는가? 당신이 어떤 문제를 안고 있을지라도 이 덴마크 남자와 비교하면 문제 축에도 끼지 못한다. 그는 과거에 모국어를 읽거나 발음하기조차 힘든 상태였다.

작은 동전을 눈앞에 바짝 갖다 대면 그것만 보이듯 자신의 문제는 한없이 커 보인다. 그 단점을 작게 만들어 주머니 깊은 곳에 넣어라. 상황을 탓하지 마라. 못난 선비가 붓을 탓하는 법이다. 프로는 변명하지 않는다. 결과가 만족스럽지 않다면 그것은 외적 변수를 탓하기에 앞서 당신 책임이다. 물론 성공했다면 당신이 잘났기 때문이다. 미국 프로농구계에서 훌륭한 가드 중에는 농구선수로는 치명적 단점인

180센티미터 이하의 단신들도 꽤 있다. 키가 생명인 농구선수에게 작은 키는 혀가 생명인 프레젠터의 혀가 짧은 거나 매한가지다. 연습하면 단점은 얼마든지 극복할 수 있다.

가수는 입으로 연습한다

가수는 앨범을 낼 때 머릿속으로만 연습하는 게 아니라 한 곡을 완성하기 위해 수없이 노래를 불러본다. 우리의 메시지도 수십, 수백 번을 입으로 연습해봐야 비로소 내 것이 된다. 쇼호스트 지망자들은 면접시험을 준비하면서 어떤 멋진 말을 할 것인지 밤새 노트에 적어가며 고민한다. 그런데 막상 면접관 앞에서는 꿀 먹은 벙어리가 되고 만다. 순간적으로 머릿속이 텅 비면서 단지 입으로 연습했던 것만 앵무새처럼 겨우 내뱉는다. 아무리 머릿속에 집어넣어도 입으로 한 번이라도 말해본 것이 아니면 소용이 없다. 머릿속에 저장한 나만의 정보만큼 쓸모없는 메시지가 또 있을까?

중국 속담에 "들은 것은 잊고 본 것은 기억하며 해본 것은 이해한다"는 말이 있다. 머릿속에 들어 있는 것과 실제로 입에서 나오는 것은 별개라는 얘기다. 중요한 발표를 하기 전이라면 가수처럼 반드시 입으로 소리를 내 연습해봐야 한다. 유능하다는 말을 듣는 프레젠터의 능숙한 행동은 모두 연습의 결과다. 프레젠테이션의 달인으로 불린 스티브 잡스는 한 번의 PT를 위해 백 번 이상 연습했다고 한다. 그 정도로 연습하면서 오만 가지 단점을 수정 및 개선하는 모습을 상상해보라.

10여 년 전쯤, 45분짜리 강연을 준비하면서 열한 번을 연속적으로 연습했던 기억이 난다. 그때 물만 마셨을 뿐 단 한 번도 의자에 앉지 않았다. 나중에는 원고를 든 손과 다리가 덜덜 떨리고 어깨까지 고통스럽게 욱신거렸다. 눈에는 토끼눈처럼 핏발이 섰고 목의 핏대가 터질 듯했다. 가장 고통스러웠던 건 목이 아파서 침을 삼킬 때마다 목구멍이 따끔거리는 것이었다. 나는 성대가 영원히 망가지는 줄 알았다.

젊은 날의 그런 연습 과정이 있었기에 1,000명이 넘는 청중 앞에서도 떨거나 흔들리지 않는 지금의 내가 있다고 본다. 스톱워치를 활용하는 것도 좋다. 말로 소리 내서 연습하는 시간만 스톱워치로 합산해보라. 아마 고민하고 걱정하는 시간은 많아도 실제로 소리를 내서 연습한 시간은 비참할 정도로 적다는 사실을 깨달을 것이다. 아무리 간단한 발표나 상담을 하더라도 크게 소리 내 연습해야 한다는 사실을 잊지 마라.

실력은 사랑니처럼 저절로 자라지 않는다

사랑니는 영어로 '위즈덤 투스(wisdom tooth)'라고 부른다. 사람이 나이를 먹어 지혜와 지식이 늘어날 때 생기는 '이'라고 해서 붙인 이름이다. 놀라운 사실은 머릿속 지식은 나이를 먹을수록 자연스럽게 늘어날지 몰라도 화법만큼은 나이를 먹는다고 자연스레 습득 및 개선되지 않는다는 점이다. 난 아직도 초등학생 시절 연로한 교장 선생님의 훈화 말씀을 기억한다. 그 연세에 어쩜 그렇게 말을 못 하시는지 신기했다. 나도 나이가 들면 저렇게 될까 하고 궁금하기도 했다.

화법은 노력하지 않는 자에겐 결코 주어지지 않는 신의 선물이다. 피자는 주문하고 가만히 앉아 있으면 알아서 갖다 주지만, 화술은 마음속으로 아무리 떠들어도 달라지지 않는다. 자리에서 일어나 입으로 소리를 내 연습해야 한다.

나는 언제나 방송 중

화법을 익힐 때는 거울을 보고 얼굴 표정을 연습해야 한다. 당신은 왜 거울을 보는가? 외모를 확인하고 가꾸기 위해서가 아닌가. 거울을 보았을 때 얼굴에 티가 있거나 머리모양이 흐트러져 있으면 즉시 매만진다. 잔뜩 찡그린 자기 표정을 보면 즉각 인상을 펴고 씩 웃으며 밝은 표정을 지어본다.

하지만 우리는 말(음성과 톤뿐 아니라 메시지 전달 방식까지)에 대해서는 외모만큼 신경 쓰지 않는다. '엄마 밥 줘'처럼 집에서 아무렇게나 되는 대로 말하고 살았다면, 특별한 경우나 점잖은 자리에서 질 좋은 말이 나올 것이라고 기대하지 마라. 내가 잘 아는 어떤 아나운서는 책상 앞에 '나는 언제나 방송 중'이란 글귀를 써 붙였다. 그처럼 일상생활에서도 좋은 화법을 사용하는 습관을 들여라. 성우들이 말하는 좋은 발성의 3대 요소 중 하나는 '의지가 있는 소리'다. 의식해서 목소리를 내야 한다는 게 어색할 수도 있지만 이것은 필요한 자세다. 평소에 언제나 질 높은 말을 하겠다는 의지를 다지면 대중이나 카메라 앞에서 자연스럽게 질 높은 말이 흘러나올 것이다.

지금은 커뮤니케이션 시대

당신은 이 책과 당신이 하는 일이 별로 연관성이 없다고 생각할지도 모른다. 그러나 21세기의 사회 메커니즘을 규정짓는 귀중한 잣대는 커뮤니케이션이다. 나는 학부 전공이 공학인데 전혀 상관없을 것 같은 전파공학과에도 커뮤니케이션 이론 과목이 있다. 회사 내에서도 뛰어난 스펙보다 커뮤니케이션이 원활한 사람들이 결국 승승장구한다. 열심히 공부해서 성형외과 의사가 되었다고 해도 고객을 유치하는 유능한 상담 코디네이터가 없으면 그 병원은 셔터를 내려야 한다.

언어의 역할은 살아 있다

"왔노라! 보았노라! 이겼노라!"

이 야심찬 전언은 소아시아를 단숨에 평정한 줄리어스 시저가 로마 원로원에 보낸 메시지다. 로마공화국 건국 이래 최고의 권력 집단으로 군림해온 로마 원로원은 결국 시저에게 1인 독재자의 자리를 내주었다.

언어에는 사람의 마음과 행동을 움직이는 위력이 있다. 아주 오래 전부터 사람들이 말을 잘하는 방법에 관심을 기울여온 이유가 여기에 있다. 그 관심은 '고전 수사학'이라는 거대한 학문 전통을 낳기도 했다. 수사학은 고대 그리스에서 기원한 전통 있는 학문으로, 자신의 처지를 변론하고 다른 사람들의 동의를 얻기 위한 설득적 기술을 말한다. 수사학의 완성자로 불리는 아리스토텔레스는 수사학에 대해 "주어진 상황에서 가능한 설득 수단을 인지할 줄 아는 능력"이라고

주장했다.[8]

　오늘날 일부에서는 언어의 역할이 축소되고 있다고 지적한다. 물론 광고업계만 보면 시각적 영향을 강조하고 설득 지향적 카피는 줄어들고 있음을 알 수 있다. 그러나 프랑스 사회과학고등연구원 원장 자크 오몽(Jacques Aumont)은 의미 있는 예측을 내놓았다.

　"현대는 매스컴, 영화, 컴퓨터 게임 등 이미지가 홍수처럼 범람하는 시대다. 그렇지만 앞으로도 문자 문화(혹은 말의 힘)는 고사하지 않으리라 생각된다. 비주얼 이미지는 사람의 마음을 움직이는 감성적 힘은 있지만, 사람들은 언어 없이는 생각이나 사상을 정확히 전달하기 힘들기 때문이다."

　광고의 주요 구성 요소인 브랜드명, 헤드라인, 슬로건은 모두 언어를 통해 전달된다. 엄청난 비용을 투자해 제작하는 헐리우드 영화도 한 줄의 헤드라인이 흥행을 좌우하는 경우가 많다. 커뮤니케이션 콘텐츠에서 언어 메시지의 역할은 결코 사라지지 않을 것이다. 의미 전달과 설득을 위해 인간은 결국 언어에 의지해야 하기 때문이다.[9]

　말로 먹고사는 쇼호스트는 홈쇼핑에 얼마나 영향을 미칠까? 한 연구에서는 TV 홈쇼핑 방송 시 제품 판매량에 영향을 미치는 요인으로 무대 연출, 제품 가격, 상품의 질, 쇼호스트의 언변 등 여러 요소가 있는데 그중 쇼호스트의 언변이 매출의 70퍼센트를 좌우한다고 밝혔다.[10] 고객들이 가격보다 심지어 상품의 질보다 쇼호스트의 말 때문에 물건을 산다는 얘기다. 언어의 역할은 그만큼 중요하다.

대나무, 진주조개, 병아리에게 배운다

사람의 혀는 알고 보면 별것 아니다. 지구상에서 가장 혀가 긴 동물은 기린이다. 기린의 혀는 무려 45센티미터나 된다. 그 혀는 웬만한 나뭇가지도 부러뜨릴 정도로 민첩하고 힘이 세다. 흰 긴수염 고래의 혀는 혀 무게만 3톤으로 웬만한 코끼리 한 마리의 무게에 달한다. 그 혀의 힘이 어떨지 상상이 가는가? 그러면 세 치 반밖에 되지 않는 사람의 혀에 과연 무슨 힘이 있을까?

물론 인간의 혀에도 강력한 힘이 있다. 혀로 거짓 증언을 해서 한 사람을 죽음으로 몰아갈 수도 있고, 상처를 주는 파괴적인 말로 상대방이 평생 괴로워하도록 할 수도 있다. 반대로 위로의 말로 우울증에서 벗어나 희망을 되찾게 도울 수 있고, 심지어 자살을 시도할 만큼 고통스러워하는 사람을 구해낼 수도 있다. 언어는 사람을 죽이고 살릴 수 있을 만큼 강력하다.

실제로 말은 인류 역사를 바꾸었으며 인간사의 모든 것을 지배했다. 말의 힘을 믿어라. 그리고 그 힘을 키우기 위해 노력하라.

대나무에게 배운다

말의 힘을 키우려면 많은 시간 동안 노력해야 한다. 중국에서 자생하는 모소(moso)라는 대나무 품종은 심은 지 4년이 되도록 죽순조차 제대로 자라지 않는다. 그런데 4년이 지나면 단 6주 만에 그 어떤 대나무보다 굵고 튼튼하고 강인한 모습으로 15미터를 뻗어 올라간다. 어떻게 그런 일이 가능할까? 수년의 세월동안 계속해서 땅속으로 견고한 뿌리를 내렸기 때문이다. 우리에게도 굳은 뿌리를 내리기 위한 치열한 준비와 지치지 않는 노력이 필요하다.

진주조개에게 배운다

한번은 남태평양의 타히티를 방문했다가 돈으로 살 수 없는 귀중한 교훈을 얻은 적이 있다. 타히티의 흑진주는 매우 유명한데, 그곳 바다는 수심이 얕고 수온이 일정해 진주조개를 양식하기에 이상적이다. 타히티에서는 많은 원주민이 진주조개를 양식하고 그들이 생산한 8~12밀리미터의 흑진주는 3,000~5,000달러의 고가에 팔려 나간다.

진주조개가 처음부터 진주를 품는 것은 아니다. 어린 조개일 때 날카로운 칼로 조개 사이를 갈라서 진주씨, 즉 핵을 조개 체내에 삽입한다. 몸 안에 이물질이 박힌 진주는 고통스러운 나머지 노란 체액을 조금씩 뱉어 그 이물질을 감싼다. 4년 동안 350~400번이나 계속 이물질을 감싼다고 하니 그 이물질은 수백 번 코팅이 되는 셈이다. 그렇게 코팅한 이물질이 타히티의 값비싼 흑진주로 탄생하는 것이다.

안타깝게도 원주민들은 진주씨를 넣은 진주조개 1,000개를 바다 속에 넣으면 4년 후 겨우 흑진주 20개를 얻는다고 한다. 4년간 1,000개 중에서 800개는 어딘가로 사라지고 나머지 200개 중에도 찌그러지고 곰보가 되어 상업적 가치가 거의 없는 진주가 180개가 나온단다. 나머지 20개만 고가의 보석으로 빛을 발한다는 말이다.

원주민들은 그 20개의 진주를 얻기 위해 4년이라는 세월을 진득하게 정성을 쏟으며 기다린다. 만약 그 시간을 못 참고 진주를 따버리면 조개는 조개구이집으로 팔려가거나 한 끼의 국거리밖에 되지 않는다. 물론 그 시간은 조개에게 고통의 세월이다. 조개는 몸에 박힌 이물질을 계속 감싸고 감싸 점차 보석으로 만들어간다. 마찬가지로 훌륭한 화법과 접근법에는 보석 같은 가치가 있다. 하지만 처음부터 그런 선물이 생기는 것은 아니다. 인내와 노력의 시간이 필요하다.

병아리에게 배운다

말의 힘은 누가 대신 키워줄 수 있는 게 아니다. 껍데기를 스스로 깨뜨리고 나온 병아리는 하나의 생명체가 되지만, 누군가가 대신 계란을 깨주면 한 끼 프라이에 불과하다. 마찬가지로 당신도 스스로 목표와 시간을 정해 꾸준히 노력해야 한다. 그렇게 노력하다 보면 알게 모르게 당신만의 달란트가 쌓이고 그것이 든든한 밑천으로 작용한다. 결국 믿을 건 자기 자신뿐이다. 당신이 스스로를 믿지 못한다면 누가 당신을 믿겠는가? 우리는 모두 내면에 엄청난 일을 해낼 굉장한 괴물(ogre)을 품고 있다. 강한 의지로 그것을 꺼내보라.

완벽에 도전한다

간절할수록 의지는 굳게 마련이다. 우리는 지하철 손잡이를 그다지 꽉 잡지 않는다. 어떤 이는 두 손가락만 살짝 걸치기도 한다. 별로 간절하지 않기 때문이다. 그렇다면 인천 월미도의 바이킹 위에 앉아 있을 경우에는 어떨까? 대개는 손잡이를 꽉 잡는다. 간절할수록,

위급할수록, 필요할수록 우리는 더 굳은 의지를 발휘한다. 그 의지가 노력으로 이어지길 바란다. 이 책의 사례와 기술을 적용해볼 용기만 있다면 혼신을 다한 노력은 값진 결과로 돌아올 것이다. 연습하고, 연습하고 또 연습하라. 연습만이 완벽을 만든다.

7 | 몸의 언어를 읽는 법
상대의 무의식에 접근하라

토끼와 강아지가 포커를 치고 있었다. 그런데 이상하게도 강아지가 자꾸만 졌다. 참다못한 강아지가 신경질이 나서 물었다.

"왜 자꾸 나만 지는 거야? 대체 이유가 뭐지?"

강아지의 볼멘소리에 토끼가 느긋한 표정으로 대답했다.

"글쎄. 널 이기는 건 누워서 떡 먹기더라고. 좋은 카드만 들어오면 네 꼬리가 살랑살랑 기분 좋게 흔들리지 뭐야."

행동을 파악하면 상대의 패가 보인다. 가령 고객은 쥐약을 원하는데 최신형 쥐덫이 나왔다고 해서 그것을 설명하는 데 몰두해 열심히 세일즈를 해봐야 헛방이다. 남자가 여자의 환심을 사기 위해 밤새 개그콘서트의 유머를 준비했다고 치자. 여자 앞에서 열심히 개그맨의 말과 행동을 따라 해도 여자가 하품을 하거나 딴청을 피운다면 남자는 즉각 하던 짓을 멈추고 화제를 바꿔야 한다. 준비하느라 쏟은 노고에 미련이 남아 이야기를 계속하면 여자는 그 남자를 지루하고 재미없는 사람으로 인식한다.

안타깝게도 쇼호스트는 고객을 못 본다. 그저 방송용 카메라를 볼 뿐이다. 고객은 나를 봐도 나는 보이지 않는 카메라 너머의 수십만 명을 상대해야 한다. 카메라 너머의 고객이 무엇을 하다가 TV 속의 나를 보게 됐는지, 무슨 생각을 하고 있는지는 알 수 없다. 눈앞에 없는 이를 상대하는 것만큼 헛다리짚기 쉬운 일도 없다. 방송 중 내 멘트는 자칫 허공을 향해 외치는 메아리가 되기 십상이다.

언젠가 새로운 밀폐 용기를 소개했다. 기존에 많이 쓰던 사면 결착 방식이 아닌 뚜껑 위의 단추를 꾹 누르면 밀폐 용기 내부의 공기가 빠지면서 통조림의 진공 상태처럼 밀폐력과 음식물 보존력이 뛰어난 신기한 용기였다. 방송 내내 밀폐 용기 원리를 열심히 설명했는데 매출은 꽝이었다. 알고 보니 고객의 관심사는 뒤집어도 음식물이 새지 않는지, 유리는 잘 깨지지 않는지, 용기 사이즈는 어떤지에만 관심이 있었다. 나는 고객을 못 봤지만 당신은 다를 수 있다. 두 눈으로 고객을 보면서 상대할 수도 있다.

이제 당신 앞에 있는 고객의 마음을 꿰뚫어보는 법을 알아보자.

자신도 모르게 무심코 툭 튀어나온 말이 대개 진심이듯, 엉겁결에 나오는 행동도 그 사람의 진심이다. 사람의 행동은 말보다 정직하다. 그 이유는 뇌의 구성요소 중 하나인 대뇌의 변연계 때문이다. 그것은 외부 자극에 자동적으로 툭 내뱉는 말처럼 무의식적으로 반응하는 데 작용한다. 즉, 변연계의 작용에 따른 무의식적 행동은 의도적으로 숨기기 어렵다.

말은 우리의 뇌로 통제할 수 있지만 변연계는 그렇지 않다. 변연계를 '정직한 뇌'라고 부르는 이유가 여기에 있다. 용한 점쟁이는 첫눈에 사람을 잘 파악한다. 이는 변연계에 따라 무의식적으로 행동하는 패턴을 잘 잡아낸다는 의미다. 그렇다면 무의식적으로 움직이는 상대방의 행동을 보고 본심을 파헤쳐보자.

1. 동공이 팽창하는가

인간의 마음을 가장 먼저 포착할 수 있는 곳은 동공(瞳孔)이다. 동공은 의식적인 통제가 불가능하기 때문에 거짓말을 못 한다. 예를 들어 아무리 애절한 눈빛을 보내며 간절하게 말해도 그 사람의 동공이 수축돼 있으면 거짓 연기일 가능성이 크다. 동공은 기분이 좋거나 기쁘거나 유쾌하면 팽창한다. 반대로 목적을 이루기 위해 위장할 때나 불쾌하면 수축한다. 간혹 강연장에서 청중에게 질문을 하고 그에게 바싹 다가가면 얼굴은 웃고 있지만 동공은 작아지는 걸 느낀다. 표정과 달리 마음속으로 긴장하고 있다는 증거다.

2. 말대답에는 의도가 숨어 있다

어조가 인위적인 것은 상대방이 방어적이라는 것을 뜻한다. 말대답이 부드러운 '네에~'가 아니라 딱딱하게 '네네' 하거나 '그렇습니까?', '맞습니다' 등의 '합쇼'체를 쓰면 그 사람은 당신에게 사업적 혹은 사무적인 분위기를 자아내고 싶은 것이다. 이런 현상은 상담이나 협상의 서두에서 많이 발생한다. 상대방의 말이 끝나기를 기다렸다가 '아, 네~'라며 어조를 길게 끄는 것은 상대방의 말을 귀담아 듣는 동시에 '내가 당신에게 적극 맞춰주고 있다'는 것을 보여주려 애쓴다는 증거다.

3. 추임새는 조바심의 표현이다

문장과 문장 사이에는 쉼(멈춤)이 있다. 그 순간에 말하는 사람이 '쓰, 음, 어, 아, 하, 흠' 등의 쓰임새를 지나치게 많이 사용한다면 그것은 어색한 분위기를 누그러뜨리고 싶은 조바심을 나타낸다. 문장 사이의 그 짧은 적막이 견딜 수 없는 중압감으로 작용해 뭐라도 말해야 하지 않을까 하는 압박에서 비롯되는 말이기 때문이다. 특히 긴장하고 집중하면 추임새의 횟수는 늘어나고 편한 자리에서는 추임새의 횟수가 현저히 줄어든다.

4. 웃어도 웃는 게 아니다

우리는 웃음소리를 흐흐, 캬캬, 끄끄 등으로 기록하긴 하지만 사실 그것을 글로 표현하는 것은 매우 어려운 일이다. 특히 웃음소리 중에서 정형화된 것이나 '하하하'처럼 글로 표현할 수 있을 정도로 또박또박 발음하는 웃음소리는 거짓일 가능성이 크다. 이는 상대방의 말에 적극 반응하고 재미있게 듣고 있음을 알리고 싶은 마음에서 기인한다. 웃을 때는 폐뿐 아니라 늑골, 후두까지 횡격막 위쪽 전체 기관을 사용하므로 사람의 상체가 많이 흔들린다. 따라서 고개가 흔들리거나 몸이 기우뚱해야 정상이다. 지나치게 멈춘 자세로 웃음소리만 뱉어내면 별로 재미있지 않다는 것을 의미한다.

5. 모나리자의 미소에 속지 마라

사람이 진짜 미소를 지을 때는 입 가장자리가 위로 쫙 올라간다. 관골근(顴骨筋)을 사용하기 때문이다. 반면 거짓 미소를 지을 때는 입꼬리가 비스듬히 늘어나기만 한다. 소근(笑筋)을 사용하는 까닭이다. 또한 진짜 미소를 지을 때는 눈이 얇고 가늘어지며 함께 웃는다. 가짜 미소는 눈의 크기에 변화가 없고 입만 웃는다. 흔히 잡지나 광고물 사진에서 연예인들의 미소 중에 그런 경우가 많다.

6. 코는 자신감이다

코는 자신감을 대변한다. 자신감이 없거나 근심이 많을수록 코는 바닥으로 향한다. FBI 수사관 조 내버로(Joe Navarro)는 범죄자들이 첫 심문을 받을 땐 공통적으로 코를 높이지만, 취조를 진행할수록 아래로 떨어지며 결정적 증거를 들이대면 완전히 바닥으로 향한다고 한다. 상담과 영업 현장에서 사람들의 불안 심리를 파악해보라. 고객이 상황에 익숙지 않거나 심기가 불편할 때는 코가 주로 아래쪽 제안서나 서류 쪽으로 박혀 있기 쉽다.

7. 손은 소리 없는 입이다

손깍지를 꽉 끼면 뭔가 간절하게 바라는 것이 있다고 추측할 수 있다. 양복 깃을 계속 만지작거리거나 손이 이동하는 위치가 어떤 틀에 따라 반복해서 획획 움직이는 것은 불안 심리를 반영한다. 상대방의 손바닥에 땀이 차 있어도 마찬가지다. 손바닥을 볼 수 없다면 양복바지를 보아도 무방하다. 손이 양복바지 위에 한동안 놓여 있다가 손을 움직였을 때 양복바지에 땀이 밴 흔적이 남아 있는 것으로 불안 심리를 알아볼 수 있다. 또한 머리카락을 잡아 뽑고 손톱이나 입술을 뜯는다면 불안하다는 의미다. 양손을 모아 위로 세우며 첨탑 모양을 만들면 '내가 당신보다 위'라는 자신감의 표시다. 권위를 내세우는 사람들이 흔히 쓰는 제스처도 눈여겨볼 만하다.

8. 다리가 움직이는 걸 보라

다리가 휘청거린다면 정말로 당황했다는 의미다. 가령 면접장에서 지원자가 결정적 약점을 지적당했을 때 다리가 휘청거리는 것을 쉽게 볼 수 있다. 대화 도중 상대방의 발이 자꾸만 밖으로 나가거나 반복해서 바깥쪽으로 돌리는 경향이 있다면 초조해서 그만 일어나고 싶다는 증거다.

종종 다리를 떠는 경우도 있는데 여기에는 두 가지 의미가 있다. 첫째, 집중하고 있다는 뜻이다. 머릿속이 문제를 고민하고 대안을 찾을 때, 빠른 두뇌 회전과 집중력을 유지하기 위해 산만함이나 이동하고 싶은 충동을 다리 떠는 것으로 해소하고 이야기에 집중하려는 것이다. 둘째, 불안하다는 뜻이다. 예민한 사람은 불안 조절 물질인 세로토닌이 부족하기 때문에 긴장하면 다리 근육에 힘이 들어가 발 뒤꿈치를 들고 다리를 떤다.

내가 근무하던 예전 직장에서는 가격과 물건이 오고가는 협상을 자주 벌였다. 상사들은 협상 자리에 나갈 때마다 엉망인 결과를 내기 일쑤였지만, 나는 희한하게도 협상에서 성공하는 경우가 잦았다. 그러자 점차 직속상사뿐 아니라 타 부서 상사들까지 내게 의지하는 일이 많아졌다.

한번은 협상 테이블로 가는 차 안에서 잠깐 눈을 붙였다가 문득 잠에서 깼다. 나는 여전히 자는 척하고 있었는데 때마침 우리 팀의 보스와 타 부서 마케팅 팀장이 얘기를 나누고 있었다. 협상에 대한 걱정을 쏟아내던 그들은 마지막으로 기분 좋은 한마디를 했다.

"쉽지 않을 텐데……. 아무튼 장문정 님께 맡겨봅시다. 다 생각이 있겠죠. 일단 컨디션 유지하게 푹 자게 두고 거기에 가서 우리는 뒤에서 지켜봅시다. 잘 되겠죠."

내 노하우는 별것 아니다. 일단 문을 열고 들어가자마자 가장 먼저 상대방의 표정, 눈빛, 옷차림, 사무실 분위기와 모습, 최근의 사회적 이슈, 관심사 등 최대한 상대를 파악하려고 애쓴다. 그리고 협상하는 내내 상대편의 뇌 속으로 들어가 그 속에 아주 파묻히려 노력한다. 고객은 언제나 마음을 감추게 마련이다.

얼굴 표정은 화장으로 감출 수 있다. 말로도 상대를 속일 수 있다.

그러나 상대방이 침묵하는 순간에도 몸은 말한다. 그것도 마음 깊이 감추고 있는 것까지 말이다. 인간의 몸은 절대로 거짓말하지 않는다. 따라서 고객의 행동을 보면 그 마음이 보인다.

PART 1 결정의 순간까지 리드하라

1 2004~2005년 미국 해리스 여론조사.

2 장문정, '인게이지먼트 마케팅이란?', 〈광고 마케팅 월간 아이엠(IM)〉 vol.041, 2011년 9월호.

3 Itamar Simonson & Amos Tversky, "Choice in Context : Tradeoff Contrast & Extremeness Aversion", *Journal of Marketing Research*, 29(3), 1992, pp. 281~295.

4 Library of the College of Physicians of Philadelphia.

5 www.nukestrat.com

6 Awake Magazine in Watch Tower & Tract Society of Pennsylvania, Inc. 1994. 7.

7 노보스타 통신, 러시아.

8 헤르베르트 하이너(Herbert Hainer) 아디다스 회장.

9 '공짜에 대응하기(Competing against free)', 〈하버드 비즈니스 리뷰〉, 2011년 6월호.

10 맥도날드 : 1955년 사업 시작. 현 매출 240억 달러. 버거킹 : 1954년 사업 시작. 현 매출 25억 달러(2011년 각사 홈페이지 기준).

11 남성일, '일자리 문제 안 풀리는 이유', 〈한국경제〉, 2009. 11. 04.

12 김정현, 《설득 커뮤니케이션의 이해와 활용》, 커뮤니케이션북스, 2006.

13   〈조선일보〉, 2007. 11. 28.

14   홍성준, 《차별화의 법칙》, 새로운 제안, 2005.

15   한국광고자율심의기구.

16   〈뉴스위크〉(U. K.), 1989. 11. 10.

17   '장문정의 쇼호스트보다 말 잘하기 2', 〈조선일보〉, 2009. 5. 1.

18   심리학자 다릴 벰(Daryl J. Bem)이 주장한 이론으로 타인뿐 아니라 자신의 행
      동을 보고 이전에 알지 못했던 자기 태도를 이해하게 되는 것을 의미한다.

19   〈조선일보〉, 2007. 11. 23.

20   건강보험공단, 2006.

21   통계청, 2008.

22   〈KBS〉, 2009. 6. 12.

23   윤희재, 《전공국어 국어교육론》, 희소, 2011.

24   Elihu Katz and Paul Lazarsfeld, *Personal Influence*, The Free Press, 1955.

25   송은하, 〈입소문 마케팅에 있어 입소문 영향력자의 특성과 유형에 관한 연구〉,
      연세대 언론홍보대학원, 2005.

26   '입소문은 행운이 아닌 전술', 〈코리아 애드타임스〉, 2003년 12월호.

27   이명천·김요한, 《광고연구방법론》, 커뮤니케이션북스, 2005.

28   Philip Kotler, *Maketing management: Analysis, planning, implementation,
      and control*(8th edition), Prentice-Hall, 1994.

29   B. Sternthal & C. S. Craig, 'Humor in advertising', *Journal of Marketing*,
      1973, pp. 12~18.

30   T. J. Madden & M. G. Weinberger, 'The effect of humor on attention
      in magazine advertising', *Journal of Advertising*, 1982, p. 8

31   T. J. Madden & M. G. Weinberger, 'Humor in advertising : A pracitioner
      view', *Journal of Advertising Research*, 1984, pp. 23~29.

32   I. L. Janis, 'Effects of fear arousal on attitude change : Recent
      developments in theory and experimental research', *Advances in
      Experimental Social Psychology*, 3(3), 1967, pp. 167~225.

33   Albert Bandura, Principles of Behavior Modification, Holt Rinehart &

Winston(New York), 1969, p. 120.

34 J. Paul Peter and Jerry C. Olson, *Consumer Behavior: Marketing Strategy Perspectives*, Irwin, 1987, pp. 333~336.

35 한재진, 〈멀티미디어 환경에서의 효율적인 프레젠테이션에 관한 연구 ; 심리적 감성 커뮤니케이션 중심으로〉, 고려대 공학대학원, 2007.

36 박지혜, 〈자막의 효과에 관한 연구 ; TV 오락 프로그램 '상상플러스'의 분석을 중심으로〉, 동아대 언론홍보대학원, 2007.

37 송순주, 〈TV 오락 프로그램에서 자막이 시청자 재미와 인지에 주는 영향 ; MBC 무한도전 사례를 중심으로〉, 중앙대 대학원, 2007.

38 〈조선일보〉, 2010. 8. 21.

39 유평평, 〈메시지 프레이밍이 소비자 설득에 미치는 영향을 조절하는 제품 유형과 광고모델의 수에 관한 연구〉, 신라대 대학원, 2008.

40 경제심리학자 대니얼 카너먼(Daniel Kahneman)과 수리심리학자 아모스 트버스키(Amos Tversky), 1984.

PART2 이야기는 힘이 세다

1 미국 애틀랜타 코카콜라 본사의 문화유산 커뮤니케이션 담당 필 무니(Phil Mooney) 부사장.

2 박현재, 〈의미 정보를 이용한 이단계 단문 분할 시스템의 설계 및 구현〉, 인천대 대학원, 2001.

3 박경희, 〈유사 언어가 방송 메시지 전달에 미치는 영향에 관한 연구〉, 성균관대학교 언론정보대학원, 2004.

4 성영신, 〈CJ오쇼핑 쇼호스트 방송 분석 보고서〉, 2010.

5 'Appropriate Pausing', *Benefit from Theocratic Ministry School Education*, pp. 97~100.

6 P. A. Keller & L. G. Block, 'Increasing the persuasiveness of fear appeal : The effect of arousal and elaboration', *Journal of Consumer Research* 22, 1996, pp. 448~459.

7   임상현, 〈온라인 제품 정보 특성이 정보의 설득 효과에 미치는 영향에 관한 연구〉, 세종대 대학원, 2009.

8   스키너(Skinner)의 심리 상자 : 도구적 조건형성, 조작적 조건형성(instrumental conditioning, operant conditioning) ; Roger D. Blackwell, Paul W. Miniard and James F. Engel, *Consumer Behavior*, South-Western College Pub., 2005.

9   런던 비즈니스 스쿨(London Business School), 도널드 설(Donald Sull) 교수.

10   USP 전략은 1950년대 미국의 광고대행사 테드 베이츠(Ted Bates)의 사장 로저 리브스(Rosser Reeves)가 개발한 광고론으로, 광고는 독특한(Unique) 방법으로 팔려는(Selling) 제안(Proposition)이 있어야 한다는 내용이다. 이 제품을 사면 경쟁자와 차별화된 이익을 얻을 수 있다는 메시지를 줘야 한다는 이론이다. USP 전략에는 지켜야 할 세 가지 지침이 있다. 첫째, 구체적인 제품 편익을 주장에 포함한다. 둘째, 경쟁 브랜드가 사용하지 않는 독특함을 소구한다. 셋째, 소비자가 공감해 구매 의사를 느낄 정도로 제품 USP에 강력한 힘을 부여한다.

11   페르소나(persona)란 실제 속 모습과 상관없이 겉으로 드러난 외적 성격, 인격의 가면, 진정한 실체로서의 내가 아닌 타인에게 비춰진 나로 평가받는 것을 말한다. 상품의 경우 상품의 실제 속성과 관계없이 소비자에게 전달되는 외형적 이미지에 따라 가치가 달라지는 것이다.

12   Lakoff, 1975 ; Ervin-Tripp, 1976 ; Erickson, Lind, Johnson, & O'Barr, 1978.

13   천현숙, 〈광고에서 언어 힘(language power)의 설득적 역할〉, 중앙대 대학원, 2006.

14   Bradac, Hemphill, & Tardy, 1981 ; O'Barr, 1982 ; Gibbons, Busch, & Bradac, 1991.

15   Holtgarves & Lasky, 1999 ; Blankenship & Holtgraves, 2005.

16   천현숙, 위의 논문.

17   핵심 역량(core competence)이란 1990년 미시건대 경영대의 프라할라드(Prahalad) 교수와 런던 비즈니스 스쿨의 게리 해멀(Hamel) 교수가 내놓아 유

명해진 경영 이론으로, 경쟁 기업에 비해 경쟁적 우위를 확보할 핵심적 경쟁력을 명쾌하게 설정하고 이를 지속적으로 통합 및 관리해야 한다는 이론이다.

PART3 이성이 아닌 욕망에 호소하라

1 미국 시장조사 기관 포레스터 리서치가 14개국의 소비자를 대상으로 조사한 결과, 한국은 '비평적 소비자' 분야에서 46퍼센트로 1위를 차지했다.

2 김난도, 《트렌드 코리아 2011》, 미래의 창, 2010.

3 자넬 발로·다이애너 몰, 최중범 옮김, 《숨겨진 힘 : 감성》, 김영사, 2002.

4 Maureen Taylor, *Public Relations Review* vol. 31 no. 2, 2005, p. 310.

5 Brehm, 1966 ; Davis & Lipetz, 1972.

6 Holtgraves, 1997.

7 German historian and journalist of the late 18th century.

8 Leon Festinger, *A Theory of Cognitive Dissonance*, Stanford University Press, 1957.

9 Gretel Ehrlich, 1957.

10 김정현, 《설득 커뮤니케이션의 이해와 활용》, 커뮤니케이션북스, 2006.

11 이학식, 〈정서적 반응이 광고 효과에 미치는 영향 ; 제품 소비 경험과 관여도의 조정적 역할〉, 《경영학연구》 제21권 제1호, 한국경영학회, 1991년 11월, p. 355.

12 Gilles Laurent and Jean-Noël Kapferer, "Measuring Consumer Involvement profiles", *Journal of Marketing Research* 22, February 1985, pp. 41~53.

13 Peter Wright, "Consumer Choice Strategies : Simplifying vs. Optimizing", *Journal of Marketing Research* 11, 1975, pp. 60~67

14 최지현, 〈이성, 감성 소구 유형과 환경가치 지향에 따른 공익광고 효과 연구 ; 일회용품 사용 자제 인쇄 광고물을 중심으로〉, 성균관대 대학원, 2008.

15 '상처 입은 신뢰, 재생은 멀고', 〈니혼게이자이신문〉, 2000. 7. 13.

16 '코카콜라가 위기관리에서 배운 뼈아픈 교훈(Coke's Hard Lesson in Crisis Management)', Business Week, 2000. 7. 5.

17 필립 그레이브스, 황혜숙 옮김, 《소비자학》, 좋은책들, 2011.

18 〈조선일보〉, 2010. 5. 26.

19 〈데일리메일〉(U. K.), 2012. 11. 12.

20 James March, "The Technology of Foolishness", *Civiløkonomen*(Copenhagen) 18, 1971.

21 톰 피터스, 이동현 옮김, 《초우량기업의 조건》, 더난출판, 2005.

22 〈중앙일보〉, 2012. 2. 25.

23 "현란한 마케팅보다 진심 담긴 레알 마케팅 뜬다", 〈조선일보〉, 2010. 10. 16.

PART4 안심하는 순간, 고객은 떠난다

1 임태섭, 〈체면의 구조와 체면 욕구의 결정요인에 대한 연구〉, 《한국언론학보》, 1994, pp. 205~247.

2 홍성태·박은아, 〈라이프스타일 유형별 여성 소비자의 구매행태 비교 ; 화장품 구매를 중심으로〉, 《마케팅 연구》 20(1), 2005, pp. 55~89.

3 김나랑, 〈여성 포털 사이트의 차별화 전략 제시를 위한 실증 연구〉, 동아대 경영대학원, 2002.

4 조지 프로흐니크, 안기순 옮김, 《침묵의 추구》, 고즈윈, 2011.

5 해리 벡위드, 이민주 옮김, 《언씽킹(Unthinking)》, 토네이도, 2011.

6 Eastwood Atwater, *Adolescence*, Prentice Hall College Div., 1995.

7 Watch Tower Bible and Tract Society of Pennsylvania.

8 박성창, 〈J. Wilson의 인지적 정서교육 방법에 관한 연구〉, 충북대 교육대학원, 2000.

9 천현숙, 위의 논문.

10 김은주, 〈TV 홈쇼핑 쇼호스트의 방송언어 핵심 역량 분석〉, 고려대학교 대학원, 2002.

장문정 trust0203@naver.com

1996년 LG그룹 공채 입사를 시작으로 미국의 월마트Wal-Mart, 일본의 JVC 등 국내외 대기업에서 전략 기획, 시장 분석, 영업 환경 구축 등 세일즈 및 마케팅 전문가로 활약했으며 2005년 CJ오쇼핑에 쇼호스트로 입사하여 2007·2008년 베스트 쇼호스트상을 수상했다. 이후 다양한 마케팅 관련 매체와 〈디지털 조선일보〉 칼럼니스트로 활동해오다 2011년 중앙대학교 신문방송대학원 광고학과를 최우수 논문(〈쇼호스트의 목소리가 소비자 행위에 미치는 영향에 관한 연구 : 음높이와 언어전달속도를 중심으로〉)으로 졸업하면서 연구 결과와 함께 또 한 번 세간의 주목을 받았다.

쇼호스트란 "판단과 감각 사이를 오가며 상품, 마케팅, 방송을 모두 아우르는 전문가"라고 스스로 정의하는 데서 알 수 있듯이 장문정의 감각적인 말하기는 이제 쇼호스트 지망생뿐 아니라 상품 마케팅과 세일즈 종사자, 방송인들까지도 닮고 싶어 하는 '교과서'로 자리 잡았다.

2005년부터 전국 대학 및 50여 개 대기업, 외국계 기업의 마케팅 강사, 세일즈 컨설턴트, 전문 프레젠터로 활발한 활동을 이어가고 있으며, '배움에는 끝이 없다'는 생각으로 설득의 언어와 소비자의 심리에 대해 계속 공부하고 있다.

현재 삼성화재, 신한생명, 교보생명, 현대해상, 동부화재, 미래에셋, 메리츠화재, 한화손해보험, 아모레퍼시픽, 웅진코웨이, 포스코 등의 기업에서 강연을 진행하고 있다.

팔지 마라 사게 하라

2013년 5월 9일 초판 1쇄 | 2024년 9월 25일 47쇄 발행

지은이 장문정
펴낸이 이원주, 최세현 **경영고문** 박시형

기획개발실 강소라, 김유경, 강동욱, 박인애, 류지혜, 이채은, 조아라, 최연서, 고정용, 박현조
마케팅실 양근모, 권금숙, 양봉호, 이도경 **온라인홍보팀** 신하은, 현나래, 최혜빈
디자인실 진미나, 윤민지, 정은예 **디지털콘텐츠팀** 최은정 **해외기획팀** 우정민, 배혜림
경영지원실 홍성택, 강신우, 김현우, 이윤재 **제작팀** 이진영
펴낸곳 (주)쌤앤파커스 **출판신고** 2006년 9월 25일 제406-2006-000210호
주소 서울시 마포구 월드컵북로 396 누리꿈스퀘어 비즈니스타워 18층
전화 02-6712-9800 **팩스** 02-6712-9810 **이메일** info@smpk.kr

© 장문정 (저작권자와 맺은 특약에 따라 검인을 생략합니다)
ISBN 978-89-6570-135-4 (03320)

쌤앤파커스(Sam&Parkers)는 독자 여러분의 책에 관한 아이디어와 원고 투고를 설레는 마음으로 기다리고 있습니다. 책으로 엮기를 원하는 아이디어가 있으신 분은 이메일 book@smpk.kr로 간단한 개요와 취지, 연락처 등을 보내주세요. 머뭇거리지 말고 문을 두드리세요. 길이 열립니다.